分布式创新网络中多核心企业间的协同机理研究

刘国新　喻　平　王光杰/著

国家自然科学基金项目“分布式创新网络中多核心企业间的协同机理研究”(项目批准号：71372201)

科学出版社

北　京

内容简介

本书探讨了分布式创新网络中多核心企业间的协同要素及模式，分析了协同动力机制，揭示了协同情境、协同行为及关系，建立了协同度、协同效能的测度及评价体系，提出了协同路径、协同促进机制及协同冲突化解的管理对策，研究了几个核心企业协同创新的做法经验。本书构建的分布式创新网络中多核心企业协同的理论与实践框架体系，对提高核心企业协同创新效能具有参考价值。

本书适合创新管理、企业管理领域的研究者和工作者参考。

图书在版编目（CIP）数据

分布式创新网络中多核心企业间的协同机理研究/刘国新等著．—北京：科学出版社，2020.5

ISBN 978-7-03-059365-8

Ⅰ．①分…　Ⅱ．①刘…　Ⅲ．①企业创新-研究　Ⅳ．①F273.1

中国版本图书馆 CIP 数据核字（2018）第 251656 号

责任编辑：邓　娴 / 责任校对：严　娜

责任印制：张　伟 / 封面设计：无极书装

科学出版社 出版

北京东黄城根北街 16 号

邮政编码：100717

http://www.sciencep.com

北京虎彩文化传播有限公司 印刷

科学出版社发行　各地新华书店经销

*

2020 年 5 月第　一　版　开本：720×1000　B5

2020 年11月第二次印刷　印张：15

字数：298 000

定价：120.00 元

（如有印装质量问题，我社负责调换）

前言

随着经济全球化的迅猛发展，企业越来越难以其自身的创新能力和资源来单独面对竞争日益激烈的市场；网络化和知识化的组织形式正成为组织发展的一种趋势。不同企业联结成的创新网络能实现优势互补，提高企业的竞争能力和抗风险能力，因此，越来越多的跨国企业不再将研发创新机构仅集中在母国和少数专业市场，而是将研发创新机构分布于不同的地域，构建分布式创新网络，以满足当地市场需求。

同时复杂网络研究如小世界网络、无标度网络方面的研究，是包括物理学家、数学家在内的众多学者正在探究的前沿领域，而创新网络具备哪些特征能更有效促进创新能力的提高，也是很多管理学者思考与研究的前沿问题。面对激烈的市场竞争，为保持及提高其竞争力，特别是提高创新能力，缩短产品研发周期，将新产品快速推向市场，很多企业谋求进行创新协同，以获取合作效应，降低创新成本和创新风险。

在分布式创新网络中，处于网络特殊位置的网络节点或在网络中本身具有很强创新能力的网络节点成为创新网络中的核心，它们掌握着关键技术能力或信息，调节着其他网络节点的关系，影响着网络整体的运行和扩张，在网络中起着主导作用。创新网络的核心企业也成为管理学领域的研究热点，不同学者对网络核心企业从不同角度进行定义：一是指网络中规模最大的企业(Vanhaverbeke et al., 2009)；二是指有先进的技术能力和更强的吸收新知识能力的企业。

目前将分布式创新网络、核心企业间的协同结合起来进行研究的成果较少；而且随着核心企业的成长，创新网络对其支持也变得有限。为突破这种限制，加强分布式创新网络中核心企业间的研发协同、信息流动、知识共享，从而提高企业创新效率，实现创新网络扩张，具有理论和实践意义。

2013 年，国家自然科学基金委员会决定批准资助刘国新教授主持的“分布式创新网络中多核心企业间的协同机理研究”面上项目，项目批准号：71372201，项目研究期为 2014 年 1 月～2017 年 12 月。经过四年的研究，项目组已经按计划完成全部研究任务，形成了《分布式创新网络中多核心企业间的协同机理研究》成果报告，本书是在该报告的基础上修订完成的。

本书的创新性成果主要体现在以下方面：界定了分布式创新、多核心企业协同等核心概念，梳理并发展了相关理论；探讨了分布式创新网络中多核心企业间的协同要素及模式，剖析了多核心企业间的协同动力机制，揭示了协同情境、协同行为及关系，建立了协同度、协同效能的测度及评价体系，提出了协同路径、协同促进机制及协同冲突化解的管理对策，研究了几个核心企业协同创新的做法经验。本书所构建的分布式创新网络中多核心企业协同的理论与实践框架体系，对深化企业间协同创新的理论研究、提高核心企业协同创新绩效具有重要意义。

本书主要内容包括以下九个部分。

(1) 相关概念和理论基础。主要对研究过程中涉及的核心概念，即分布式创新网络、核心企业和多核心企业间协同的内涵等进行界定；梳理并综述相关研究成果，为全文的研究奠定理论基础。

(2) 分布式创新网络中多核心企业间的协同要素及模式。主要包括分布式创新网络中多核心企业的模块化分布、协同要素及协同模式。

(3) 分布式创新网络中多核心企业间的协同动力机制。主要包括分布式创新网络中多核心企业间协同的内外部动力因素识别、外部动力因素、内部动力因素，以及多核心企业间协同创新动力机制。

(4) 分布式创新网络中多核心企业间协同情境与协同行为仿真及案例研究。主要包括分布式创新网络中多核心企业间的协同情境和协同行为、基于协同情境的多核心企业间协同行为的 Multi-Agent 仿真分析，以及协同情境与协同行为的案例研究。

(5) 分布式创新网络中核心企业间知识协同效应评价。主要包括分布式创新网络中多核心企业间知识协同效应评价维度与评价项目分析，知识协同效应评价指标体系及评价模型的构建，以及相应的实证分析。

(6) 非核心企业参与分布式创新网络的风险识别与评价。主要包括非核心企业参与分布式创新网络风险诱发因素和风险识别，非核心企业参与分布式创新网络风险的评价模型的构建，以及相应的实证分析。

(7) 分布式创新网络中多核心企业间协同效能的测评设计及应用。主要包括分布式创新网络中多核心企业间协同效能内涵及维度、测量指标选定、评价方法选择、烽火通信和 SMC LLC 协同创新的案例应用及分析。

(8) 分布式创新网络中多核心企业间协同路径及管理。主要包括分布式创新网络中多核心企业间协同路径设计思路，多核心企业间协同路径的理论模型，多核心企业间协同路径的实施对策。

(9) 分布式创新网络中多核心企业间协同的案例分析。主要对四个国内外不同行业的核心企业间的协同创新案例进行分析，具体包括华为技术有限公司(以下简称华为)与徕卡相机股份公司(以下简称徕卡)、微软(Microsoft)公司与英特尔(Intel)公司、三星电子公司内部部门之间、波音公司(以下简称波音)与其全球供应伙伴等，从不同侧面分析和验证多核心企业间的协同创新及其协同效应。

本书由刘国新、喻平、王光杰负责总撰，参加研究和撰写工作的还有张鹏飞、叶珺、刘吉立、周恩德、江露薇、郎坤、何风琴、张峰、张巍、刘聪、谢雪，在此一并表示诚挚的感谢。

在项目负责人刘国新教授的组织领导下，项目组成员分工负责、协同作战，对分布式创新网络中多核心企业间的协同创新问题进行了全面而深入的研究，付出了辛勤的劳动和汗水，形成了本书的主要创新性成果。本书只是研究多核心企业间协同的初步成果，内容难免存在一些疏漏或不足之处，敬请同行批评指导。

作　者

2018年2月

目　　录

第1章　引　　言

1.1　研究背景、研究目的及意义

1.1.1　研究背景

1. 分布式创新网络逐渐成为主导的技术创新组织模式

进入21世纪，随着全球化竞争日益激烈，以及消费者需求变化和产品更新迭代速度加快，企业面临着空前的生存压力，“不创新，便死亡”成为企业经营的基本信条，企业只有不断推陈出新才能避免在竞争中被淘汰，才能获得高于市场平均水平的超额收益。企业的创新包括商业模式、战略、组织、流程和技术等方面，其中，以形成新产品、新工艺为目标的技术创新是企业最常见的创新形式。通过技术创新，企业能够为客户创造更多价值，进而形成竞争优势。传统地，技术创新活动主要在企业内部完成。但是，随着一些技术创新所需的技术和能力日益分布在多个企业和知识生产机构之间(Metcalfe and Coombs，2002)，以及出于技术创新效率和风险等方面的考虑，企业和其他创新主体在创新方面的合作日益普遍；此外，信息和通信技术(information and communication technology，ICT)的发展为创新过程中合作伙伴间的沟通和知识分享提供了便利，从而加速了创新活动网络化的发展趋势。由此，分布式创新网络日益成为技术创新的场所(locus of innovation)(Powell et al.，1996)。分布式创新网络是多个自治的技术创新主体之间基于协同创新关系形成的网络化组织。相对垂直一体化的技术创新组织模式，分布式创新网络能够动态地整合分布式的技术和能力，分担技术创新成本和风险，并具有灵活性和敏捷性特征，从而能够有效应对各种严苛的技术创新挑战。因此，越来越多的公司采用分布式创新网络实施技术创新过程，如微软公司、宝洁公司和波音等，并取得了卓著的成效。

2. 多核心企业间的协同是高绩效分布式创新网络的关键

分布式创新网络中至少有一个核心企业，核心企业在网络中通常扮演着发起者、组织者、领导者、沟通者等重要的管理者角色；此外，核心企业往往还在整个创新链上承担着关键分工，如顶层架构设计、模块集成等。总的来说，核心企业是分布式创新网络中最重要的主体，对整个网络的价值创造具有巨大影响。因此，很多学者认为在创新网络研究中必须引入核心企业视角。根据责权利对等的组织原则，核心企业一方面承担着许多关键性职责，另一方面拥有一定的网络权力，并占有更多的网络价值。资源禀赋、网络中心性和声望等是构筑核心企业网络地位和角色的基础。因此，在一些分布式创新网络中，多个企业会因为在资源、网络位置和声望的综合比较中“势均力敌”而同时成为核心企业，如华为与徕卡共同主导它们的手机摄像头联盟。这种多核心企业的分布式创新网络正是本书所要研究的对象。

分布式创新网络的基本构成要素是网络成员及成员间的协同创新关系，网络成员间在创新分工基础上的协同、协作是形成协同效应、提升网络绩效的关键。在多核心企业分布式创新网络中，由于核心企业掌握着关键创新资源，尤其是知识和信息，并具备更大的网络影响力，因此多个核心企业间的协同成为决定整个网络价值创造能力的关键。具体地讲，多个核心企业之间如果在技术创新过程中积极沟通、相互协作、共同解决问题、共享知识，就可能产生整体大于部分之和的协同效应；反之，如果多个核心企业间互不信任、各自为战，则核心企业间的关键性资源无法优化配置，行动难以协调一致，从而导致网络运行不畅及网络绩效不高。

3. 分布式创新网络中多核心企业间的协同面临许多挑战

分布式创新网络中多核心企业间的协同是一种理想的预期，在实践中，多核心企业之间要真正实现协同需要克服一系列挑战。战略差异、利益冲突、缺乏信任、文化距离、认知距离、组织机制不完善等往往成为阻碍组织间协同的因素，这也是为什么很多联盟最后以失败告终。两个方面的原因导致核心企业间的协同尤其艰难：一是核心企业间彼此缺乏相互权力，从而无法有效监管和约束相互的行为，因此存在更大的机会主义风险和潜在的冲突，波音 787(Boing 787，B787)项目失败的一个重要原因就在于一些战略供应商行为的失控；二是核心企业通常拥有独特的资源和根深蒂固的文化，因此核心企业间的协同往往存在更大的文化距离和认知距离。因此，分布式创新网络中多核心企业间的协同需要核心企业投入大量的精力并精心管理，克服不利于协同的阻碍因素，营造良好的协同条件和氛围。

综上所述，随着分布式创新网络逐渐成为一种被广泛应用的技术创新组织形式，关于分布式创新网络的研究大量兴起。核心企业是分布式创新网络中最重要的节点，在多核心企业分布式创新网络中，多核心企业间的协同是网络绩效的关键；但与此同时，多核心企业间的协同需要克服一系列挑战。在此背景下，本书提出对分布式创新网络中多核心企业间协同的相关规律、原理和路径等进行研究。

1.1.2　研究目的

在多核心企业分布式创新网络中，核心企业间的协同创新关系是整个网络中最重要的联结。核心企业间的协同水平和最终的协同效能对于整个网络的绩效具有关键影响。本书的目的在于探索分布式创新网络中多核心企业间协同的基本原理和规律，从而提出多核心企业间协同的管理对策及建议。具体来说，本书的目的包括：①分析多核心企业间协同的要素；②总结多核心企业间协同的基本模式；③探讨多核心企业间协同的动力机制；④研究多核心企业间的协同情境与协同行为；⑤建立多核心企业间协同效能的测评模型；⑥制定多核心企业间协同的路径及管理对策。此外，本书进行了相关的专题研究和案例分析。

1.1.3　研究意义

1. 理论意义

现有的文献对分布式创新网络、核心企业和协同创新进行了深入的研究，并取得了丰硕的成果。然而，这三个方面的研究相对独立并且对它们的分析分别采用了不同的视角，对分布式创新网络主要采用网络视角，对核心企业主要采用企业视角，对协同创新则主要采用双边或多边关系视角，关于三者之间相结合的研究则比较少。实际上，分布式创新网络、核心企业与协同创新是一个有机的整体，不能割裂地进行研究。首先，核心企业是分布式创新网络中最重要的节点，核心企业在网络中的位置和行为在很大程度上决定了网络的行为和绩效，核心企业的行为因核心企业与其他节点间的互动是分布式创新网络整体涌现行为的微观基础。其次，现有的关于分布式创新网络和核心企业的研究都假设网络中只有一个核心企业存在的情况，而关于多核心企业分布式创新网络的研究则较少。最后，协同创新方面的研究多集中在产学研协同、供应商-客户协同、战略联盟等，核心企业协同创新的研究十分缺乏，而核心企业间的互动具有自身的特点和规律，不能完全等同于其他组织间的协同。

本书将分布式创新网络、核心企业及协同创新三个方面的研究视角相统一，研究分布式创新网络中多个核心企业间协同的原理、规律、效应和路径等，这能够弥补现有研究的不足，丰富分布式创新网络、核心企业及协同创新相关的理论研究。

2. 现实意义

随着全球化竞争日益激烈，技术复杂性不断增加，技术创新风险和成本持续攀升，可以预见企业技术创新的组织形式将逐渐由小型分布式创新网络向大型分布式创新网络演变。在此进程中，多核心企业分布式创新网络将日益普遍。多核心企业分布式创新网络的典型例子包括由IBM公司、英飞凌科技公司、飞思卡尔半导体有限公司等多家企业领衔的半导体工艺联盟，以及B787梦想客机的研发网络等。分布式创新网络实质是多个创新主体间的协同关系网络，同时核心企业控制着关键资源并扮演领头羊的角色。所以，在多核心企业分布式创新网络中，核心企业间的协同关系是网络中最重要的联结，核心企业间的协同对网络整体的价值创造能力和绩效具有关键影响。因此，在多核心企业分布式创新网络日益成为复杂重大技术创新的组织形式的情形下，研究分布式创新网络中多核心企业间协同的基本规律和管理方法，对于解决多核心企业协同创新困境，提升多核心企业协同创新绩效具有很强的现实意义。

1.2 国内外研究现状

1.2.1 分布式创新网络的研究现状

1. 分布式创新网络的定义和组织模式

当创新所需的知识和能力在多个组织间分布时，技术创新的组织形式(或治理形式)通常既不是企业，也不是市场，而是创新网络(Powell et al.，1996)。创新网络是协调产业研发过程的一种方式(Pyka，2002)。Imai 和 Baba(1991)将创新网络定义为一种应付系统性创新的基本制度安排，网络架构的主要联结机制是企业间的协同创新关系。正式的联结形式主要是指基于契约和产权的协同创新关系，包括许可证协议、科学研究与试验发展(research and development，R&D)外包、技术咨询、研发联盟、合作研发协议、共同投资等；非正式联结形式主要包括行业协会、创新社区等。Shuman 和 Twombly(2010)将协同(创新)网络定义为具备实现特定目标所需能力和资源的企业、个体及其他组织实体的集合。Metcalfe 和 Coombs(2002)将分布式创新的正式的组织形式归为五大类：市场导向的关系、多个企业协同研发通用技术、应用导向的协同、合资公司及战略联盟。在很多情况下，一个完整的创新过程涉及多种上述联结形式。Lakhani 和 Panetta(2007)分别以 Linux、Threadless.com 和 InnoCentive.com 为例介绍了自组织社区、社区及商业混合型和外向创新型三种分布式创新系统(网络)。这三种形式的分布式创新系统具有高度松散和自组织特点，即网络成员间相互依赖程度较低，并且具有高度自主性，集中的控制和协调较少。

2. 分布式创新网络的管理

随着分布式创新网络取代企业成为最主要的创新组织或创新场所，分布式创新网络的管理便成为学界和产业界研究的焦点。由于创新活动的复杂性和跨组织管理的问题，如何管理分布式创新网络以整合分散的创新要素，充分发挥它们的优势是分布式创新文献研究的焦点。企业在构建协同创新网络时需要考虑五个方面的因素：网络的目标、价值主张、经济机会、组织机制和协同强度，根据这五个维度可以识别正式网络和非正式网络(Shuman and Twombly，2010)。Hahn 和 Eschenbaecher(2004)认为协同创新网络应采取分布式创新管理的方法，并提出了分布式创新管理方法的框架、系统架构和需求。Dhanaraj 和 Parkhe(2006)认为创新网络管理包括知识流动、网络稳定性和创新的占用性，并提出了相应的管理对策。分布式创新网络通常会面临知识交换意愿、信任、地理距离和认知距离、知识产权分配等挑战，对此，可以采取相应的措施：①选择与网络需求和文化相兼容的伙伴；②事先签订明确的知识产权、利益、角色/责任分配协议；③构建合适的技术和社会基础架构；④确定长期的合作意向(Dooley and O'Sullivan，2007)。那些试图利用分布式创新模型获取利润的企业需要解决三个方面的问题：①识别创新源；②激励外部创新源持续供应知识；③获取价值(Bogers and West，2012)。

1.2.2 创新网络中核心企业的研究现状

纵观创新网络相关文献，创新网络的研究视角可以分为三类：宏观层面的网络视角、中观层面的关系视角以及微观层面的核心企业视角，从这三个视角出发的研究相互补充，共同揭示了创新网络运行的基本原理和规律。早期的创新网络研究更多地基于网络视角和关系视角；随后，学者们逐渐意识到核心企业在创新网络中具有异常重要的作用和地位，必须专门进行研究。因此，对创新网络中核心企业的研究日益盛行，其研究内容主要围绕以下三个方面。

1. 创新网络中核心企业的界定

尽管现有的文献没有专门对创新网络中核心企业的概念进行研究，但是“核心企业是什么？”作为一个基本研究问题受到了学者们的高度重视，并引起了广泛的探讨和争议。Schilling(2008) 认为创新网络中的核心企业是那些规模大、年龄长、总部设在发达国家的企业。由于未得到实证检验，并且规模、年龄等企业外部特征不足以体现“核心”一词的内涵，基于企业外在特征的界定方式没有被广泛认可。鉴于技术创新的本质是知识、技术的运用和创新，不少学者从知识和技术的视角对创新网络中核心企业进行界定，Pittaway 等(2004)认为核心企业是创新网络中吸收和创造知识最快的企业；类似地，Escribano 等(2009)将创新网络中的核心企业定义为网络中知识吸收和利用能力最强的企业；Gay 和 Dousset(2005)则认为掌握核心技术才是成为创新网络中核心企业的关键。此外，很多学者从管理的视角对创新网络中的核心企业进行界定，认为核心企业是创新网络中因为关键性资源优势、地位优势、知识优势而拥有网络权力，并利用网络权力对创新网络进行管理、控制的企业(Pettigrew，1972; Ahituv and Carmi，2007; Grewal，2008; 党兴华和王幼林，2007；吴松强等，2017)。例如，Dhanaraj 和 Parkhe(2006)将核心企业定义为创新网络中由于自身特质和网络中心位置而拥有声望和权力，并运用其声望和权力在网络运行过程中扮演领导者角色的企业。谢永平等(2012)指出核心企业掌握着创新网络中的关键资源，从而形成控制整个网络的权力，并运用权力对整个网络进行治理。

2. 创新网络中核心企业的作用和地位

核心企业作为创新网络中最重要、影响力最大的节点，很多文献对其在创新网络中的地位和作用进行了研究。一些学者研究了核心企业在沟通创新网络中信息和知识的作用。Hansen(2002)指出核心企业是创新网络中知识传播的中介，能够提高知识传播的效率。Owen-Smith 和 Powell(2004)认为核心企业能够改变贯穿整个网络的信息流，并对整个网络中专利数量的增加有积极影响。其他学者则强调核心企业基于网络权力对其他成员及整个创新网络的协调、领导和控制作用。Lorenzoni 和 Baden-Fuller(1995)认为核心企业是网络组织的战略中心，除了直接参与价值创造活动外，还需负责建立愿景，提供品牌和其他支持，营造信任和互惠氛围，建立吸引和选择伙伴的机制等管理任务。Dhanaraj 和 Parkhe(2006)指出核心企业是创新网络的协调者，其协调任务包括管理知识的流动性、创新的占用性及网络的稳定性，这些协调活动显著影响网络的创新产出。Ignatiadis 和 Nandhakumar(2007)认为核心企业通常在创新联盟中主导知识流动以提高组织和网络结构弹性，并通过合作带来的经济效应促进创新联盟的扩张。Delia(2011)认为创新网络中核心企业应该协调网络成员间的关系，以使它们通过联系保持网络的整体性。贾卫峰和党兴华(2010)指出核心企业在创新网络知识流耦合过程的控制中起到中枢控制作用。郑胜华和池仁勇(2017)表示核心企业合作能力能够激发创新网络的主动行为，实现创新网络的不断升级，进而带动相应产业的发展。邓峰(2015)的实证研究表明产业集群的核心企业借助网络权力，通过网络运行效率能够间接影响集群创新效率。王方等(2014)指出技术创新网络的有效组织和实施离不开核心企业的管理能力和网络能力，并发现核心企业的领导风格会显著影响网络的创新氛围。

3. 创新网络中核心企业的行为

创新网络中核心企业的行为会对其他成员及整个网络都产生影响。对创新网络中核心企业的行为研究主要涉及两个方面：一是核心企业的知识相关行为；二是核心企业的网络管理行为。核心企业的知识相关行为包括核心企业的知识共享、转移和溢出等行为。曾德明等(2010)研究了供应链中核心企业的知识集成行为，指出核心企业的知识集成能够提高自身及供应链整体知识水平和创新能力，进而提升供应链整体核心竞争力。刘聪和刘国新(2017)运用演化博弈研究了分布式创新网络中核心企业间知识转移策略，结果表明：核心企业采取知识转移策略的概率与双向知识转移额外收益、知识吸收和挖掘能力、知识外溢造成的损失呈正相关，与核心企业间差异化知识存量的差距、单向知识转移收益、知识保护活动的成本呈负相关。王伟光等(2015)研究了核心企业控制力对知识溢出的影响，在实证分析的基础上发现核心企业控制力对知识溢出具有直接效应和间接效应，并且直接效应大于间接效应。在核心企业的网络管理行为方面，Dyer 和 Nobeoka(2000)研究了丰田公司作为核心企业创建和管理一个由其供应商构成的知识共享网络的实践，指出通过形成网络层面的知识共享惯例，有利于增进网络成员的认同，进而促进知识共享。Dhanaraj 和 Parkhe(2006)指出管理知识的流动性、创新的占用性和网络的稳定性是创新网络中核心企业的关键协调活动，并提出了有效实施这些活动的方式。党兴华和王幼林(2007)研究了核心企业选择合作伙伴的行为，分析了核心企业合作伙伴选择中的信息不对称问题，以及合作伙伴的选择过程。谢永平等(2012)指出当创新网络进入成熟阶段时，核心企业开始出现并主导整个网络的治理，核心企业对创新网络的治理表现为核心企业利用其网络权力影响网络的运行。谢永平等(2014)研究了核心企业运用网络权力的行为及其对创新网络成员的影响，结果表明：核心企业强制权力会减少成员之间的合作，加剧网络中成员的竞争；非强制权力会增强网络成员之间的合作行为，减少成员之间的竞争行为。

1.2.3 协同创新的研究现状

1. 协同创新的定义

协同是指协调两个或两个以上的不同资源或者个体，一致地完成某一目标的过程或能力。其更加强调子系统之间复杂的相互非线性作用，从而实现系统整体功能超越各子系统功能总和的目的。Ansoff(1965)首次将协同的概念引入企业管理中，运用“协同”解释了整体与各个子系统相互融合的互动关系，并且强调了各种关联因素的互动会产生“1+1>2”的效应。协同是合作的更高级表现形式。正是因为协同与创新两者具有共性，协同创新才能汇集资源、互动互补而产生合力，因此，协同创新是将各个创新主体要素进行系统优化并创新的过程。哈肯在协同学理论中，首次提出了“协同”这一概念(Haken，1978)。基于“协同”与“创新”的概念整合，美国麻省理工学院斯隆中心的研究员 Peter 给出了协同创新

(collaborative innovation)的定义：由自我激励的人员所组成的网络小组形成集体愿景，借助网络交流思路、信息及工作状况，合作实现共同的目标。协同作为一个构念，包括协调、信息共享和资源利用(Shuman and Twombly，2010)。

协同创新作为合作创新的更高级体现形式，与合作创新既有相似之处，又有较大的差异。合作创新是指企业间或企业与学研机构之间的配合创新行为，其更加关注的是合作主体间的合作行为。与一般性的合作创新不同，协同创新更加强调宏观的“协同”过程，即异质性的多创新主体之间，在创新活动中发挥各自的能力和优势，从而整合不同的资源，实现优势互补、知识增值、互利共赢，从而加速创新成果的推广进程(陈劲和阳银娟，2012a)。从时间范围上看，协同创新关系分为短期的协同关系和长期的协同关系，它们在目标、所涉及的知识类型、不确定性程度、风险程度、市场前景、绩效测量等方面存在差异(Howells et al., 2003)。协同创新的主体在创新过程中，因相互影响而产生共同进化和共生的现象(Ehrlich and Raven，1964)，这有利于技术性人力资本的存量增加，降低创新学习成本，实现创新能力提升(Rothwell，1992)，使企业获得更多的创新收益。

2. 协同创新的管理

王进富等(2013)基于协同学、生态学等相关交叉学科的理论整合，从动力协同、路径协同、管理协同三个角度，构建了产学研协同创新机制。Koen(2012)将协同创新战略分为：保护现有的地位、开发全新的市场和多元化，并指出企业必须首先明确自身的战略，然后根据战略目标选择相适配的治理模式，即协同创新的结构和组织原则。黄波等(2015)探讨了协同创新过程中的利益分配机制，构建了协同创新管理模型。针对协同创新中创新主体间的信任问题，有学者基于演化博弈理论和混沌理论，建立了创新网络中组织间信任演化模型，分析了组织间信任的复杂性、初值敏感性、分岔行为及内随机性等混沌特性，采用稳定性理论进行混沌性判定，得到了信任从有序进入混沌的一般条件。Klenk 和 Wyatt(2015)建立了合作创新过程中的知识生产模型，通过案例分析发现不同的组织结构文化，可以提升知识生产效率。企业间的协同创新常常会陷入以下误区：①将协同视为一个事件；②独自定义问题陈述；③合作伙伴的时间范围不同；④不能对合作伙伴的处境感同身受。而正确的做法应该是：①将协同创新作为一个无缝的过程进行管理；②伙伴间共同设计问题陈述；③在多个时间层次上进行合作；④通过过程感同身受(Fiore et al.，2016)。

3. 协同创新的绩效

万幼清和邓明然(2007)根据产业集群协同创新绩效影响因素建立了协同创新

绩效模型。Nooteboom 等(2007)研究了成员间认知距离与企业间联盟创新绩效间的关系，实证结果表明认知距离与联盟创新绩效呈倒“U”形关系；并且相对于利用性学习，探索性学习的最优认知距离更大；同时，成员间的最优认知距离还取决于吸收能力。大学与企业相互间文化、价值观的差异等是影响大学和企业协同创新绩效的重要因素。Takeishi(2001)指出汽车企业的供应商管理(整合式解决问题、沟通和知识)有利于提升双方共同设计的零部件的质量。Schreiner 等(2009)研究了联盟管理能力及其对联盟产出的影响,结果表明企业的联盟管理能力由协调、沟通和黏结 3 个维度构成，并且联盟管理能力能够促进联盟战略目标的实现。Schulze 和 Brojerdi(2012)探讨了合作伙伴间的知识距离与协同创新绩效的关系，实证结果表明：企业间的技术知识距离与创新绩效成倒“U”形关系；而管理知识距离对创新绩效具有消极影响。Michelfelder 和 Kratzer(2013)分析了强弱联系的结合对组织间协同研发的创新绩效影响。技术距离对协同创新绩效具有显著的促进作用，地理距离对协同创新绩效具有显著的抑制作用，且正效应大于负效应(刘志迎和单洁含，2013)。Capaldo(2014)通过对 8 个产品设计联盟及 14 个协同项目的实证分析表明社会机制(结构机制，即宏观文化、对声誉的重视；关系机制，即人际关系、信任和互惠)对联盟和成员企业的知识收益及最终的战略产出具有积极影响。在新想法转化为创新的过程中，共同的利益、充足且互补的资源、充分的信任、集中且积极的行为是组织间协同创新取得成功的 4 个相互关联的关键要素(Buerkler，2013)。解学梅和刘丝雨(2015)通过实证研究发现，战略联盟模式等创新方式与企业的创新绩效呈现正相关作用，协同效应在中小企业协同创新模式与创新绩效关系中具有显著的中介效应。

1.3 研究内容与研究方法

1.3.1 研究内容

本书共包括 10 章。

第 1 章引言。引言主要介绍研究问题提出的背景、研究的目的及意义；对分布式创新网络、核心企业和协同创新进行了文献综述；概括了全文的研究内容和研究方法。

第 2 章相关概念和理论基础。该章对研究过程中涉及的核心概念，即分布式创新网络、核心企业和协同创新，进行界定；在此基础上，梳理和发展相关的理论，为全文的研究奠定理论基础。

第 3 章分布式创新网络中多核心企业间的协同要素及模式。该章首先界定分布式创新网络中多核心企业模块化分布的内涵及对协同创新的影响；其次，总结分布式创新网络中多核心企业间的协同要素，包括内部要素和外部要素两大类；最后，归纳分布式创新网络中多核心企业间的协同模式。

第 4 章分布式创新网络中多核心企业间的协同动力机制。该章归纳分布式创新网络中多核心企业间协同的内外部动力因素，外部动力因素包括技术、资源、市场、政策、信息与通信技术等方面；内部动力因素包括创新利润、技术势差及企业家精神等。在此基础上，以固定替代弹性(constant elasticity of substitution，CES)生产函数模型为理论模型，构建分布式创新网络中多核心企业协同创新的内部动力模型。最后，探究分布式创新网络中多核心企业间协同创新动力机制。

第 5 章分布式创新网络中多核心企业间协同情境与协同行为仿真及案例研究。该章首先分析分布式创新网络中多核心企业间的协同情境；其次，探讨多核心企业间的协同行为；再次，建立基于协同情境的多核心企业间协同行为的多代理模型(Multi-Agent)并运用 NetLogo 仿真平台进行仿真分析；最后，以东风汽车集团有限公司为例通过博弈分析、测量量表的设计、因子分析，以及结构方程模型进一步对 NetLogo 的仿真结果进行验证、修正及补充。

第 6 章分布式创新网络中核心企业间知识协同效应评价。该章首先从分布式创新网络中多核心企业间知识协同效应的来源、知识协同效应评价的维度、知识协同效应评价的项目层层深入分析；其次，经过一系列定性及定量的处理过程确立知识协同效应评价指标体系；再次，运用决策试验和评价实验室法(decision making trial and evaluation laboratory, DEMATEL)与模糊综合评价法构建知识协同效应评价模型；最后，应用评价模型对华为与美国 3Com 公司(以下简称 3Com)间的知识协同效应进行分析和评价。

第 7 章非核心企业参与分布式创新网络的风险识别与评价。该章首先分析非核心企业参与分布式创新网络风险诱发因素；其次，综合运用定性与定量研究方法识别出非核心企业参与分布式创新网络的风险；再次，运用模糊集合理论构建非核心企业参与分布式创新网络风险评价模型并以武汉奥新科技有限公司为例进行实证分析；最后，提出非核心企业参与分布式创新网络的风险控制模型及对策。

第 8 章分布式创新网络中多核心企业间协同效能的测评设计及应用。该章首先确定了分布式创新网络中多核心企业间协同效能的内涵及维度,包括互补效能、融合效能、学习效能和社会效能四个方面；其次，设计了多核心企业间协同效能的评价指标体系，在此基础上，基于多级模糊层次综合评价法构建了多核心企业间协同效能的测评模型；最后，利用测评模型对烽火通信科技股份有限公司(以下简称烽火通信)与美国超微电脑股份有限公司(Super Micro Computer Limited

Liability Company，SMC LLC)间的协同效能进行测评和分析。

第 9 章分布式创新网络中多核心企业间协同路径及管理。该章主要是在科学性、合理性、协同成本最小化、协同效益最大化的原则下，依据路径设计需要服从产业特性、企业协同目标、以协同客体为导向等思路，提出了在分布式创新网络中多核心企业间有五条协同路径。在此基础上，根据文献和相关理论及公司案例管理经验总结出了相应的协同管理措施和机制。

第 10 章分布式创新网络中多核心企业间协同的案例分析。该章先后对四个协同创新案例进行分析，即针对华为与徕卡、微软公司与英特尔公司、三星电子公司内部部门之间、波音与其全球供应伙伴等，主要分析了协同的背景、协同的过程、协同管理机制及措施、协同的效益等内容。

1.3.2 研究方法

本书在研究过程中，使用了以下研究方法。

1. 文献研究法

文献是学习和研究的必不可少的资料，文献包括书籍、报纸、期刊、会议论文等形式。文献研究法是指在搜索、阅读文献的基础上，经过思维加工和组织，得出新的、有意义的结论。作为最基础的一种研究方法，文献研究法贯穿本书整个研究过程，如本章中研究问题的提出、研究目的及意义的确定，第 2 章中核心概念的界定等都用到了这种方法。

2. NetLogo 仿真

仿真又称模拟，是指利用模型复现实际系统中发生的本质过程，并通过对系统模型的实验来研究存在的或设计中的系统。NetLogo 是一款 Multi-Agent 的仿真分析工具,能很好地模拟微观个体的行为和宏观模式的涌现及其两者之间的联系。在本书的第 5 章中,建立了基于协同情境的多核心企业间协同行为的 Multi-Agent 模型，并运用 NetLogo 仿真平台进行仿真分析。

3. 因子分析法

因子分析法包括探索性因子分析法和验证性因子分析法。探索性因子分析法是研究从变量群中提取共性因子的统计技术，利用探索性因子分析法可以对大量的指标进行降维，从而简化分析。在第 6 章、第 7 章的研究中，利用探索性因子分析法分别探索了多核心企业间知识协同效应和非核心参与分布式创新网络风险的因子结构。验证性因子分析法是指运用数据检验并测量潜变量和指标变量间线性关系的研究方法。验证性因子分析法在第 5 章至第 7 章都有所应用。

4. 问卷调查法

问卷调查法是指通过发放调查问卷获取研究数据的一种方法。在无法直接获得统计数据的情况下，运用问卷调查法搜集样本数据便成为唯一的途径。在第 5 章中，运用问卷调查法获取了雷诺汽车公司(以下简称雷诺)与日产汽车公司(以下简称日产)协同行为等方面的数据；在第 6 章中，运用问卷调查法获得了华为与 3Com 知识协同效应相关的数据；在第 7 章中，运用问卷调查法获得了武汉奥新科技有限公司参与分布式创新网络风险方面的数据；在第 8 章中，运用问卷调查法获得了烽火通信与 SMC LLC 协同效能指标的数据。

5. 结构方程分析法

结构方程分析法是一种融合了验证性因子分析法和回归分析法的研究方法。在检验同时包含潜变量与指标变量、指标变量与指标变量及潜变量与潜变量间的复杂线性关系模型时具有显著的优势。在第 5 章中，建立了研发的协同水平、知识增长水平及整个网络的绩效水平之间关系的结构方程模型,并进行了实证分析；在第 7 章中，建立了组织间承诺与分布式创新网络之间关系的结构方程模型，并进行了实证分析。

6. 模糊综合评价法

模糊综合评价法是一种基于模糊数学的综合评价方法。该综合评价法根据模糊数学的隶属度理论把定性评价转化为定量评价，即用模糊数学对受到多种因素制约的事物或对象做出一个总体的评价。它具有结果清晰、系统性强的特点，能较好地解决模糊的、难以量化的问题，适合解决各种非确定性问题。在第 6 章中，运用模糊综合评价法构建了分布式创新网络中核心企业间知识协同效应的评价模型；在第 7 章中，运用模糊综合评价法构建了非核心企业参与分布式创新网络风险的评价模型；在第 8 章中，运用模糊综合评价法构建了分布式创新网络中多核心企业间协同效能的评价模型。

7. 决策试验和评价实验室法

决策试验和评价实验室法是一种用数学矩阵和图形工具剖析评价对象内部关系结构以显现前因后果的数学分析方法。该方法因其特点在于能厘清评价指标间错综复杂的逻辑关系、可视化内部结构而常用于分析研究并解决学术评价中棘手问题，作者常用此方法揭示研究对象间相互影响关系，综合影响矩阵的计算可用于原因度和中心度的计算，继而细分指标为原因类和结果类。在第 6 章中，决策试验和评价实验室法被用于确定分布式创新网络中核心企业间知识协同效应指标体系的权重。

8. 层次分析法

层次分析法是指将一个复杂的多目标决策问题作为一个系统，将目标分解为多个目标或准则，进而分解为多指标(或准则、约束)的若干层次，通过定性指标模糊量化方法算出层次单排序(权数)和总排序，以作为目标(多指标)、多方案优化决策的系统方法。在第 8 章中，层次分析法被用于确定分布式创新网络中核心企业间协同效能指标体系的权重。

9. 案例研究法

案例研究法是运用抽象的理论和方法分析与解决现实案例问题的一种研究方法。案例分析不但能验证理论，而且能对抽象理论进行补充说明。因此，案例研究法在本书中得到大量应用，如第 5 章中雷诺与日产的案例，第 6 章中华为与 3Com 的案例，第 7 章中武汉奥新科技有限公司的案例，第 8 章中烽火通信与 SMC LLC 的案例，以及第 10 章中专门设计的四个协同创新案例等。

第 2 章　相关概念和理论基础

2.1　分布式创新网络

2.1.1　分布式创新

技术创新是一个包含多个阶段的过程。Roberts(1988)认为技术创新过程由两阶段组成：①创意或发明的产生；②发明的商业化应用。另外，技术创新过程可以利用 Ahmed 和 Shepherd(2010)的七阶段门径管理活动模型进行更加细致的描述。如图 2-1 所示，一个完整的新产品开发过程涵盖了从创意产生到上市后产品改良和下市等多个阶段，每个阶段包含了许多规定的活动或任务。完成这些规定的活动或任务需要一系列的资源和能力，如研发能力、设计能力、工程化能力、生产能力、营销能力等。在过去很长一段时间里，技术创新过程中的大部分活动，尤其是研发相关的活动，都是在单个企业内部完成的，企业和外部只进行有限的、距离型(arm-length)的互动，即企业是技术创新的场所。进入 21 世纪，越来越多的学者和产业观察家注意到在一些行业中，如生物科技、汽车、航天、医药、通信等，技术创新过程日益分布于多个企业和其他知识生产机构之间，而不是单个企业内部，即分布式创新(Metcalfe and Coombs，2002；Bogers and West，2012)。

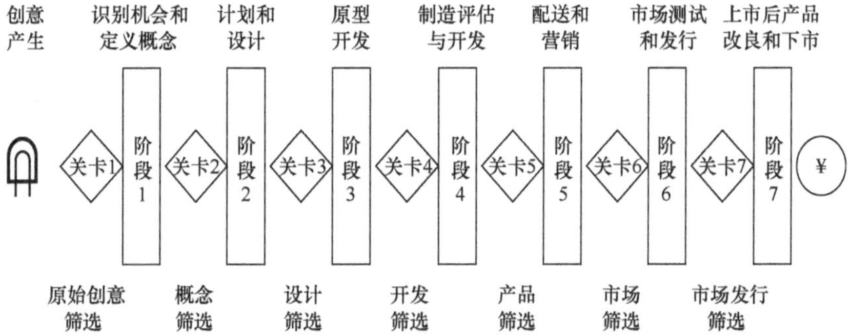

图 2-1　新产品开发过程的七阶段门径管理活动模型

资料来源：根据 Ahmed 和 Shepherd(2010)整理

驱动技术创新过程跨组织边界分布的主要力量可以概括为以下几个方面。

(1) 全球化竞争加剧。随着全球化进程不断深入，产业竞争日益加剧。为了应对全球化竞争的挑战，企业一方面持续加大研发投入以获取竞争优势(Dooley and O'Sullivan，2007)；另一方面，企业不得不将有限的研发资源集中于少数几个核心技术领域以实现技术突破同时保持较高的灵活性，创新所需的其他相关技术和创新能力则通过外部途径获取(Howells et al.，2003)。

(2) 技术问题日益复杂化、系统化。技术知识创新本质上是技术问题的识别和解决。通常，对于简单的技术问题，单个组织凭借自身的技术能力就可以解决；而复杂性、系统性的技术问题，如大飞机设计、半导体制程工艺开发，则需要多个企业和其他创新组织协同作战。复杂技术难以被个人完全理解(Rycroft and Kash，2000)。复杂性、系统性的技术创新需要整合多元化专用资产，这些资产通常分布于多个企业和其他组织之间。此外，技术问题的复杂性和系统性会导致创新成本与风险的攀升，超出单个组织的承受能力。

(3) 技术创新环境的不确定性增加。技术创新环境是指影响技术创新最终产出的各种内外部因素的总和，包括宏观层面的政治、法律、社会环境，中观层面的产业和市场环境，以及微观层面的创新组织内部的资源条件、企业文化、制度等。随着技术创新环境的影响因素日益增多，变化加快，技术创新的风险不断增加。企业通过外部合作可以有效地转移部分风险。例如，波音通过与供应商协同开发 B787，将巨大的投资风险部分转移给供应伙伴。

(4) 信息与通信技术的发展。信息与通信技术的发展在很大程度上解决了跨组织协同创新的沟通和知识交换的问题。企业之间的协同创新是一种高度相互依赖的关系，需要大量的信息流和知识流以实现有效的协调和知识资源的优化配置。信息与通信技术的发展降低了创新主体间的沟通成本、协调成本(Yoo et al.，2008)和交易成本，从而支持、促进分布式创新。

在上述四个方面力量的综合作用下，技术创新所需的资源和能力日益分布于多个企业和其他组织之间。相应地，技术创新过程日益跨组织边界分布，并通过跨组织的治理结构协调各参与主体的贡献(Metcalfe and Coombs，2002)。分布式创新超越了封闭式创新，认为技术创新不是一个纯粹的垂直整合过程，而依赖于外部利益相关者知识的整合(Bogers and West，2012)。刘国新等(2011a)将分布式创新定义为企业内和具有合作关系(上下游)的企业之间在资源共享的基础上，在不同地域，依据共同的网络平台进行的创新活动。陈劲(2013)认为分布式创新是以跨地域、时区或组织的项目团队为载体，基于分布式结构配置和分布式认知提升，并通过相关分布式协同的支撑，以各种知识共享为联结纽带，为完成特定创新任务而在分散项目成员之间进行的顺序或并行的各种创新活动。

本书将分布式创新定义为技术创新过程在多个企业和知识生产机构之间分布实现的一种创新模式。通过参与分布式创新，创新主体间能分担成本和风险，并通过融合互补性的知识和能力增加创新产出，缩短创新周期。

2.1.2 分布式创新网络的界定

分布式创新网络已成为一种广泛应用的创新组织形式，并在产业创新中起着着日益重要的作用。当创新所需的知识和能力在多个组织间分布时，技术创新的组织形式(或治理形式)通常既不是企业，也不是市场，而是创新网络(Powell et al.，1996)。创新网络是协调产业研发过程的一种方式(Pyka，2002)。根据 Imai 和 Baba(1991)的定义，创新网络是应付系统性创新的基本制度安排，网络架构的主要联结机制是企业间的协同创新关系。正式的联结形式主要是指基于契约和产权的协同创新关系，包括许可证协议、R&D 外包、技术咨询、研发联盟、合作研发协议、共同投资等(Freeman，1991)；非正式联结形式主要包括行业协会、创新社区等。Metcalfe 和 Coombs(2002)将分布式创新网络的组织形式归为五类：市场导向的关系、多个企业合作生产共性技术、应用导向的合作、共同投资及战略联盟。Shuman 和 Twombly(2010)将协同(创新)网络定义为具备实现特定目标所需能力和资源的企业、个体及其他组织实体的集合。

在国内外研究基础上，本书将分布式创新网络定义为多个企业及其他类型的创新主体间为共同实施创新过程，通过各种正式及非正式协同创新关系联结而成的创新组织形式。

分布式创新网络的内涵体现在以下几个方面。

第一，分布式创新网络本质上是一种创新组织，同企业一样，分布式创新网络的根本目的在于技术创新、创造价值。

第二，分布式创新网络成员间的联结形式是各种正式及非正式的协同创新关系，协同创新关系的核心内容是组织间的知识交换和共同创造知识。

第三，分布式创新网络成员间联结具有商业和知识双重属性。

第四，在正式的联结中，契约是合作关系形成和管理的重要依据。同时，人际关系、社会规范、宏观文化等也扮演着不可替代的角色。

2.1.3 分布式创新网络的特征

与企业等技术创新组织相比，分布式创新网络具有分布性、自组织性、动态性及嵌入性等特征。其中，分布性是对于分布式创新网络的构成元素而言的，嵌入性是对于网络联结而言的，自组织性和动态性同时与网络元素和网络结构相关。

1. 分布性

分布性是分布式创新网络最基本的特征。分布式创新网络的分布性体现在两个方面：第一，分布式创新网络成员是跨组织边界分布的。技术创新过程在多个企业和其他创新主体之间分布实现，因此分布式创新网络是由原本分散的创新主体围绕共同的创新目标聚合而成的。第二，网络的成员通常分布于不同地域、时区、产业及拥有不同的文化等，意味着分布式创新网络分析不考虑特定边界的约束和限制，从而有别于国家创新系统、区域创新网络、产业集群等有界创新系统。Ramlogan 等(2007)以医药产业为例，说明了医药创新网络的分布式特性。刘国新等(2011a)和陈劲(2013)强调了分布式创新网络的跨地域、时区或组织特性。分布式创新网络的分布性特征有效地解决了单个企业创新资源和能力不足的问题，同时分布性意味着网络资源的异质性，而异质性是技术创新的重要来源。另外，分布性会带来一系列管理问题和挑战，如信任问题、地理距离和认知距离导致的沟通问题及知识转移问题等。

2. 自组织性

一个系统在外界强迫下形成的有序行为被称为有组织；反之，一个系统在无外界强迫时，系统内部自发形成的有序行为被称为自组织(李士勇和田新华，2006)。分布式创新网络的形成和演化是一个自组织过程，即网络的形成和演化是成员出于自身需要，而非依靠外部主体的行政指令。网络成员在自身需求的驱动下，自发地结成协同创新关系，并不断根据创新目标和环境的变化调整网络关系。自组织特性强调网络成员行动的自主性，而非依靠外部主体的行政指令。网络成员在自身需求的驱动下，积极地参与分布式创新过程，并敏锐地察觉环境的变化，从而做出调整。自组织特性使得分布式创新网络具备较强的适应能力，能够灵活地应对外部环境的变化。

3. 动态性

动态性是指分布式创新网络的主体、主体间的关系及网络的结构不是一成不变的，而是处于不断的变化过程中。同企业这种高度结构化、稳定的组织相比，分布式创新网络具有明显的动态性特征。Shuman 和 Twombly(2010)指出协同(创新)网络是一个动态的、与目标相适配(fit-for-purpose)的结构，能够随着网络目标和情境的变化敏捷地调整网络的构成元素及它们相互联系的方式。

分布式创新网络演化的内在动力是创新主体的经济利益，外部动力则是环境的变化。在内外部动力的驱使下，网络成员不断地选择建立、调整或解除同其他成员间的关系，从而分布式创新网络始终处于动态的演化过程。动态性使得分布式创新网络具备灵活调整的能力，能够不断根据网络目标和环境调整网络成员、成员间关系及网络结构。另外，动态性使得分布式创新网络的管理面临巨大的挑战。

4. 嵌入性

Granovetter(1973)最早提出了嵌入性的概念，指出经济活动通常是嵌入在特定的社会关系和社会结构之中的。反过来，社会关系和社会结构会影响主体的经济行为及活动绩效。嵌入性为组织间交易治理提供了新视角，嵌入性机制如信任、规范、宏观文化等成为价格机制和权威机制之外的另一种交易治理机制。网络治理便是以嵌入性机制为特征的交易治理模式(Capaldo，2014)。分布式创新网络属于典型的网络治理模式，网络成员之间通过正式的经济契约结成协同创新关系，但是由于协同创新关系的复杂性，成员间的契约往往是关系契约。基于关系契约的协同创新关系的治理在很大程度上依赖于嵌入性机制，因为正式契约无法事先对成员间的相互关系、合意的行为等做出详尽的规定和说明，网络成员间必须建立信任和关系规范，才能有效地合作与协同。因此，嵌入性是分布式创新网络的根本特性之一，即网络成员间的合作与协同是嵌入在特定的社会关系和社会结构之中的，并且嵌入性是分布式创新网络有效运行的先决条件和关键基础。

2.2 分布式创新网络中的核心企业

2.2.1 分布式创新网络中核心企业的界定

核心企业(hub firm)，通常又被称为焦点企业(focal firm)、领导企业(leading firm)、战略中心(strategic firm)和编排者(choreographer)。任何网络都拥有至少一个核心(个体或组织)在网络中扮演发起者、组织者及领导者的角色，对于分布式创新网络这样的复杂网络而言尤其如此。核心企业在分布式创新网络中处于支配和领导地位，核心企业的行为决定了网络运行的效率，并最终影响网络的整体创新绩效。为了应对分布式创新的管理挑战，分布式创新网络中的核心企业必须转变角色，成为网络的战略中心。

目前，专门研究核心企业概念的文献很少，但是由于概念界定是核心企业相关研究的前提，很多学者从不同视角对核心企业进行了定义，大致可以分为以下几个方面。

(1) 规模视角。很多学者认为核心企业就是创新网络或行业中规模较大的企业，因为企业规模是能够代表企业资产、能力及声望的一个综合性指标，大企业在创新网络中拥有更大的主导权和话语权。Schilling(2008)认为创新网络中的核心企业是那些规模大、年龄长、总部设在发达国家的企业。Vanhaverbeke 等(2009)对微软公司、索尼公司、通用电气公司等大公司的实证研究对这一观点进行了证实。然而，基于企业规模、年龄等外部特征对核心企业界定存在较多缺陷而不被大多数学者所认同。一是大企业是一个相对概念，究竟规模多大才能称为大企业是一个难以回答的问题，而且创新网络中往往不止一个大企业，仅依靠规模比较很难准确判断哪些企业是核心企业。二是随着创新活动网络化的趋势日益明显，单个企业往往同时会参与多个创新网络的活动，企业不可能在其参加的所有创新网络中都担任核心企业，大企业也不例外，从这个意义上讲，大企业并不一定意味着核心企业，大企业也可能在某个创新网络中只担任次要的分工，如提供非核心技术。三是规模、年龄等企业外部特征无法直接、准确地体现核心企业的内涵。

(2) 技术和知识视角。由于技术创新的本质是技术和知识的学习、利用及创造，因此很多学者认为技术和知识能够体现核心企业的内涵，从而形成了核心企业的技术和知识视角。Gay 和 Dousset(2005)认为，在创新网络中，只有拥有其他企业不具备或者难以模仿的核心技术的企业才是真正意义上的核心企业。Pittaway 等(2004)认为核心企业是创新网络中吸收和创造知识最快的企业。Malipiero 等(2005)从知识、信息流动的特征入手，采用假设验证法证明核心企业是创新网络中的知识引进者，能比一般企业更好地利用外部知识，在实现自身发展的同时促进整个创新网络的创新。而后，Escribano 等(2009)对 2265 家西班牙企业进行了实证研究，进一步论证了创新网络核心企业是那些创新网络中知识吸收和利用能力最强的企业。Pietrobelli 和 Rabellotti(2004) 认为核心企业对知识传递内容具有决策权和支配力，能促进集群内外知识传播，是集群内知识不断扩散的源头。

诚然，技术和知识视角能够很好地抓住创新网络中核心企业的内涵，企业必须具备核心技术，以及知识吸收、利用和创造能力，才能胜任创新网络中的核心位置，完成关键的价值创造活动，并引导网络中的知识流，最终实现创新网络的目标。但是，技术和知识视角存在两个方面的缺陷：一是过于强调核心技术和与知识相关的能力，而对其他重要资产和能力的重视不够，如资金、品牌、营销渠道等；二是忽视了核心企业在管理网络方面的职责和角色。技术和知识视角的缺陷引出了核心企业界定的第三种视角：网络管理视角。

(3) 网络管理视角。网络管理视角认为核心企业是创新网络的组织者、管理者和领导者，核心企业通过影响网络成员的行为来确保网络目标的实现。Lorenzoni 和 Baden-Fuller(1995) 认为核心企业是网络组织的战略中心，除了直接参与价值创造活动外，还需负责建立愿景、提供品牌和其他支持、营造信任和互惠的氛围、建立吸引和选择伙伴的机制等管理任务。Dhanaraj 和 Parkhe(2006)将核心企业定义为创新网络中由于自身特质和网络中心位置而拥有声望和权力，并运用其声望和权力在网络运行过程中扮演领导者角色的企业。Shuman 和 Twombly(2010)认为每个网络都有一个编排者负责组织网络及领导网络成员实现目标。贾卫峰和党兴华(2010)指出核心企业在创新网络知识流耦合过程的控制中起到中枢控制作用。

谢永平等(2012)认为核心企业在网络治理中起主导地位。王方等(2014)、李金生和张迪(2018)的研究表明核心企业在创新网络中具有领导地位，核心企业的领导对创新网络的运行和绩效产出具有重要影响。

网络管理视角极具代表性，网络管理视角下创新网络中的核心企业是指网络的管理者，这与实践中核心企业的角色分工十分相符。同时，网络管理视角一定程度上包含了规模视角及技术和知识视角中的部分内容，网络管理视角认为核心企业具有较强的网络影响力，而这种网络影响力来源于核心企业的资源优势、知识优势、位置优势等。换句话说，网络管理视角下，创新网络中的核心企业不仅意味着企业在网络中承担关键性的管理角色分工，而且暗含了成为创新网络中核心企业的资质条件。网络管理视角的不足之处在于过于强调核心企业在创新网络中的管理者角色，而忽视了核心企业在关键价值创造活动，如知识创造和知识整合等方面的作用。

总的来说，规模视角强调了企业规模是核心企业的资质条件；技术和知识视角则强调了核心技术和关键知识能力是核心企业的资质条件；网络管理视角既强调了核心企业在创新网络中的管理者角色，也强调了核心企业的资质条件，如关键资源和能力、网络中心位置等。这三类视角各有侧重，同时又各有不足。本书在综合这三类视角的基础上，将分布式创新网络中的核心企业定义为网络中由于具有较大规模，掌握关键技术和能力，以及占据网络中心位置等具有较大的网络权力，并凭借其资源、能力及网络权力承担网络中关键的劳动分工和管理分工的企业。

2.2.2 分布式创新网络中核心企业的角色识别

核心企业在分布式创新网络的组织和管理过程中扮演着关键角色。除了直接提供创新资产和要素，参与网络价值创造活动之外，核心企业还负责组织、领导和管理整个网络，保证网络的高效运行。

Lorenzoni 和 Baden-Fuller(1995)指出网络中的战略中心不能是空心组织，其职责还包括建立愿景、提供品牌和其他支持、营造信任和互惠的氛围、建立吸引和选择伙伴的机制。Shuman 和 Twombly(2010)认为创新网络中核心企业的角色包括四个方面：企业家、倡导者、教练和导师、沟通者。

在国内外研究的基础上，本书将分布式创新网络中核心企业的角色归纳为以下几个方面，并对每个角色进行了相应的描述，如表 2-1 所示。

表 2-1 分布式创新网络中核心企业的角色

角色	角色描述
价值创造者	提供技术创新所需的关键资源和能力，直接从事价值创造活动
战略规划师	制定整个网络的战略目标和计划

续表

角色	角色描述
组织者	确定分布式创新网络的使命和目标，根据使命和目标聚集创新所需的各种资源，组织和设计创新网络
领导者	建立愿景、使命和战略，并传递给网络中其他成员；激励成员积极地参与到创新过程中来
教练和导师	促进创新网络中知识共享和转移，提升网络成员的能力
沟通者	收集分布式创新网络内外部的重要信息，并及时地传递给相关的网络成员
冲突管理者	预防、协调成员间的各种冲突，确保创新网络的稳定
整合者	整合分散的创新成果，形成新产品、新工艺，最终实现商业化

2.2.3　分布式创新网络中核心企业的胜任力模型

胜任力模型的概念来源于人力资源管理。分布式创新网络中核心企业胜任力模型是指根据核心企业职责要求所提出的，为完成这些职责所需要的能力支持要素的集中表示。核心企业胜任力模型能够具体指明担任分布式创新网络中核心角色的企业需要具备什么能力才能满足该角色的需要。分布式创新网络中核心企业的胜任力模型如表 2-2 所示。

表 2-2　分布式创新网络中核心企业的胜任力模型

维度	要素	定义
权威	网络地位	在分布式创新网络中具备中心地位
	行业声望	在行业中具有较高的声望
技能	决策能力	识别可选择的解决方案，并从中选择最优方案的能力
	领导能力	激励、指导网络成员开展工作的能力
	计划能力	制定网络目标及网络中资源配置、行动方案等的能力
	沟通能力	准确理解和传达意思的能力
	协调能力	根据目标对网络成员进行分工协调的能力
	黏结能力	构建、维护及发展网络关系的能力
	创新能力	灵活、创造性地解决问题的能力
	知识吸收能力	快速理解和掌握网络成员知识的能力
	知识转移能力	准确、清晰地向成员共享、传授知识的能力
	专业技术能力	解决专门技术领域问题的能力

续表

维度	要素	定义
素质	团队精神	在团队目标下，对团队利益和协作的认知
	诚信	诚实、善意地行使权利、履行义务
	公正	依据公平、正直的原则行事的意识
	进取精神	树立更高的目标，不懈追求发展
	责任感	根据工作职责，完成任务的意识

2.3 分布式创新网络中多核心企业间协同的内涵

协同创新最初源于协同学，Haken(1978)最早在《社会协同学》一书中将协同学定义为研究一个由大量子系统以复杂方式相互作用所构成的复合系统，在一定条件下，子系统间通过非线性作用产生协同现象和协同效应，使系统形成有一定功能的空间、时间或时空的自组织结构。之后，协同思想被广泛应用于新产品开发、制造和销售的资源共享及协作运营等领域。Corning(1998)将协同定义为系统中多个子系统要素之间产生的整体效应，此后，在协同理论的基础上，协同创新概念开始被使用。

协同创新是本书的核心概念之一。与协同创新相近的词汇包括合作创新和战略联盟等，现有文献大多没有明确区分这些词汇之间的区别，而是将其视为基本相同的概念。关于合作创新的概念，有广义和狭义之分，狭义的合作创新是指一种基于创新的以合作研究开发为主的技术合作契约关系，是企业、研究机构与大学之间为了共同的研究开发目标，投入各自的优势资源而形成的合作契约安排。Fusfeld 和 Haklisch(1985)指出，合作创新是两个以上的企业分别投入创新资源而形成的“合作契约安排”，是为了实现共同的研发目标，是创新活动的一种组织形式；一般以 R&D 为主要形式。广义的合作创新是指企业之间或企业、研究机构与大学之间的联合创新行为，在形成新构思、开发新产品及产品商业化等阶段的合作，都可看作合作创新，从某种意义上讲，这种合作创新即协同创新。陈劲和阳银娟(2012a)认为协同创新是企业、政府、知识生产机构(大学、研究机构)、中介机构和用户等为了实现重大科技创新而开展的大跨度整合的创新组织模式。综上，不管是广义定义还是狭义定义，都是以研发为主要任务，且围绕创新而展开的一种组织活动。

根据核心企业和协同创新的国内外研究，我们将分布式创新网络中核心企业间协同创新定义为核心企业间为实现创新增值而开展的一种跨界整合，其协同度较高，对分布式创新网络的运行及绩效具有决定性影响。

2.4 本章小结

本章对研究过程中的核心概念，即分布式创新网络、核心企业、协同创新，进行了界定，梳理并发展了相关理论。分布式创新网络是指多个企业及其他类型的创新主体间为共同实施创新过程，通过各种正式及非正式协同创新关系联结而成的创新组织形式。分布式创新网络具有分布性、自组织性、动态性和嵌入性等特征。核心企业是指分布式创新网络中因自身特质和网络中心地位而具备权力和声望，并利用权力和声望在网络中扮演组织者和领导者角色的企业。分布式创新网络中核心企业的角色包括价值创造者、战略规划师、组织者、领导者、教练和导师、沟通者、冲突管理者、整合者等角色。为了胜任这些角色，核心企业需要具备一定的权威，以及相应的能力和素质。分布式创新网络中核心企业间协同创新是指核心企业间为实现创新增值而开展的一种跨界整合，其协同度较高，在创新过程中追求更高的经济和社会效益。

第3章 分布式创新网络中多核心企业间的协同要素及模式

3.1 分布式创新网络中多核心企业的模块化分布

3.1.1 模块化的基本内涵

模块化的思想最早可以追溯到亚当·斯密的经典著作《国富论》，斯密(2010)强调了推动生产力进步的基础是专业化和分工。Simon(1962)指出任何一个复杂系统都具有可分性，都是由相互联系的子系统组成的层级构筑的系统，而子系统又由更小的子系统组成，一直循环直到达到某个临界点。Baldwin 和 Clark(2000)正式提出模块化的概念，他们认为模块化是相对来说较小的、可以独立进行功能设计的系统通过标准界面与其他性质相同的系统相互连接组建成一个复杂产品的系统或流程，在这个系统中，不同模块的研发和改进是相对独立的；并指出不同的模块按照事先制定的规则与模块化系统里的其他模块进行互动，这些模块既具有相互依赖性又具有相对独立性，并且自己所在模块的运行规则能够由自己独立设计。青木昌彦和安藤晴彦(2003)认为模块是指一种半自律性的子系统，而模块化是指若干个能够同样进行独立设计的这种模块按照一定的规则，进行相互整合或分解，从而形成一个更加复杂的系统或过程。他们还认为，模块化有三个非常重要的特征：首先，模块本身就可以是复杂的系统；其次，模块之间的连接规则是可以变化的；最后，由于每个模块具有单独进行研发设计和生产的能力，生产效率可以得到大幅度的提高。Sanchez 和 Mahoney(2013)指出，模块化是一种特殊的系统架构，其有统一的界面，这使得系统内的子模块可以不经过任何改变而随时“即插即用”。

3.1.2 模块化组织

模块化理论在实践中具有广泛的应用，设计、生产乃至整个技术创新过程都可以采用模块化的方式进行。随着模块化理论的发展，模块化作为一种组织模式，引起了组织模式和产业结构的变革。Sanchez 和 Mahoney(1996)分析了模块化对产品和组织架构产生的影响，指出产品设计的模块化要求企业组织也要相应地向模块化发展。青木昌彦和安藤晴彦(2003)认为，在产品模块化的同时，组织模块化也在同步进行，组织模块化的过程实际上就是企业进行拆分、部门精简、权力下放、加强部门之间的横向沟通及价值链分解的过程。罗珉(2005)指出，组织模块化和产业模块化的价值网络使得企业可以在世界范围内快速对资源进行整合。曹虹剑等(2010)认为模块化网络组织本质上是一个中间产品件工契约网络，模块化网络组织的效率来源于其容易定价、契约费用低，模块化柔性契约网络促进了企业之间的相互融合，深化了分工，并能以最优的资源配置去生产最终产品。Cheng(2011)认为组织模块化已经成为新的组织发展范式，组织模块化具有敏捷性和灵活性、产品种类多元化及可以对资源进行优化配置的特点。模块化组织的出现，推动了生产组织形式的重大变革。在大规模生产方式下，纵向一体化是生产的组织形式，随着模块化生产方式的出现，模块化生产网络将替代垂直一体化的企业。

模块化网络组织可以将产业链或价值链上相关环节拆分为模块，由系统规则设计者或系统整合者设计出一套产业联系规则将模块供应商联系起来。在模块化网络组织中，占据核心地位的是系统规则设计者与标准制定者，它们拥有整个产业技术领先的优势；其次是系统整合者，它们拥有品牌资本，以及生产、营销网络整合方面的优势。在系统规则的联系下，围绕系统规则设计者与系统整合者会衍生出众多的模块及其子模块供应商。模块化生产网络是一个递归性质的系统，一旦联系规则确定，模块化系统内部可以衍生出多层次的子模块化系统，使整个产业形成一个扁平化的网络化组织系统。在图 3-1 中，一个模块化网络由 N 个子模块组成，每个子模块又由子模块组成，如模块 A、模块 B、模块 C 各拥有 n 个子模块。同理，A_1、A_2、A_3 还可以有自己的子模块化系统。

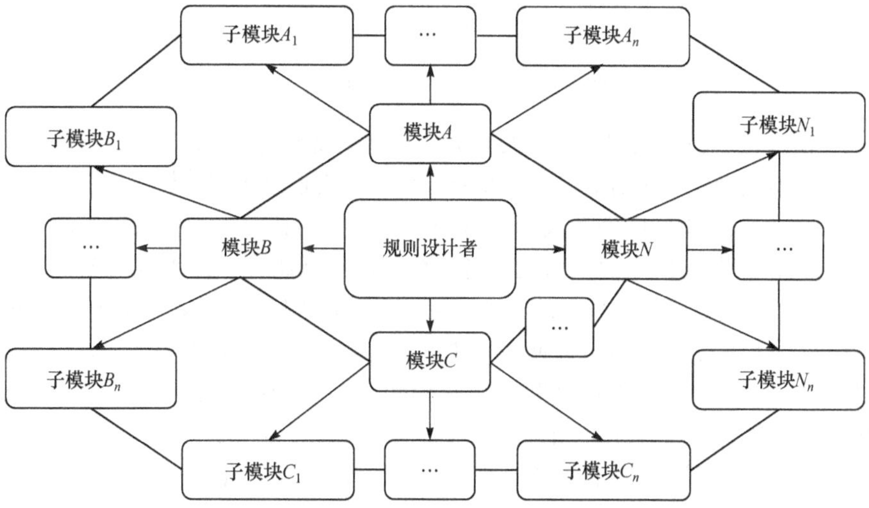

图 3-1　模块化组织网络图

3.1.3　分布式创新网络中核心企业的模块化分布

随着信息技术的不断发展与专业分工的不断细化，生产方式趋于模块化发展。而消费者日益个性化的需求使得产品的复杂程度不断提高，市场价值加剧变动使得技术创新的困难更大，而模块化正好能够轻松化解这些问题。模块化创新模式是指在产业组织模块化条件下，系统集成商与模块供应商各自无须对整个产品进行技术研发，只需要专注于其自身所在的模块进行创新，在创新过程中各模块可以通过系统界面进行资源共享而又保持自己模块技术的独特性。模块化创新模式是以模块化分工为基础的，它吸收了自主创新模式、模仿创新模式及合作创新模式的优势，克服了单个企业势单力薄的缺陷。图 3-2 为模块化创新模式的运行方式。

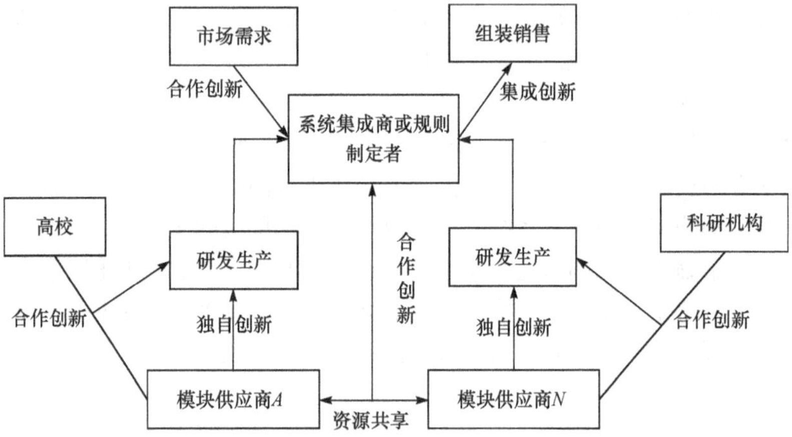

图 3-2　模块化创新模式的运行方式

在模块化创新模式中，市场的需求信息由系统集成商收集，通过分析需求所涉及的技术创新组成部分，并通过信息交流平台将信息传递给模块供应商，每一个模块供应商选择合作创新或者独自创新，并将创新应用于模块化生产，形成模块创新，而系统集成商可以通过各个模块的不同组合方式形成集成创新。值得注意的是，随着产品内分工的不断细化，每个模块也可以由若干个子模块构成，任何一个子模块的创新都可以使该模块得到创新，这样一直循环下去，模块创新成本及创新风险可以大幅度降低。模块化创新模式的另一个优势是其产学研合作创新体系，通过这个体系与相关高校及研发机构进行战略联盟合作，并整合各自的资源优势进行创新，这样就能够减少创新的成本，加快创新的速度，提高创新的成功率。

分布式创新网络具有典型的模块化创新网络的特征，创新活动由承担不同模块功能的企业分散完成，最终由一家或几家系统集成商将不同模块功能的创新成果进行集成。分布式创新网络的创新成果最终表现为集成商对各个模块创新成果的综合。分布式创新网络中，核心企业可能是系统的集成商，也可能是单个模块功能的核心研发团队、供应商或特定模块功能的集成商。一般而言，分布式创新网络常常以产品、技术或项目为导向。一个功能完善且科学的分布式创新网络中，由于核心企业间的模块化功能定位不同，同一网络中的核心企业在核心业务方面往往存在差异。

分布式创新网络中，核心企业依据功能模块的分布而分布。核心企业可能是核心功能模块的供应商或研发者(如核心企业 A_b)，也有可能是重要功能子模块的供应商(如核心企业 C_a)；有可能是系统的集成商和整合者，也同时有可能是身兼某一特定模块的研发者(如核心企业 A_a)；股权关系上，核心企业既有可能是股权相互独立的法人主体，也有可能是股权存在一定联系的同一集团下的不同子公司(如核心企业 A_a 和核心企业 A_b)(图 3-3)。核心企业往往在核心模块功能的实现或关键技术的掌握上有较大的影响力和话语权。

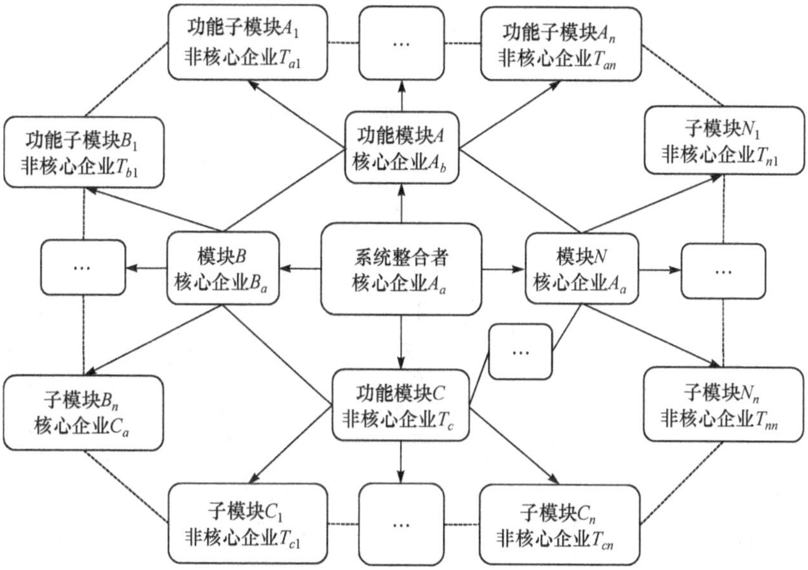

图 3-3　分布式创新网络中核心企业的模块化分布图

3.2　分布式创新网络中多核心企业间的协同要素

协同创新的内涵是不同创新主体之间为实现共同的目标，相互合作、配合与整合，发挥各自的优势，获得外部性效应，使创新资源与要素有效集聚，通过突破创新主体之间的壁垒，充分释放主体间人才、财力、信息、资源等创新要素的活力。协同是复杂系统本身所固有的自组织能力，是形成系统有序结构的内部作用力，并统一实现了系统从无序转变为有序的过程，是系统的各个要素的协同工作；协同效应是指体系各要素或者复杂体系内的各子系统的协同作为所产生的跨越自身的单独功用，而形成的整个系统的聚合功用。

协同要素是指参与创新过程并影响创新网络创新产出的各种资源和条件的集合。从网络的边界来看，分布式创新网络中多核心企业间的协同要素包括内部要素和外部要素两大类。

内部要素即分布式创新网络结构要素，包括成员质量要素、网络结构要素和网络组织要素。影响成员质量的要素包括网络成员的技术水平、研发能力、融资能力和企业家精神；影响网络结构的要素包括成员间关系、网络稳定性和网络柔性；影响网络组织的要素包括网络成员间的信任、沟通及制度机制的设置(包括制度要素、利益分配机制等)。

外部要素包括环境要素和投入要素。环境要素是指创新网络所在的市场环境、政策条件和文化条件；投入要素包括分布式创新网络运行所赖以投入的资本、人力资源、技术和知识资源等。

分布式创新网络中多核心企业间的协同是一种全要素协同过程，如图 3-4 所示。

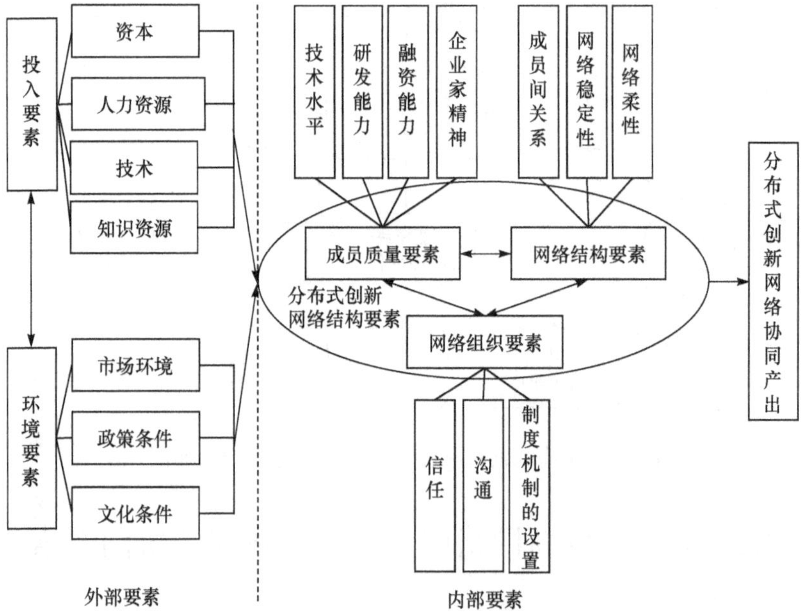

图 3-4　分布式创新网络中多核心企业间的协同要素

3.3　分布式创新网络中多核心企业间的协同模式

多核心企业的协同是一种合作创新行为。合作创新的经济学基础是“分工提高效率”。合作创新可以充分发挥合作各方的研发优势，共同进行新产品、新技术的开发，弥补企业创新资源和能力的不足，提升技术创新的质量，降低投资风险。

从不同的角度来看，分布式创新网络中多核心企业间的协同模式有很多种分类方法。从股权分配模式的角度，可以分为股权式协同与非股权式协同；从成员企业的行业分类角度，可以分为同行业协同和跨行业协同；从协同的组织模式来看，可以分为战略联盟、网络组织、产学研合作和共建协同平台，如图 3-5 所示。

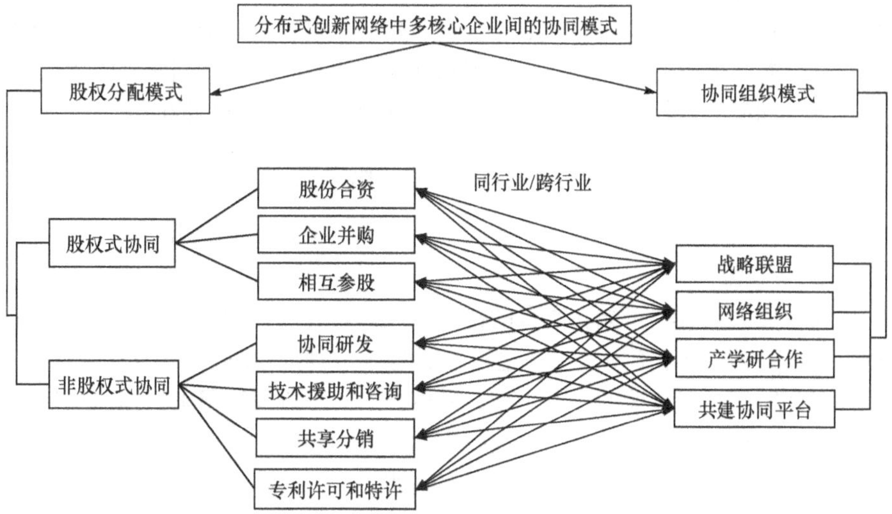

图 3-5　分布式创新网络中多核心企业间的协同模式

1. 股权式协同与非股权式协同

从股权归属的角度来看，企业间的协同创新模式可以划分为股权式协同与非股权式协同。

股权式协同是指参与合作的企业根据一定比例投入资源，成立双方共同拥有的合资研发机构，通过较为正式的组织进行研发运作。协同各方通过股权作为联系纽带，各方按照股权份额共担风险和共享收益，其拥有独立的资产、人事和管理权限。股权式协同依各方出资多少有主次之分，对各方的资金、技术水平、市场规模、人员配备等也有明确的规定，股权大小决定发言权的大小，且按出资比例分配利益。这种协同方式在企业间建立起一种资产纽带，成员之间的利益休戚相关，协调相互行为的意愿得到加强，使协同中的矛盾和冲突易于协调解决。同时，这种紧密、稳固且持久的协同关系有利于进行重大的协同技术创新。股权式协同主要包括无新实体型和有新实体型，区分的标准是在协同过程中是否有新的经济实体产生。常见的股权式协同有股份合资、相互参股、企业并购①。

非股权式协同是指两个或两个以上的企业出于对市场预期和企业自身经营目标、经营风险及共同使用资源等战略考虑，通过各种协议而形成的非股权参与、优势相长、风险共担、生产要素水平式双向或多向流动的一种松散型协同组织模式。非股权式协同无须组成经济实体，也无须常设机构，结构比较松散，经营更加灵活，协同成员具有更多的自主权，同时也更加强调协同企业之间的协调和默契。统计资料显示，近年来跨国公司协同签署的高新技术研发协议正在不断增加，其中较为引人注目的有摩托罗拉公司与索尼公司、三菱集团与贝尔集团签订的共同开发新一代芯片的联合协议，IBM 公司、东芝公司和西门子股份公司缔结的共同开发记忆芯片的三边协同，东丽集团和基因工程技术公司共同研发干扰素等。其形式有协同研发、技术援助和咨询、共享分销、专利许可和特许等。

2. 分布式创新网络中多核心企业协同的组织模式

从组织形式上来看，多核心企业间的协同模式主要有以下几种。

1) 战略联盟

任何一家公司都不可能在所有的技术领域都具有所需的技术能力并且拥有市场竞争所需要的全部资源优势。在这样的情况下，国际战略技术联盟就应运而生。战略技术联盟是战略联盟的一种类型，是以技术为基础发展起来的知识纽带，它主要是由两个或两个以上的在资金或技术力量方面相当的企业基于共同研究和开发高技术的目标而组成的一个互补性战略联盟。

2) 网络组织

网络组织是多个企业建立一种松散的合作关系，在组织内部自由地分享和传播技术知识与信息。企业网络的核心思想是基于企业相互依存性所带来的对个体效率的放大效应，即通过相互依存和合作来提高企业网络中个体的价值和效率。在中外合作创新中，企业之间形成网络组织，可以提高组织成员的技术水平及自主创新能力。网络组织适用于共同专业化的利益、联合设施和标准的分享及其他的网络外在性超过网络管理和维护成本的情况。当包括购买技术的交易成本较高

① 其中：股份合资是指两个以上核心企业以共同出资股份份额方式建立一个具有独立法人资格的企业实体，实体企业属协同各方共同拥有，与企业独资相比，股份合资可提供更多方式应对快速的技术进步和增加的相互依靠性；相互参股又称相互持股、交叉持股或交互持股，是“无新实体型”的主要形式，是指协同各方为加强相互联系而长期相互持有对方一定数量的股份；企业并购是指一个企业通过购买另一个企业全部或部分资产或产权，从而控制、影响被并购的企业，以增强企业竞争优势，实现企业增长等经营目标的行为。

的时候，建立网络创新的方法比市场模式更适用；而存在不确定性的情况下，网络组织也是比完全整合或收购更优的方法。在世界十大手表品牌中，五个是瑞士的，即百达翡丽、爱彼、伯爵、江诗丹顿、万国。众所周知，手表是一个细致的工业，它以小企业的长期网络合作为基础，在精密的机械运动方面拥有专门的技术。而瑞士利用了网络合作创新把手表业推向了世界的顶峰。

3) 产学研合作

随着高校功能从人才培育、科学研究到社会服务的延伸，高等教育、科技、经济一体化的趋势越来越强。尤其是在知识经济社会中，大学将被推向社会发展的中心，成为社会经济发展的重要动力。以信息技术为标志的第三次科技革命对产学研合作起到了推波助澜的作用，其中，斯坦福大学对师生创业和建立学术界与产业界合作的积极支持，创造了"硅谷"的经济奇迹，使产学研合作在高新技术飞速发展的当今世界，成为推动经济和整个社会发展的一种最强劲的动力。

核心企业可以通过与科研院所和高等学校之间的合作，以企业为技术需求方与以科研院所或高等学校为技术供给方之间的合作，促进技术创新所需的各种生产要素的有效组合。

4) 共建协同平台

互联网技术的发展为企业间合作的便捷性和时效性提供了可能，尤其是对于分布式创新这种新的技术创新模式，跨组织、跨区域的合作创新需要一个分布式的创新平台对研发过程进行控制及对技术创新资源进行整合，实现资源的及时共享和有效转移。同时分布式创新平台的建设能够使企业间的合作最后达到最佳的协同效应。所以在分布式创新网络中，核心企业间可以走一条信息化的模式，打造强有力的信息网络平台。

3. 同行业协同与跨行业协同

从行业分类的角度来看，多核心企业间的协同模式可以分为同行业协同和跨行业协同。

企业与生产同类产品的同行竞争对手由于资源及资源使用方式不同，知识基础存在一定的差异，但它们的目标都是满足同一群顾客需求。因此，处于竞争关系的企业之间的技术知识具有相似性，但这并不意味着企业不能向竞争对手学习或者共同开展协同。相反，资源缺乏导致了企业组织间对彼此协同的需要和竞争的制约，从而产生了企业组织间相互依赖和长期关系的多样性合约，在这种意义上，企业组织从传统的敌对模式向竞合模式转变，从单纯的市场控制和影响行业规则转向某些产品技术和部件的联合开发。同行业技术协同，在研发新技术协同中的核心企业可以分担同种产品或技术的开发成本，集合彼此资源协同努力，同时可以在行业标准和管理规则方面共享经验。新技术研发的成功有利于共同开发市场并且在市场不确定的前提下共同应对市场风险，进一步实现统一价格避免市场上不正当的价格战，如图 3-6 所示。

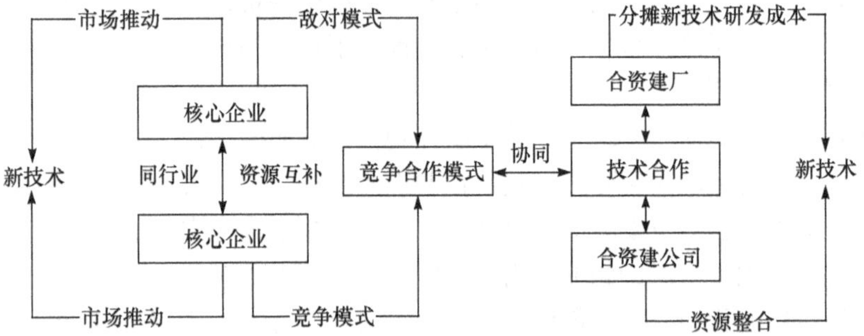

图 3-6　同行业协同创新模式理论模型图

在技术研发和新产品开发过程中，可以是同行业进行技术合作也可以是跨行业进行技术合作，选择跨行业或者同行业，主要是基于企业间是否有研发的优势资源互补性和技术条件的互补性。优势资源和技术条件在同行业可以进行互补就选择同行业的技术合作；反之，在跨行业能够得到互补就进行跨行业的技术合作，如图 3-7 所示。

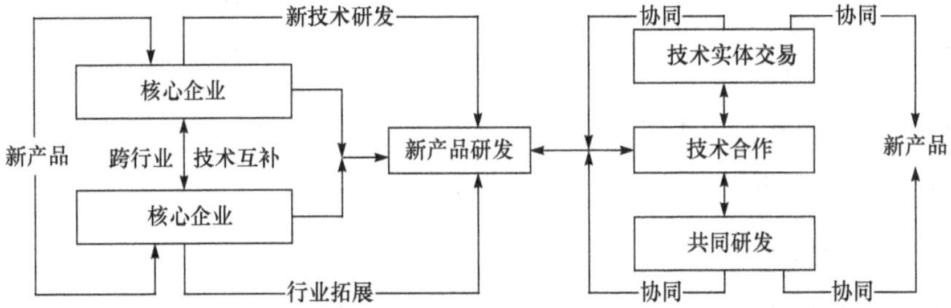

图 3-7　跨行业协同创新模式理论模型图

为了研发无人驾驶汽车，知名汽车制造商菲亚特 · 克莱斯勒集团(Fiat Chrysler Automobiles，FCA)与谷歌公司(以下简称谷歌)达成协同，谷歌将购买 100 台 FCA 克莱斯勒 Pacifica 多用途汽车(multi-purpose vehicles，MPV)车型，进行无人驾驶技术测试，并且最终将推出无人驾驶量产车型。双方协同关系的第一步就是谷歌购买克莱斯勒 Pacifica MPV 车型进行无人驾驶技术测试，同时 FCA 打算高度参与到研发工作中来，不照搬谷歌的技术，只是引进相关技术而后进一步开发新的技术。FCA 在与谷歌的协同关系中，绝不是仅仅提供了 100 个“金属壳子”，无人驾驶汽车的研发工作将由两家公司的工程师共同完成。最终目的就是要把这

100 台插电混动版克莱斯勒 Pacifica MPV 改造为搭载谷歌无人驾驶技术的无人驾驶汽车，这一阶段的工作由两家公司共同努力完成。

跨行业的技术协同合作模式，主要是在技术研发的基础上对其他行业的先进技术进行一个技术补充识别，进行技术合作，而后进一步加强自身的技术研发实力，FCA 作为汽车制造商，对市场的灵敏性使其察觉了市场上对无人驾驶汽车的需求，为了共同研发无人驾驶汽车，其找到了搜索引擎技术公司，双方跨行业协同的第一步就是在实体交易的基础上进行技术测试，然后在测试完成后，两家公司针对汽车无人驾驶技术开展了深入的协同技术创新活动。对谷歌来讲实现了产业多元化发展，对 FCA 来讲，实现了新技术的投入和研发。在技术条件互补下实现企业的共赢。

3.4　本章小结

本章从分布式创新网络的一般范式入手，着重分析了分布式创新网络中多核心企业的模块化分布、多核心企业间的协同要素和协同模式。研究了分布式创新网络的构成和核心企业的特质，进而分析了分布式创新网络中多核心企业的模块化分布，构建了分布式创新网络中多核心企业的模块化分布模型。通过研究分布式创新网络中多核心企业间的协同要素，本章认为分布式创新网络中多核心企业间的协同是一种全要素协同。将多核心企业间的协同要素大致归类为内部要素和外部要素两大类，其中内部要素包括成员质量要素、网络结构要素和网络组织要素；外部要素包括环境要素和投入要素。深入分析创新网络的构建模式，结合分布式创新网络和核心企业特点，从股权分配模式和协同组织模式两个方面分析了分布式创新网络中多核心企业间的协同模式。从股权分配模式的角度，可以分为股权式协同与非股权式协同；从成员企业的行业分类角度，可以分为同行业协同和跨行业协同；从协同组织模式来看，可以分为战略联盟、网络组织、产学研合作和共建协同平台。

第 4 章　分布式创新网络中多核心企业间的协同动力机制

4.1　多核心企业间协同的内外部动力因素识别

4.1.1　研究综述：多核心企业间协同的动力因素

协同的概念最早由学者 Ansoff(1965)提出，他认为协同是指各独立部分通过简单组合构成企业群的行为表现，如子公司间的协同构成集团公司。此后，德国物理学家哈肯(1988)从系统结构视角提出，协同指各个系统之间或系统内部各要素之间相互影响、相互协作，形成新的系统，其内部具有结构性和整体性的特征。围绕创新活动所进行的协同称为创新协同，其内涵的界定也因学者而异。Gloor(2005)认为协同创新由众多科研人员组成网络小组，通过网络平台交流技术和思想等，以达到共同目标。Persaud(2005)指出协同创新是为了提升创新绩效而共同参与研发合作的过程。Serrano 和 Fischer(2007)认为协同创新是涉及技术、信息、知识、资源等多方面的复杂交互系统。Ketchen 等(2007)认为协同创新是既保持个体组织的持续创新，又通过技术、知识的共享实现跨越组织边界的新的系统创新。面对复杂多变的市场环境，Soeparman 等(2009)提出企业进行协同创新有助于应对外部环境，提高组织创新绩效。张在群(2013)从广义和狭义上定义协同创新：广义上，在两个及两个以上的组织所构建的合作关系中，涉及技术转移和知识共享即可称为协同创新；狭义上，两个及两个以上企业共同参与技术创新或产品研发活动的合作关系称为协同创新。

协同最简明的定义与理解即多主体协同一致达到“2+2>5”的效果，协同创新即多主体共同完成创新目标，获得更丰富的创新成果。分布式创新网络中，单一核心企业由于内外部环境的约束，正处于急需创新发展但难以独自完成创新的困境，协同创新是核心企业提升创新能力、增加协同创新效应、以创新推动发展的有效途径。

若 E 表示分布式创新网络中的核心企业群，e_1 为核心企业群内的各个核心企业，则有

$$E=\{e_1,e_2,\cdots,e_n\},n>0 \tag{4-1}$$

各个核心企业基于人员、资金、技术等方面进行协同创新，分布式创新网络实现了整体创新能力的增强，其创造的效益远远超过单个核心企业单独创新所产生的效益之和。若 K 表示创新效益，核心企业间协同创新的数学表达式为

$$K\left(\sum_{i=1}^{n} e_i\right) > \sum_{i=1}^{n} K(e_i) \tag{4-2}$$

分布式创新网络中，核心企业是否选择协同创新取决于其所处的内外部环境。以单个核心企业为边界，如图 4-1 所示，可将协同创新动力因素分为内部动力因素和外部动力因素，内外部动力因素相互作用，促使企业围绕知识、技术进行协同创新。目前关于企业协同创新的内外部动力因素，已有大量探索与分析，对于识别分布式创新网络中核心企业协同创新的动力因素具有重要借鉴作用。

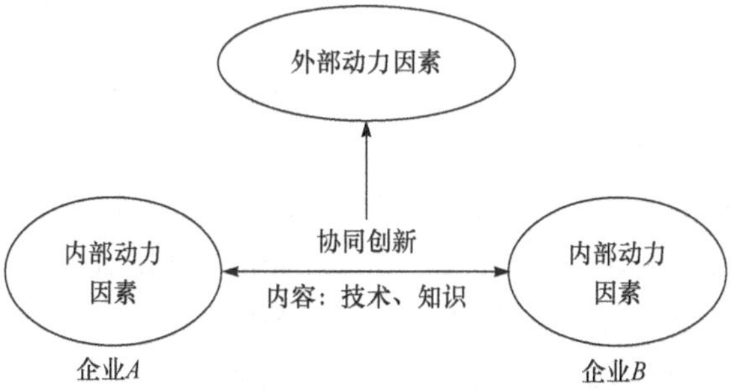

图 4-1　分布式创新网络中多核心企业间协同创新动力因素

国内外学者认为影响企业协同创新的外部动力因素主要表现在以下几个方面：各主体间资源互补、科学技术变化、市场需求及市场机制，以及社会经济、文化、科技、生态环境和政府政策的变化和发展等。Eesley 等(2014)认为竞争激烈的商业化环境对协同创新起促进作用，这是由于不同的创新团队的技术合作有可能实现高绩效，以实现企业对创新战略的追求。Grodal 研究了组织联盟对企业创新的作用机理，他指出在知识经济时代，创新在公司竞争过程中起着关键作用，组织间联盟为协同创新提供了组织平台，利益相关者在联盟平台的基础上实现知识、信息等资源互补，从而为协同创新提供了基础。Nieto 和 Santamaria(2007)认为协同网络能够促进知识共享，加快企业创新的产生，但合作者增加的同时也会产生相应的风险，因此，有效的协同网络是与企业所拥有的资源形成互补关系的网络。Love 等(2014)认为在任何给定的外部联系中，探索开放的外部联系都能够产生学习效应，并使企业产生更多的创新产出，开放外部知识来源，在新产品开发中无论是通过搜索活动还是联系外部合作伙伴，都是一个交互和信息处理的过程。陈劲和阳银娟(2012b)从协同创新的驱动要素出发，以市场、科技、文化为

主要要素对其驱动机理进行了探索。陈西川(2015)认为协同创新企业主体对外部环境依赖的主要因素是科技资源，科技资源也是外部环境倒逼企业主体协同创新的动力来源。蒋石梅等(2012)指出各级政府部门的引导和推动，是协同创新成功的重要推动力。陶春(2013)指出政府应为协同创新提供一个适应的外部环境，政府的政策支持是推动协同创新网络形成的重要推动力。张帆(2005)认为企业协同创新网络形成的驱动因素主要包括：构建创新竞争优势的需要、资源互补的需要、战略发展的需要及组织学习的需要。此外，知识经济和网络经济的崛起、现代信息网络技术的飞速发展及顾客需求多样化、个性化等促进了企业进行协同创新发展。唐丽艳等(2012)认为企业协同创新的外动力包括保障体系不完善、市场环境不稳定、生产成本上升。

关于企业协同创新的内部动力，国内外学者主要通过分析创新的利润、资源、风险及企业家的创新精神，探究企业协同创新的内部动力及其作用机理。最早提出创新原动力的是熊彼特，他认为创新的原动力来自企业对超额利润的追求和企业家精神。Weigelt 和 Miller(2013)认为组织结构影响公司内部知识流动、知识创造及交易成本，从而对企业协同创新产生影响。Ayuso 等(2006)认为扁平化、灵活和开放的组织结构有助于利益相关者利用各自的组织资源促进双方知识的交流、转移和分享，并促进企业的协同创新。Johansson 和 Elg(2002)认为协同创新的目的包括分散风险、继承创新资源(如协同创新参与者及顾客这一重要群体)。唐丽艳等(2012)认为企业协同创新的内部动力包括创新资源(资金、信息、技术、人才)不足、管理能力不足、抗风险能力差。陈西川(2015)指出企业发展首先来自企业内部的发展意愿，由此促使企业通过寻找创新载体以实现其发展目标。他认为企业基于内部发展意愿参与合作并由此带来一系列收益是企业主体协同科技创新的内在动力。向刚和汪应洛(2004)认为企业持续创新的根本动力来源于企业利润的持续增长和企业持续发展壮大，根本动力表现于企业家持续创新意识和持续创新精神、物质利益驱动、企业创新文化和团队精神。

根据对已有研究成果的梳理与归纳，本书总结出如表 4-1 所示的动力因素集合。

表 4-1　分布式创新网络中多核心企业间协同的内外部动力因素汇总表

因素类别	因素识别
外部动力因素	资源需求；市场竞争；市场需求；技术进步；政府政策；组织联盟；信息与通信技术发展
内部动力因素	创新利润；企业家精神；技术势差；创新风险；创新文化；组织结构

4.1.2　案例分析：多核心企业间协同的内外部动力因素

本小节的研究目的是识别分布式创新网络中多核心企业间协同的内外部动力因素，此处在 4.1.1 小节文献综述的基础上，进一步采用案例研究法研究此问题。

根据研究任务的不同，案例研究法主要包括探索型、解释型和描述型三种方法。探索型案例研究往往会超越已有的理论体系，运用新的视角、假设、观点和方法来解析社会经济现象，这类研究以为新理论的形成做铺垫为己任，其特点是缺乏系统的理论体系的支撑，相关研究成果非常不完善。解释型案例研究适用于运用已有的理论假设来理解和解释现实中企业实践活动的研究任务。描述型案例研究则适用于在已有理论框架下对企业实践活动做出详尽的描述。由于围绕本书的研究主题已经有了较多的研究积累，对这一问题的认识并非完全空白，不适用完全的探索型案例研究方法，但本书在解释研究主题的同时希冀丰富相关理论成果，因此本书采用了解释型与探索型案例研究方法相结合的方法，试图理解分布式创新网络中核心企业间的协同动力，探究综合动力机制。另外，案例研究分为多案例研究和单案例研究，对于本书研究的问题而言，多案例研究比单案例研究更合适，通过跨案例的比较更可能识别动力因素，且有更好的外部效度与可推广性。

本书设定如下案例筛选标准以满足复制法则的需要、保证案例的典型性和差异性：第一，企业的协同创新以技术合作为主要动机；第二，企业属于在规模、技术、知识上具有优势地位的核心企业。据此本书选择华为、联想集团、三星电子公司等与其他企业协同创新典型案例，共计 31 个，案例情况见表 4-2。这些案例涉及不同行业、不同技术，具有一定的代表性，能够保证论证的说服力。

表 4-2　多企业间协同创新案例

协同创新案例		协同创新动力因素													
		外部动力因素							内部动力因素						其他因素
序号	案例	政府政策	市场需求	市场竞争	资源需求	技术进步	组织联盟	信息与通信技术发展	创新利润	技术势差	创新风险	企业家精神	创新文化	组织结构	
1	中国第一汽车集团有限公司与中国宝武钢铁集团有限公司供应链协同创新		√			√				√					
2	宝鸡·中国钛谷	√				√	√			√					
3	全国绿色产业发展联盟	√			√		√		√						
4	中国烟气脱硝产业技术创新战略联盟	√			√		√		√	√					

续表

协同创新案例		协同创新动力因素													
		外部动力因素							内部动力因素						
序号	案例	政府政策	市场需求	市场竞争	资源需求	技术进步	组织联盟	信息与通信技术发展	创新利润	技术势差	创新风险	企业家精神	创新文化	组织结构	其他因素
5	中国多晶硅产业技术创新战略联盟					√	√		√	√					
6	中国光伏产业联盟					√	√		√	√					
7	高效节能铝电解技术创新战略联盟					√	√		√	√					
8	阿里巴巴(中国)网络技术有限公司和上海汽车集团股份有限公司合作研发互联网汽车 RX5	√	√			√		√		√	√	√			
9	四川省军民两用核技术产业集群	√								√					
10	陕西省军民两用航空产业集群		√							√					
11	湖南省军民两用工程机械产业集群		√							√					
12	中兴通讯股份有限公司和无锡尚德太阳能电力有限公司创新	√	√		√	√			√						
13	海尔集团和德国利勃海尔集团签订技术转让协议		√		√	√			√	√					
14	深海工程与高技术船舶协同创新中心		√		√	√									行业特色
15	中关村	√			√	√	√			√					
16	B787		√	√	√			√	√		√				
17	华为与徕卡联盟		√	√				√	√	√					
18	烽火通信与 SMC LLC 联盟			√	√				√	√	√				
19	联想集团收购 IBM 公司的个人计算机(personal computer，PC)业务				√	√			√	√					
20	北京联合大学旅游学院与 IBM 公司共建旅游大数据协同创新中心	√	√			√		√		√		√	√		

续表

协同创新案例		协同创新动力因素													
		外部动力因素							内部动力因素						
序号	案例	政府政策	市场需求	市场竞争	资源需求	技术进步	组织联盟	信息与通信技术发展	创新利润	技术势差	创新风险	企业家精神	创新文化	组织结构	其他因素
21	美国超威半导体公司(Advanced Micro Devices，AMD) 和IBM公司半导体联盟			√		√	√	√		√		√			
22	宝洁公司和沃尔玛百货有限公司合力启动协同式供应链库存管理流程			√	√				√						
23	宝洁公司构建了“C&D”(connect and development，联系和发展)开放式创新平台									√					
24	浙江吉利控股集团有限公司收购沃尔沃轿车公司		√			√			√		√			√	
25	名臣健康用品股份有限公司与德之馨集团联手成立的化妆品功能性天然原料联合创研中心				√					√					
26	中芯国际集成电路制造有限公司、华为、比利时微电子研究中心(Interuniversity Microelectronics Centre，IMEC)共同投资组建中芯国际集成电路新技术研发（上海）有限公司，开发下一代 CMOS（complementary metal oxide semiconductor，互补金属氧化物半导体）逻辑工艺，打造集成电路研发平台					√	√					√			
27	陶氏化学公司和杜邦公司合并			√					√						
28	北京电子控股有限责任公司、神州数码(中国)有限公司等10家单位联合成立云梯科技创新联盟	√					√					√			

续表

协同创新案例		协同创新动力因素													
		外部动力因素							内部动力因素						
序号	案例	政府政策	市场需求	市场竞争	资源需求	技术进步	组织联盟	信息与通信技术发展	创新利润	技术势差	创新风险	企业家精神	创新文化	组织结构	其他因素
29	大韩航空公司和波音的合作关系					√					√				
30	三星电子公司内部技术协同		√	√		√		√	√					√	
31	荷兰皇家飞利浦电子公司和京东集团跨界合作			√						√					
合计		9	12	8	11	17	10	6	15	20	5	5	1	2	

为了保证数据可靠，此处选择一手资料采集和二手资料收集两种方法获取数据。具体而言：通过对企业高管、相关技术人员进行访谈及对企业协同创新成果进行调查来获取一手资料；二手资料的来源相对更为广泛，包括已发表的关于案例的主要文章、企业或外界观察家出版的有关案例的书籍、从企业获得的涉及协同创新案例的材料(如企业的年报和公告)等。在上述基础上，利用来自访谈、实物证据及二手资料的证据形成证据三角形和案例研究资料库，保证研究结果的效度和信度。

通过对上述案例的归纳与分析，本书得出以下三个结论。

第一，上述案例佐证了本书理论研究的内容，且核心企业间协同创新是一种多目标行为。核心企业间协同创新受内外部因素的影响，协同创新的目标往往多元，如既是对市场环境的响应也受创新利润的驱动。

第二，核心企业间协同的外部动力因素包括技术进步、政府政策、市场环境(竞争/需求)、组织联盟、资源需求、信息与通信技术发展。实践案例表明，各个因素在企业间协同创新中都发挥着积极作用，不同案例各有其侧重。

第三，核心企业间协同的内部动力因素包括创新利润、技术势差、创新风险、组织结构、企业家精神及创新文化等。其中，创新利润和技术势差是协同创新行为最主要的驱动因素，大多数企业基于这两个动力因素促成协同创新；创新文化、组织结构或行业特色因素作为企业协同创新动力因素的实践支撑较少，表明企业考虑协同创新决策时并未把这些因素列为主要影响因素，因此本书暂不探究这三个因素的作用机理。

4.2　多核心企业间协同的外部动力因素

本节主要从技术、信息、资源、市场、政策、组织六个维度(图 4-2)探讨多核心企业间协同创新外部动力的作用机理。

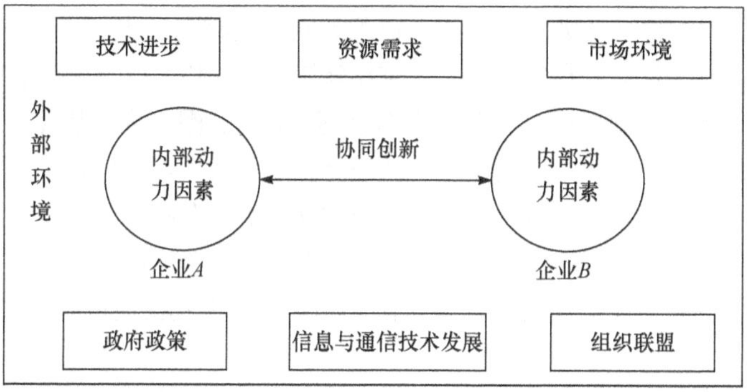

图 4-2　分布式创新网络中多核心企业间协同外部动力因素

4.2.1　技术进步

世界的发展始终伴随着技术的进步。随着新一轮科技革命和产业革命的愈演愈烈，全球科技创新呈现出新的发展态势和特征，人们的生产和生活方式正发生着重大变化。技术的发展在改变人类生活的同时，还推动了产业升级，加快了城市发展，促进了经济全球化的发展。20 世纪后半叶以来，发达国家开始步入现代化和工业化的新阶段，即开始由工业社会向知识社会转变。由此，社会进步和经济增长更加离不开知识和技术的创新。技术推动的创新属于根本性创新。技术推动理论的代表学者熊彼特认为，不管技术是在经济系统以外还是在一个垄断竞争者的大型研究和发展实验室中产生的，都是技术创新与经济增长的主发动机。当技术变化速率较快时，企业会侧重于内外部技术知识的整合，实现技术转变和突破，以满足企业对技术竞争力发展的需求。当科技创新活动不断突破地域、组织、技术的界限，演化为创新体系的竞争时，核心企业突破自身边界从外界(其他核心企业)寻求资源的互补或互换，实现创新目标。技术的持续进步与发展成为企业寻求协同创新的持久驱动力。

4.2.2　资源需求

核心企业的竞争优势与其所拥有的资源密切相关，但只有独特的、难模仿的、难转移的关键资源才能为企业带来长期竞争优势。关键资源有三个评判标准：一是有价值，即占有和使用有价值的资源，能够带来潜在的竞争优势；二是稀缺性，只有有价值且稀缺的资源才能带来真正的竞争优势；三是不可模仿和不可替代性，有价值和稀缺的资源为企业所带来的竞争优势将持续到竞争对手成功模仿或替代了这种资源(唐华平等，2009)。

能够为核心企业带来竞争优势的关键资源有很多种，但研究表明，以核心技术为主体或基础的“知识资产”是最重要的一种表现形式，它是形成企业核心能力所必需的资源。以知识资产为代表的技术资源需要科技研发人才、科技研发经费及科技研发成果(如专利)等，单个企业难以拥有全部资源优势，原有资源有时无法满足创新的需要，或投入创新所需资源的成本过高，此时，囿于现实状况，出于经济理性，在创新的商业化过程中，企业需要从外界获取新的资源，核心企业之间便选择共享资源、协同创新。Sawhney 和 Prandelli(2000)指出在商业网络背景下，公司不再是孤岛，不能独自产生所需要的知识。它们必须与其合作伙伴和客户共同创造知识，而分布式创新恰能够使公司从合作伙伴和客户那里获得创造力和知识。

4.2.3　市场环境

施穆克勒的需求引致创新理论认为专利活动或者发明活动与其他经济活动一样，基本上是追求利润的经济活动，是受市场需求引导和制约的。市场需求是技术创新活动的动力源泉，是技术创新活动的基本起点。市场需求引发企业为生存和发展而进行技术创新，使创新成为可能。市场需求随着经济和社会发展不断地变化，当变化达到一定程度，形成一定规模时，将直接影响企业产品的销售和收入水平，为企业提供新的市场机会，并引导企业以此为导向开展技术创新活动，从而形成对企业技术创新活动的拉动和激励。随着市场需求呈现出变化速度快和多元化的特点，单个企业难以独自满足日益增长变化的市场需求。这就促使核心企业通过协同创新，有效处理日益增加的产品的复杂性和多样性，以技术战略联盟等手段减少产品批量、缩短产品生命周期，及时正确地响应市场需求。

市场需求引导企业通过创新获得市场竞争优势。在激烈的市场竞争中，核心企业为了维护自身的动态稳定和有序发展，需要与其他网络节点的核心企业不断进行技术、知识的交换和学习，以提高自身对市场环境的适应能力和反应能力。市场竞争驱动核心企业之间及核心企业内部进行资源共享、协同创新，通过突破创新主体间的壁垒，充分释放各主体“人才、资本、信息、技术”等创新要素的活力，实现技术合作，提高创新的水平和效率，保持市场竞争力。

4.2.4　政府政策

全球化趋势下，创新作为影响国家和地区核心竞争力的决定性力量，成为各国政府关注的焦点。为了在国际竞争中赢得主动，依靠科技创新提升国家的综合国力和核心竞争力，建立国家创新体系，走创新型国家之路，成为世界许多国家政府发展的重要导向。协同创新作为创新的重要实现形式，也成为政府鼓励创新的重要选择。

波特(2002)在其著作《国家竞争优势》中将国家的竞争力发展过程划分为要素驱动、投资驱动、创新驱动和财富驱动四个阶段，并提出了创新驱动是国家竞争力原动力的重要论断。研究表明，创新驱动的核心内容在于科技创新。洪银兴(2013)认为必须明确创新驱动发展战略的核心是科技创新，而且必须是与经济发展紧密结合的科技创新。科技创新已成为促进世界各国经济发展的主要推动力和关键因素，而国家技术创新政策对于建立国家创新体系、加速企业创新进程具有至关重要的导向作用。我国和西方发达国家积极将创新体系理论运用到创新实践中。美国千方百计让企业成为技术创新和产业化的主体，联邦政府除了保证适合科学技术研究的社会环境外，还注重利用政策来促进基础性科学研究中的创新，包括增加联邦研发投入、重视基础产业技术研究、促进科技成果转化、大力发展高技术中小企业等，美国通过科技创新政策提高国家的创新能力。日本在科技体制改革上，提出了重构科技政策体制与机制、制订与实施科学技术基本计划、改革科技管理部门和科研机构等主要举措。目前，我国已出台《国家创新驱动发展战略纲要》《中共中央 国务院关于深化体制机制改革加快实施创新驱动发展战略的若干意见》等多项文件，深化体制机制改革，加快实施创新驱动发展战略。党的十八大报告深刻指出：实施创新驱动发展战略①。科技创新是提高社会生产力和综合国力的战略支撑，必须摆在国家发展全局的核心位置。提高原始创新、集成创新和引进消化吸收再创新能力，更加注重协同创新。党的十九大报告提出“创新是引领发展的第一动力，是建设现代化经济体系的战略支撑”②，进一步肯定和强化了创新的作用。可见，各国政府均认识到创新于国家层面的重要性，且积极鼓励协同创新，核心企业在政府政策的引导与支持下，获得政府的支持和相关优惠政策的机会增大，积极参与跨组织、跨地域的协同创新与研发。

4.2.5　组织联盟

当前技术创新发展的新趋势进一步要求强化协同创新，尤其是重大技术创新，因其活动的系统性、复杂性和艰巨性，以及要求形成新的资源互补组合和风险分

① 引自《胡锦涛在中国共产党第十八次全国代表大会上的报告》，http://cpc.people.com.cn/n/2012/1118/c64094-19612151-4.html，2018 年 3 月 25 日。

② 引自 2017 年 10 月 28 日《人民日报》第 1 版的文章《决胜全面建成小康社会　夺取新时代中国特色社会主义伟大胜利》。

担机制。组织联盟恰好为上述问题的解决提供了良好的组织基础，如各类协同创新中心、创新战略联盟等，以规范的持续创新组合、以共同发展需求为基础、以提升产业技术创新能力为目标，建立起联合开发、优势互补、利益共享、风险共担的技术创新组织。在知识经济时代，组织间联盟为协同创新提供了组织平台，利益相关者在联盟平台的基础上实现知识、信息等资源互补，从而为协同创新提供了基础。因此，组织联盟成为核心企业合作创新的组织驱动力，众多实践案例也证明创新联盟促进了企业间开展协同创新并取得了一系列丰硕的创新成果。

4.2.6　信息与通信技术发展

在全球范围内如何保证知识与信息的及时与快速的交流是核心企业间协同创新成功的关键之一。信息与通信技术的发展为核心企业间协同创新提供了必要的技术支持，为处于不同地理位置的创新伙伴实时交流与分享大量的信息与知识提供了可能(Rich，2004)，使创新网络中任何节点上的创新伙伴可以几乎为零的边际成本来分享知识(Kogut and Metiu，2001)。信息与通信技术把不同地域的企业联系起来，任何企业不再是孤岛，而是与其他企业时时保持信息畅通，奠定了建立全球分布式创新网络的基础。

4.3　多核心企业间协同的内部动力因素

本节主要研究创新利润、创新风险、技术势差和企业家精神四个内部动力因素对分布式创新网络中多核心企业间协同行为的驱动作用，如图 4-3 所示。

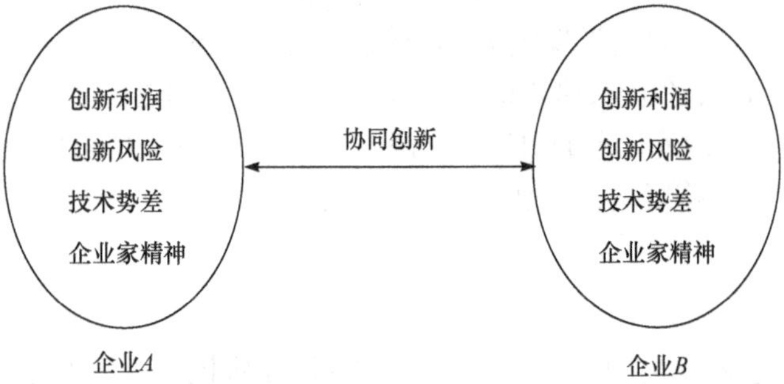

图 4-3　分布式创新网络中多核心企业间协同内部动力因素

4.3.1　创新利润

企业是以营利为目的而进行生产经营的经济性组织。如今，越来越多的企业发现，仅仅拥有良好的生产效率或高质量的产品不足以保持市场地位，创新正日益成为企业生存与发展的不竭源泉和动力，利润驱动企业通过创新手段获取超额收益。智能手机行业的飞速变迁为创新收益提供了最佳佐证，苹果公司创造了瞩目的财务效应，诺基亚公司因不愿放弃原有产品而失去市场霸主地位。可见，创新为企业赢得了巨大收益和优势的市场地位。Teece(1986)针对如何从企业创新中获取收益的问题，提出了创新获利理论(profiting from innovation，PFI)，指出企业获取创新收益的关键所在是阻止创新被模仿并拥有将创新成功商业化的能力。熊彼特(1999a)认为创新的原动力来自企业对超额利润的追求。向刚和汪应洛(2004)认为企业持续创新的根本动力来源于企业内部而不是企业的外部，即根本动力来源于企业利润的持续增长和企业持续发展壮大，根本动力表现在企业的物质利益驱动、企业创新文化和团队精神。李柏洲和董媛媛(2009)认为企业对利益的追求是原始创新最核心的驱动力，是诱发企业进行创新的最原始动力。核心企业对利润的追逐，最大化表现在对创新的需求。核心企业自身因受资源、人才等条件的限制，独自完成创新的难度大、周期长，核心企业间通过协同创新，完成创新全过程，实现新产品销售收入的增长，共同获取超额利润。

4.3.2　创新风险

技术创新风险，是指外部环境的不确定性、技术创新项目本身的难度与复杂性、创新者自身能力与实力的有限性，而导致技术创新活动达不到预期目标的可能性。在技术创新这一具有创造性的过程中，必然会受到许多可变因素及事先难以估测的不确定性因素的作用和影响，使技术创新的结果具有不确定性。核心企业在技术创新整个过程中的各个阶段，从创新设想、调研、开发、中试、生产到市场销售，随着阶段的变化可能存在技术风险、资金风险、市场风险、管理风险、决策风险、政策风险等一系列创新风险。技术创新活动虽然存在风险性和不确定性，但创新已成为核心企业发展的必然选择，如何减少、分散风险成为企业在创新活动中考虑的重要问题。因此，创新风险的存在及其特征促使企业寻求合作伙伴，通过多企业主体间相互配合，发挥各自核心能力和优势，整合各企业主体资源，通过协同创新，形成开放式创新网络，加快技术开发、推广、应用和产业化，分散创新风险。

4.3.3　技术势差

分布式创新网络中，不同企业所拥有的知识具有不平衡性，这就构成了不同主体间的知识势差。知识的不均衡导致分布式创新网络中的企业之间产生知识流动，促使企业优势互补。不同知识主体间由于知识占有的差别，在知识存量的规模、结构上有所差别，因此，“知识势差”的存在是绝对的。

核心企业处于分布式创新网络中的重要节点位置，具有核心竞争优势，尤其是技术优势。每一核心企业所表现出的技术优势，是其他核心企业与之进行协同创新的强大动力。由于创新是一项长期的风险性活动，单个企业进行创新活动需要独自面对技术前景和市场前景的不确定性。在分布式创新网络中，核心企业不能仅仅依靠内部有限的资源和自身知识优势实现创新，获取外部知识和技术的能力变得越来越重要。创造性地实现资源的重新组合，尤其是知识、技术等一系列无形资源，核心企业创新资源多元化整合的过程，也是分布式创新网络建立的过程，创新资源和分布式创新网络相辅相成，实现技术上优势互补，分散创新风险，节约创新成本，缩短创新周期，共同推进企业创新，提升整体创新能力。

4.3.4　企业家精神

企业家这一概念由法国经济学家 Richard Cantillon 在 1800 年首次提出，即企业家使经济资源的效率由低转高；企业家精神则是企业家特殊技能(包括精神和技巧)的集合。或者说，企业家精神是企业家组织建立和经营管理企业的综合才能的表述方式，它是一种重要而特殊的无形生产要素。熊彼特关于企业家是从事创造性破坏的创新者观点，着重于创新要素的改变问题。德鲁克(1989)承继并发扬了熊彼特的观点，他提出企业家精神中最主要的是创新，他认为创新管理系统着重于企业家精神要素改变。德鲁克(2008)在《管理：任务、责任和实践》中指出，适应时代快速变化的企业应该是一种“创新型组织”，这种组织会将创新精神(企业家精神)制度化并传导到经营领域，企业在企业家精神作用下“有计划地抛弃过去”，在管理者带动下通过整个组织学习来实现创新战略。美国微软公司的软件技术及其开发能力和辉煌业绩令世人瞩目，这很大程度上归功于其总裁比尔·盖茨的组织领导及其卓越的“企业家精神”。在创新过程中，卓越的企业家不会忽视学习的重要性，企业只有具备技术、知识学习能力，才能保证企业创新能力的与时俱进。核心企业以“企业家精神”为原动力，通过组织学习将创新精神制度化，往往将实施协同创新战略作为企业重要抉择，既是企业家精神的外化行为，也将企业家精神的实质渗透协同创新这一具体实践行为中。

4.4　基于复杂适应系统理论的多核心企业间协同创新动力机制

4.4.1　复杂适应系统理论概述

美国圣菲研究所的 Holland(2000)做了“隐藏的秩序”的著名演讲，在演讲中他正式提出复杂适应系统(complex adaptive system，CAS)理论。Holland 这样定义复杂适应系统理论：我们把系统中的成员称为具有适应性的子集，而所谓具有适应性，就是指它能够与环境及其他子集进行交流，在这种交流的过程中学习或积累经验，并且根据学到的经验改变自身的结构和行为方式。复杂适应系统的主体是具有自身目的性与主动性、有活力和适应性的个体，它在持续不断地与环境及其他主体的交互作用中学习和积累经验，并且根据学到的经验改变自身的结构和行为方式，以达到自身适应性的提升。同时，系统内个体的适应性提升也会被综合反映到系统整体适应性的提升上，这也就是系统发展和进化的基本动因(刘建等，2011)。复杂适应系统理论标志着现代系统思想进入了以生物系统与社会系统为主要研究对象的阶段。复杂适应系统广泛存在于自然界和人类社会之中。Holland 认为同时具有主体性、适应性、复杂性、目的性的，没有哪个系统不是复杂适应系统。

复杂适应系统逐渐被引入管理领域，已成为管理研究中的重要思想和方法。复杂适应系统的组织被认为是现代市场环境条件下企业生存的重要形式，它要求构成组织的行为主体既相对独立又相互联系和依赖，能够根据各自所处的环境条件进行内部变革和相互关系调整，以适应复杂变化的环境和条件(温兴琦，2005)。在飞速变化的社会经济背景下，企业的发展环境日趋复杂，不确定性大大增加，企业的竞争条件发生了深刻的变化。外部环境日新月异，企业也应当在复杂的内外部环境中生存、适应与发展。

4.4.2　分布式创新网络的复杂适应性分析

分布式创新网络本质上是一个开放演化、具有耦合作用和适应性的，以创新为目标的复杂网络系统。各核心企业处于分布式创新网络的节点位置，作为子集形成了分布式创新网络系统，在系统中与其他核心企业合作、竞争，也不断适应外界环境。分布式创新网络包含外部复杂性和内部复杂性：外部复杂性指分布式创新网络得以形成的条件，具有开放性和动态性；内部复杂性指要素和结构及其复杂多维的相互关系。

一般来说，封闭的系统没有复杂性，复杂性必定源于开放的系统，因为开放系统与环境有着物质、能量、信息和知识的交换，系统开放的方式和程度、系统与环境相互作用的方式，都直接影响或规定着系统的复杂性。分布式创新网络的存在、发展过程与社会环境有着密切联系。社会环境主要包括政策环境、市场环境、技术与资源环境。社会环境的动态性影响着分布式创新网络，是产生复杂性的重要原因。

分布式创新网络的内部复杂性，主要表现在以下四个方面。

第一，分布式创新网络层次与结构具有系统复杂性。任何系统都是由多个子系统、许多不同要素组合起来的，而各个子系统如组织系统、目标系统等又都可以按结构分解方法进行多级、多层次分解，得到子单元(或要素)，每个子单元需要进行描述和定义。分布式创新网络中的创新活动周期长，创新过程具有曲折性，因此其层次和结构更为繁多。一般认为，系统的层次越多，越容易产生复杂性。不同层次和子单元之间互相联系、互相影响，之间具有的各种物流、信息流和知识流的复杂联系，增加了分布式创新网络内部的复杂性。整个分布式创新网络中的创新活动是一个动态的、渐进的过程，各个系统在创新过程中都显示出动态特性。

第二，分布式创新网络关系具有复杂性。分布式创新网络由成百上千个企业共同组成，分布在不同地域，各个企业在时间和空间上相互影响、制约，其中核心企业处于分布式创新网络中的节点位置，其作用力更强。分布式创新网络要跨越组织和地域边界，如何使各核心企业在创新活动的不同阶段和地域协同高效地工作，降低冲突，是分布式创新网络中需要解决的关键问题。这也是分布式创新网络中各核心企业在协同创新阶段的复杂性所在。

第三，创新目标具有复杂性，创新活动具有风险性。分布式创新网络中，各核心企业围绕创新目标进行协同。创新活动具有极大的不确定性，周期长、成本高，而伴随着全球经济一体化进程的加快，竞争程度越发激烈，核心企业需要在更短的时间内以更低的成本开发出创新产品，或随着环境变化不断提出新的创新目标和要求。创新活动的风险性导致创新过程具有曲折性，间接增加了分布式创新网络的复杂性。

第四，协同创新管理过程的信息具有复杂性。分布式创新网络中的协同创新行为来自各核心企业的整合，而各核心企业在创新过程中的不同环节、不同专业及进度控制等方面，存在着涉及面广、协作关系复杂的问题，使得分布式创新网络中的协同创新工作涉及大量信息，较之前单个企业的创新活动有了指数增长，且信息的发生、加工及其应用还存在时空上的不一致性。不同核心企业、不同创新环节之间的信息依赖度和相关度增加，导致分布式创新网络中的信息分析工作难度增加。

综合上述分析，可见分布式创新网络作为一个复杂系统，由核心企业作为关键节点，连接上下游非核心企业共同构成，既对外部环境感知与反应，又根据内部的结构和目标构建内部作用机制，因此，分布式创新网络具有复杂适应性。

4.4.3　分布式创新网络中多核心企业间协同的综合动力机制

核心企业内部的创新动力要素之间存在着错综复杂的非线性作用和关系，企业外部创新动力要素之间也具有密切而复杂的协同关系和相干效应，企业内外部创新动力要素之间则存在着较强的非线性耦合作用。外部动力机制促进了企业创新网络的发展，内部动力机制则促进了企业创新机制的提升。

分布式创新网络是全球经济一体化发展的产物，加强分布式创新网络中核心企业内外部的互动，获取资源、技术、信息和知识显得非常重要。核心企业间的协同创新活动受协同主体内外部动力因素的影响，本书据此构建分布式创新网络中多核心企业间协同的动力模型(图 4-4)，探究多核心企业间协同创新的动力因素之间的联系及动力机制。

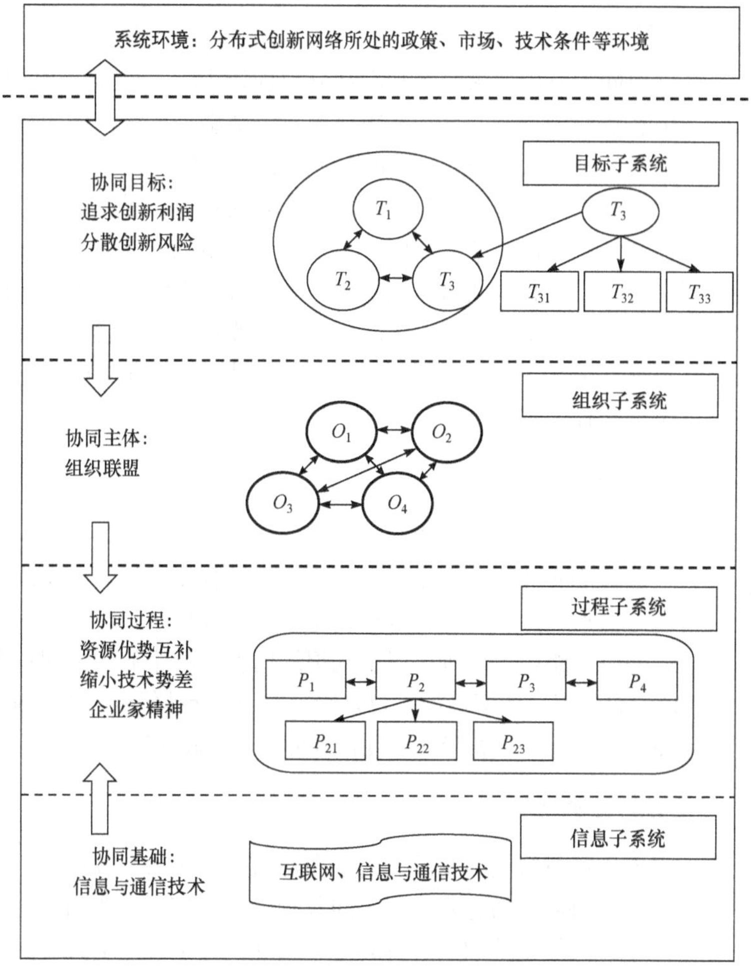

图 4-4　分布式创新网络中多核心企业间协同的动力模型

不同层面的协同过程均需要在协同目标的导向下进行，这里的协同目标即协同过程的主导逻辑。协同目标 T_i 及分解后的子指标通过相应的协同主体 O_i 即各核心企业，作用于协同创新的各工作过程和阶段 P_i 及相应的子过程 P_{ij} 中；而不论是子系统之间的协同还是子系统内部企业单元之间的协同，都必须在建立信息技术的基础上，实现资源的共享和协同优化。在系统内部要素协同的基础上，还要注意与环境的协调一致，在环境约束条件下充分利用环境蕴含的机会，处理好与环境的界面协同。以下从目标动力、组织与过程动力、协同支撑动力及环境协同动力四个部分，探讨分布式创新网络中多核心企业间协同创新的综合动力机制。

1. 目标动力机制

核心企业间协同创新以追求创新利润和分散创新风险为目标，以实现分布式创新网络整体创新能力的提升。目标系统包含三个层次：系统目标、子目标和可执行目标。系统目标是多核心企业协同的总体目标，即创新目标 T_1，通过创新实现分布式创新网络创新能力的整体提升及超额利润的获得。子目标通常由系统目标导出或分解得到，它仅适用某一方面、对某一个子系统的限制，即利润子目标 T_2 和风险子目标 T_3。子目标可再分解为可执行的目标，它们决定了系统目标的详细构成。可执行目标及更细的目标因素的分解，一般在可行性研究及技术设计和计划中形成、扩展、解释、量化，逐渐转变为与设计、实施相关的任务，经常与具体的协同方案、路径相联系。

2. 组织与过程动力机制

核心企业间协同可以协同创新中心等形式建立组织联盟，以此作为企业协同的组织基础，使各核心企业能够从全局出发相互协调合作，建立合作伙伴关系。组织基础既可以是有形的战略联盟，也可以是无形的虚拟组织，但应以协同创新为目标来组建，通过对组织的管理可以推动组织内各核心企业的协同行为。在协同过程中，各核心企业将企业家精神作为原动力鼓励、推动创新进程，通过核心企业间的资源互补、技术合作，以积极的态度投入分布式创新网络的协同创新活动中。

3. 协同支撑动力机制

协同创新需要以信息协同为基础，信息和通信技术作为工具构成了分布式创新网络中多核心企业协同的信息基础。协同各阶段和各核心企业间充分的信息交流是保障分布式创新网络系统顺利运行的基本条件。基于硬件平台、网络环境和标准化数据的协同信息平台，能很好地满足各核心企业协同、全生命周期各阶段协同及资源协同对信息条件的要求；能保证各阶段的工作成果和相关信息在创新项目全生命周期中保存、传递和共享；能为各核心企业提供信息交流的平台，保证在创新项目生命周期的不同阶段的、不同核心企业间的实时的或以电子文档、邮件为手段的间接的信息交流、讨论、决策和合作，从而最终达到降低成本、加快进度、保证质量、控制风险、多方共赢的目的。

4. 环境协同动力机制

分布式创新网络的各类系统(包括企业单元)与外界环境系统之间存在着复杂的界面。从总体上，各核心企业单元、目标子系统、过程子系统所需要的资源、信息、资金、技术等都是通过界面输入的；各子系统向外界提供产品、服务、信息等也是通过界面输出的。为了达成创新目标，各核心企业单元不仅要获得上层系统的授权与支持，还必须与外部环境协调，与政策、市场、资源等各方面协调，和谐地融合于大系统中，将来自环境的外部干扰减至最少。分布式创新网络的协同目标能否顺利达成，就在于各子系统与系统外部环境界面的耦合程度。

4.5 本章小结

识别分布式创新网络中多核心企业间协同的内外部动力因素，阐述了各个因素的作用机理。分布式创新网络中，核心企业间协同创新的外部动力因素主要包括技术进步、资源需求、市场环境、政府政策、组织联盟、信息与通信技术的发展；核心企业间协同创新的内部动力主要包括创新利润、创新风险、技术势差、企业家精神等。

探究分布式创新网络中多核心企业间协同创新的综合动力机制。结合内外部动力因素，以复杂系统理论为基础，厘清分布式创新网络的复杂适应性特征，构建分布式创新网络中多核心企业间协同创新的综合动力模型。该模型从目标子系统、组织子系统、过程子系统、信息子系统四个子系统层面探讨了不同动力因素之间如何相互联系、相互作用，通过核心企业间协同的综合动力机制实现分布式创新网络的整体耦合。

第5章　分布式创新网络中多核心企业间协同情境与协同行为仿真及案例研究

战略联盟、企业集群、虚拟企业等组织形式的出现及信息技术的发展，极大地改变了企业传统的管理模式，从聚集单体企业的内部创新演进到企业间的协同创新，即当企业在外部情境预测某种技术或产品的发展方向需要通过借助外部力量完成时，这便促使企业跳出组织的界限寻求合适的合作伙伴。协同理论的应用，让地理上分散的企业能够整合在一起，共同分享协同行为带来的竞争优势，以便对市场需求进行快速响应，共同承担市场多变的风险。从范围经济的视角，单体企业没有足够的能力来响应动态变化的市场需求；从核心企业协同的视角，每一个单体核心企业不仅可以独立发挥其职能来组成一个完整的价值链，使企业能够在动态变化的环境中保持竞争优势，而且能使企业在利益最大化的驱动下，通过计算机信息技术、网络技术来实现系统资源的优化利用。分布式创新网络中多核心企业间的协同，其主要目标是“借力”，这就需要核心企业不仅要具备“一技之长”，而且必须具备不可替代的“专长”。

5.1　分布式创新网络中多核心企业间的协同情境

5.1.1　情境的相关概述

《辞海》中“情境”是指一个人在进行某种行动时所处的特殊背景，包括机体本身和外界环境因素。姜大源(2008)认为情境既指与之相关的背景、条件，又指起因及其发展的过程。Cappelli 和 Scherer(1991)将情境描述为与现象有关的周围环境，特别是与分析单元相关的周围环境能使现象更明晰。Mowday 和 Sutton(1993)将情境描述为周围的刺激和现象，是和被研究对象处于不同分析层次的外部环境因素。Johns(2001)把情境定义为环境机会和约束，它们能影响组织行为和职能关系。

情境理论(situational theory)起源于管理学，在知识管理领域，情境是指与知识或知识活动等相关的条件、背景和环境等，它主要包括外部环境、背景因素(如与之相关的物理、社会等环境)、知识主体环境(认知、经验、心理等)。潘旭伟等(2011)认为情境点主要包括：①客观存在性，即情境普遍存在于客观现象中；

②独立性，即在知识或知识活动的过程中，情境既保持着自身的独立性，还与知识或知识活动过程保持着紧密的联系，情境与知识之间是一种影响与被影响的关系；③特征性，即知识或知识活动的相关情形特征都是由情境所决定的。情境决定着从事知识活动时主体的个性化特征。由此，情境也成为知识管理的一个重要构成要素。

随着情境理论的发展，对情境因素的研究也开始被许多学者关注。Belk(1975)认为情境因素是在某一特定的时间和地点，存在一些对当前行为产生影响的某些因素，这些因素不因人的意志而转移。他认为情境因素主要包括物质环境、社会环境、时间因素、任务类型及先前状态。Schmidt 等(1999)、岳玮宁等(2004)从用户角度出发，将情境因素划分为与人有关的情境和与物理环境有关的情境。前者主要指与人有关的社会环境、用户信息和用户任务等；后者有位置、基础设施和物理条件等。这些与物理环境有关的情境因素，是可利用传感器技术进行收集的。Gwizdka(2000)将情境因素分为外部情境和内部情境。杨茜(2008)在研究情境因素对知识转移的影响时，将其划分为知识情境(知识嵌入性、知识的可表达性)、相关情境(文化距离、制度距离、关系距离、知识距离、物理距离、成长距离)、知识转移渠道和知识转移主体情境(知识发送者情境和知识接收者情境)四个方面。穆颖丽(2013)认为情境因素主要包括宏观、中观和微观层面上的情境因素。宏观层面上主要是与整个社会的经济、政治、科技等相关的政策、法规等；中观层面的有发展战略、关系强度、物理距离；微观层面的有组织文化、组织结构和组织管理。王影等(2014)从情境是否明显的角度，将情境分为外显情境和内隐情境：外显情境可以用文字、符号来表示和描述；相对于外显情境，对内隐情境的获取，主要依赖于个体的经验、直觉和洞察力，它往往与相关知识活动主体的内部心理、精神状态、认知能力有关。

本书将情境因素定义为与分布式创新网络、多核心企业间协同有关的因素。鉴于研究篇幅的局限性，本书主要选取了战略情境、文化情境、制度情境及网络情境进行研究。

5.1.2　分布式创新网络中多核心企业间的协同情境

Suchman(1987)首次提出情境行为理论，认为人的活动源自给定的环境而非严格按照预先计划采取行动，强调特殊情况和突发行动的紧急性对人的活动的影响。Gibson(1979)、Inkpen 和 Tsang(2005)认为环境会对人的行为产生影响，促进认知活动的完成。Lave 和 Wenger(1991)则认为在分析情境中行动人的活动(activity of persons-acting in setting)时应尤其重视人与环境之间的关系。杨坤(2013)认为情境行为理论强调创新及知识共享行为与特定情境相关，而非单纯重复累计生成，为突破性创新和偶然性创新提供了解释与参考。情境行为模式以独特视角分析行为与情境之间的关系，概括起来，以情境行为模式作为分布式创新活动的思维框架，为分布式创新活动的思考提供的情境视角及启示，如表 5-1 所示。

表 5-1　分布式创新的情境视角及启示

分布式创新的情境视角	对分布式创新的启示
分布式创新活动涉及多地点、多重复杂因素的情境	充分利用分布于各地的情境在逻辑上的相互补充、支持的作用，以促进分布式创新的效率
情境中的行动者是一个或一群个体，更易产生情境与行动者优化组合关系	吸纳在专业背景、所在企业和地点上来源广泛的佼佼者，有利于整体智力或操作能力对情境的有效反应
来自个体的创意或创新通过合作途径得到整合和再次提升，也能提高创新的实际效果	注重在分布式创新网络内部营造交流互动氛围，以更有效地通过合作或集成来获得或构建原创性知识和创意
情境多样性促进分布式创新活动中创新者对所形成的观点进行反思	适当利用分布式创新网络里不同节点间的情境差异来激发创新的生成

分布式创新活动本身就是情境脉络：对象、行动和操作组成的活动系统中发生的一切属于背景关系、参与者和制品的活动共同组成了情境脉络。把握分布式创新网络的具体环境和动态特征，如内在动力因素、外在动力因素及在该创新网络中多核心企业间的动态关系，促进各种创新要素有效结合，以提高资源的利用效率，减小成本的压力，在网络系统方面实行多角化战略和多元化经营，从而推动创新的持续进行。

因此，研究多核心企业间的协同就必须要正确地理解情境因素可能带来的影响。其中，战略情境、文化情境属于组织层面的客观情境因素；制度情境和网络情境属于超越组织层面的客观情境因素。

1. 战略情境

Chandler 是首位提出企业战略的人，他认为“战略”是企业长期发展目标的确定，以及为了实现这一目标所需要采取的具体行动方案。战略这一概念主要包括三大要素，即设定目标、分配资源和找出实现目的的方法。安索夫将战略定义为企业为实现长期生存和发展,在对公司内部与市场外部环境系统分析的基础上，对企业的经营方向、方针及实现的步骤做出宏观性的规划。战略管理大师 Andrew(1967)认为，公司战略是对企业宗旨、经营目的和发展目标的一种宏观认识，以及为达成这些目标所相应制定的策略和规划。对企业来说，战略情境是指对企业战略的制定和效果有影响的外部组织与力量，包括企业所面临的宏观经济环境、政治法律环境、社会文化环境、技术环境及企业所面临的竞争等。一般认为情境因素是企业外部的各种力量，是不可控因素，但企业战略情境却是可以通过改变企业活动来改变的，如企业间的博弈关系也会促使形成新的情境。

事实上，对战略情境的分析还应和企业战略的形成、方案选择、实施及评价和控制组成一个连续、并行的过程，即战略是边形成边实施、边实施边形成的，需将战略情境的分析贯穿战略过程的始末。企业不断根据战略情境的变化来调整(即试错)及创新转换，从而动态地形成和实施战略。

2. 文化情境

文化情境为多核心企业间协同提供内外部的环境支持。多核心企业间协同的意义在于它的协同创新，在分布式创新网络中，每一个单体核心企业就是一个创新主体，当拥有不同组织文化特性的创新主体结合在一起时，将不可避免地产生文化冲突，这种文化冲突的根源在于企业间的文化差异及由此造成的利益差异和价值取向的不同。正是文化差异的存在，使得不同的文化间通过碰撞迸发出创造性的思想，有利于创新活动的产生。

文化情境包括核心企业的内在精神文化和外在制度文化。内在精神文化是协同创新主体的精神诉求，影响整个团队及个体的行为及心理，它是协同创新活动得以进行的内在条件。内在精神文化反映了各协同创新主体彼此合作的动机、意愿及共同愿景，有利于各协同主体结成目标实现体。外在制度文化是协同创新主体的制度要求，既要规范协同创新主体行为，又要促进其很好地发展，它是协同创新活动得以进行的外在条件。外在制度文化反映了各协同创新主体的合作深度、广度及松紧程度，有利于各协同主体形成利益共同体。从二者关系来讲，内在精神文化是创新主体进行协同创新活动的前提条件，外在制度文化是创新主体进行协同创新活动的必要条件，二者相辅相成。由此，内在精神文化和外在制度文化是从不同的角度影响协同创新主体的协同创新活动。

3. 制度情境

Scott(1995)认为制度由规章(regulatory)、规范(normative)、认知(cognitive)构成。规章是指确保社会稳定和秩序的规则及法律；规范是指支配人们行为的价值观、文化及社会规范；认知是指构成现实特性及意义形成框架的认知规则。制度不仅构成了人们在社会、政治和经济方面发生交换的激励约束结构，而且是理解历史变迁的关键。制度情境则是基于企业外部的多边关系，以形塑企业运作方式和市场交易模式来影响其社会行为的规则集合。制度情境作为企业在社会活动中所必须遵守的行为准则集合，能同时起到约束和刺激的作用，可以有效降低企业在市场交易中的成本和风险，并提供相应的保障作用。制度情境一旦形成，则可以在相应范围内约束企业参与社会互动的行为(North，1990)。

经济学家对制度产生兴趣，首先是因为制度对个人和组织行为的统一协调作用代表了人际交往在经济上的本质，其次是因为制度规定的现状是任何集体行动的出发点。在市场经济活动中，企业必须依据一定的规则以合理的组织行为来参与组织间的社会互动，自觉地采取同社会规则、规范相匹配的行为，并通过与其他组织的不断互动来对自身行为进行调整和修正，遵守社会交易活动中的“游戏规则”，只有这样才有利于企业间协同行为的产生。

4. 网络情境

网络是特定的一组人、物或事件间相互联系的一个特殊的关系类型。网络现已成为发展最快的且介于企业和市场的准市场组织形式，它为企业组织提供了无边界化的创新情境，由此，也使得多核心企业间的资源配置方式从局部空间配置转化为全球化价值链配置，从纵向或横向一体化配置转为网络化配置。

伴随着创新难度和复杂程度的提升，促使协同创新活动向协同创新网络化转化，形成多核心企业间的协同交流共享。网络情境包括网络规模、同质性、强度和开放性。网络规模的大小通常用网络中节点的数量来衡量，是一个绝对量指标(Marsden，1990)。在多核心企业间协同中是指多个核心企业在研发过程中所形成的合作伙伴关系的数目。已有研究表明，企业拥有的网络规模越大，创新的合作伙伴越多，获得外部知识的渠道越多，就越有机会接触外部的信息；网络的同质性程度的高低决定了企业间的竞争程度，并直接或间接地影响企业间的合作关系；网络的关系强度的高低决定了企业所拥有的信息提供者的资源的多少，网络关系强度越高则企业拥有的信息提供者的资源就越多，可有效促进企业间复杂知识的转移，保证研发成功；网络的开放性是指企业的边界是可以渗透的，网络的开放性越高，企业间的交流与合作的机会越多，企业更能够迅速地获得最新技术变动信息。在网络情境下，各网络成员可发展其规模经济的优势，优化配置其资源，提升企业乃至整个网络的创新能力。在网络情境下，网络成员之间的优势可以集中形成“1+1>2”的协同效应。

5.2 分布式创新网络中多核心企业间的协同行为

协同行为是指处于竞争关系中的两个或两个以上的经营者为了实现利润最大化而以协同合作为目的所采取的共同的经营行为，同时也是在协同情境下的具体的行为谋划。Osborne 和 Gaebler(1992)认为协同行为是在协同合作的环境中，企业之间通过共享资源或服务的方式来实现协同。它的本质就是打破企业之间在人力、物力、财力、信息等资源之间的壁垒与界限，使各项资源能够为了实现共同的目标而进行协同合作，经由对资源最大限度地使用来实现共同的发展目标，也指协同企业间的整体价值大于单体企业独立价值的总和。从另一个侧面也反映了在分布式创新网络中，网络成员之间既相互独立又相互关联的特性，使整个网络系统产生质变。

对于协同行为的理解，李宏贵(2007)提出了竞争合作性、共生共赢性、动态适应性和系统全局性四个层面的协同行为。钱江(2010)认为企业之间能够产生协同的基础条件是共同的目标，企业间共同的目标能促使不同的企业在资源、信息、策略等方面进行协同合作。他以互联网技术(Internet technology，IT)业为例，探讨了组织变革中的协同行为，包括互动信任、知识共享和团队协作三大关键性要素，技术知识共享、战略协同、垂直整合、有形资产共享、谈判能力汇集和业务创新六种协同模式。李莉(2014)以汽车产业集群为例，将企业协同行为模式分为协同计划行为、管理行为和合作行为。林建宗和刘震宇(2009)以组织间关系的协调机制为研究视角，认为组织间战略目标的相互协调是实现整体的战略目标协同的出发点，是基于共同的战略目标综合运用各种管理手段，形成决策、信息、利益等资源共享与整合的动态过程。Hansen(1999)认为企业战略的合作关系特征表现在承诺、信任和资源互补这三个方面，加强企业间的合作可以增进彼此间的相互了解与沟通，有利于知识转移效应在组织间的形成。吴道友等(2016)从能力系统视角、过程协同视角、动态联盟视角及网络联结的视角提出了组织间的协同行为策略主要包括：愿景塑造、坦诚互信、资源整合、互补发展、合作共存和组织间承诺。

通过对协同行为相关文献的梳理，不难发现，对协同行为的研究都是比较宏观、零散的，从微观的行为层面探讨多核心企业间的协同行为的较少，没有形成较为完整的协同行为体系。本书结合上述相关学者对协同行为的研究中涉及的“协同行为”进行整理后，认为协同行为即在协同情境下，通过整合和共享内部、外部资源，展开内部协同与外部协同，实现共同合作发展的目的。鉴于此，本书将多核心企业间的协同行为归纳为知识共享、信息共享、专用性资产投资三个层面。

5.2.1　知识共享

知识是一种有价值的资源，特别是稀缺性知识，不仅可以为拥有者带来可观的收益，而且是促成跨组织合作创新形成的关键因素。林东清(2012)认为有效的知识共享是指创新网络主体或跨组织之间进行知识交换的过程，其目的在于通过共享，扩大知识的利用价值并使企业的绩效随之增加。知识作为组织最重要的战略性资源，知识共享被认为是企业选择合作创新的重要考量因素。Dahlander 和 Gann(2010)认为知识的内部创造与外部获取是互补的而不是完全替代的，拥有较强内部创造能力的企业对伙伴更具有吸引力。

由于核心企业间在研发过程中形成和积聚知识的差异性，一方面决定了企业的异质性，另一方面决定了企业间知识结构的多样性。这种多样性体现在两个方面：第一是知识势差(位势)，即知识在组织中分布的非均匀性，知识势差的存在，使知识从高位势个体向低位势个体扩散和转移。第二是知识类型的多样性，不仅意味着核心企业间的知识共享的多群体性，也意味着实现企业间知识共享成为一个复杂多变的行为，存在许多困难和障碍。因此，协同、整合众多专门知识成为核心企业间相互协同的基础和首要任务。Davenport 和 Prusak(1998)认为知识共享过程本质是知识交易的过程，在知识交易的过程中，知识在不同的创新主体间流动。以企业间技术研发活动为例，在以某种技术或知识为基础的协同企业中，不同企业及企业内部各单元间知识来源者和接受者更倾向于拥有截然不同的组织框架、研究方法和编码方案(Dougherty，1992；Bechky，2003)，通过企业间知识的内化、技术的交叉、人员的交流，可将技术创新的知识有效地移植到各个成员企业之中，从而强化和更新企业的核心技术能力，而实现知识共享、技术合作最有效的途径就是要促进企业间的协同，协同的过程即为企业之间创造了一个便于知识转移和吸收、融合知识交换的过程(图 5-1)。

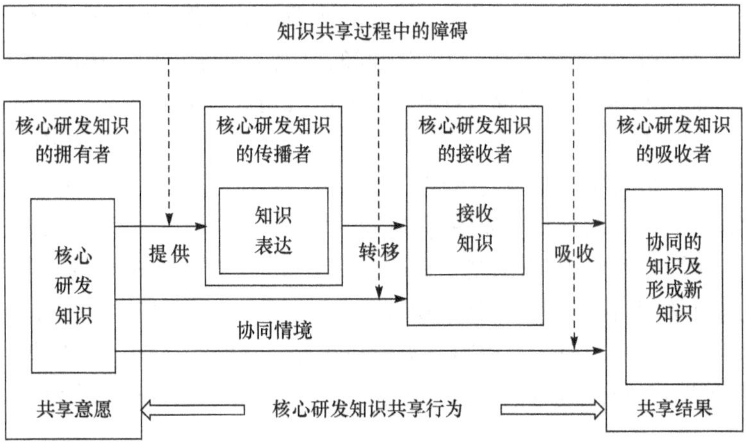

图 5-1　核心研发知识共享模型

5.2.2　信息共享

英国文豪萧伯纳曾经用文学的语言对信息做了精辟的比喻，他说："假如你有一个金苹果，我也有一个金苹果，而我们彼此交换这些金苹果，那么你和我仍然各有一个金苹果。但是，假若你有一种思想，我也有一种思想，而我们交流这些思想，那么我们每个人将有两种思想。"这就非常形象地道出了信息是一种共同财富，它不会因一方所有而使另一方有所失，是一种可以共享的资源。信息的可共享性还表现在信息资源可以进行无差别复制，复制品与信息源具有同样的性质(图 5-2)。

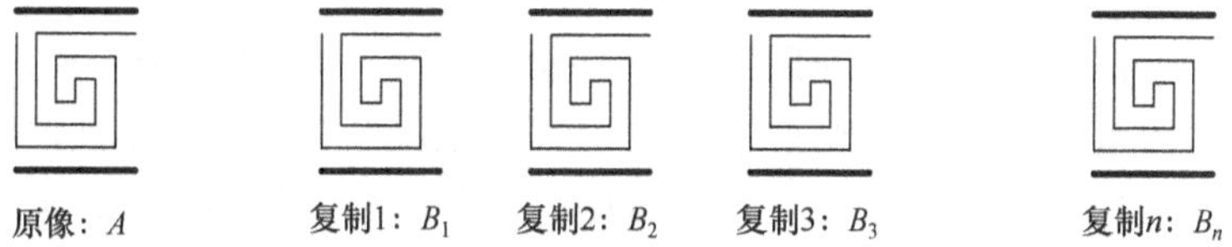

图 5-2　信息的共享-复制

在更一般的情况下，可以把信息共享看成是某种方式的映射关系。信息复制其实是不改变信源的信息量与次序的一种特殊映射关系。信息通过某种映射关系形成信源的像的过程就是信息共享。

从效用增益(共享信息资源使该信息产生的效用增值)的视角，信息资源对于每一个企业的效用，体现为它不仅可以自己使用，也可以通过共享系统与其他企业共享。假设起初信息资源仅供一家企业享用，无须与其他企业共享，此时信息资源的共享增益 $\mathrm{SU}_1=1$ 。当有另外一家企业共享此信息时，对这两家企业而言，该信息资源既自己使用了，也通过共享系统与另一家企业共享，这时信息资源的共享增益 $\mathrm{SU}_2=2$ 。当共享企业增至 n 个时，信息资源的共享增益为 $\mathrm{SU}_n=n(n-1)$ ，即

$$\mathrm{SU}_n=\begin{cases}1, & n=1\\ n(n-1), & n>1\end{cases}\qquad n=1,2,3,\cdots,N \tag{5-1}$$

由此可知，当信息资源的共享企业数量超过 10 家以后，信息资源的共享增益值就会迅速增大。当企业数 n 很大时，信息资源的共享增益就趋近于 n^2，即

$$\mathrm{SU}_n=\lim_{n\to\infty}n(n-1)=n^2 \tag{5-2}$$

分布式创新网络为信息资源提供了一个信息交换与共享的平台。对于一个多信源、多核心企业的一般信息系统，可以将其抽象成包含信源、信道与信宿三个部分的通信系统，如图 5-3 所示，这也是 Shannon(1948)对通信系统的描述。

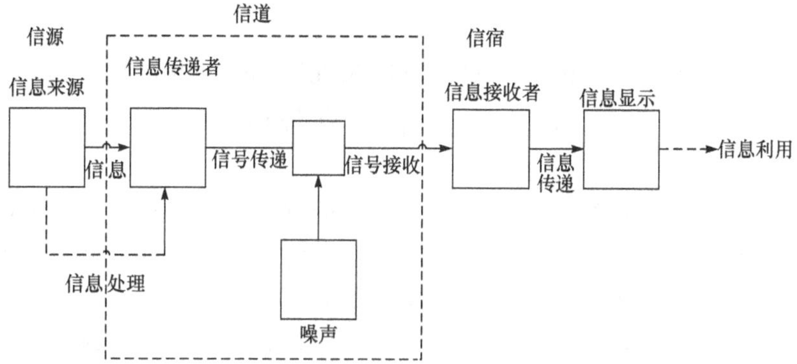

图 5-3　信息共享系统一般模型

5.2.3 专用性资产投资

Williamson(1985)给出了专用性资产明确的定义，他认为假定一项资产(既定用途)的生产价值不变，如果改变这项资产的既定用途，重新投资于其他用途或者这项资产的使用者发生变更(改变使用途径)，如果这些变化具有高成本性或者无法实施，那么具有这种特征的资产就是专用性资产。McGuinness(1994)将专用性资产定义为一项应用于特定交易的，具有较高价值的投资，一旦转作他用将造成其价值的大幅贬值。即专用性资产具有不可重新分配性。在研发合作中，只要某种技术是双方合作所必需的，又难以找到替代品，这种资产就具有了一定程度的专用性。这种资产越是难以被替代越是必不可少，资产的专用性就越强。

在协同研发的过程中，专用性资产投资对企业间的协同关系具有一定的依赖性。资产专用性越强，对关系的依赖性越大。投资的专用性越强，意味着关系解除后投资的生产率损失越大，转换成本(即对于合作研发的企业本身而言，其搜集信息、重新寻找合作伙伴等都是转换成本)越高。在这个意义上，专用性资产投资对于合作双方具有积极的作用，即它使得合作双方都不能轻易退出合作从而有利于合作的企业间协同效率的提高。

在分布式创新网络环境下，专用性资产不仅是网络存在和稳定运行的基础，还是网络中企业价值创造、能力提升的重要途径；专用性资产不但决定了企业的边界，也使同一产业内的不同企业呈现出异质性。网络中企业间的专用性资产投资形成了一个异质性资源地，资源的协同效应不仅使网络的整体创新能力增强，还使得网络中各成员实现收益的增加和资产的增值。因此，网络中企业间的专用性资产投资是分布式创新网络相对于其他组织形式能够创造出更大价值的保证。在专用性资产投资基础上，企业间所形成的共生关系，超越了以市场为基础的古典契约关系，避免了“以合资或合作换技术”，使从事专用性资产投资的企业可以从合作的企业获得先进技术或核心技术。

5.3 基于协同情境的多核心企业间协同行为的 Multi-Agent 仿真分析

多核心企业间协同行为涉及企业之间大量的数据交换和跨企业边界的过程管理。在分布式背景下，协同情境呈现出动态性，使得多核心企业间协同管理、控制的难度增大，这就要求其采用过程管理的思想，应用专门的过程管理的工具，有针对性地进行管理。Multi-Agent 技术的特点不仅适合位于跨越企业边界的、处于混合环境的供应链管理，而且可用来解决复杂分布的现实问题。换句话说，在分布式创新网络中，核心企业都是分散的，核心企业间研发活动的协同过程就是在整个分布式网络中寻求最优解的过程，因此，在建立协同研发模型时就需要考虑协同求解的问题。

5.3.1 Multi-Agent 理论模型构建

多代理系统(Multi-Agent system，MAS)，是由多个目标不同、行为方式不同的代理(Agent)组织在一起的，可以通过相互协作达到总体目标的 Agent 的集合。其中的每个 Agent 是一个物理的或抽象的实体，可作用于自身和环境，并与其他的 Agent 进行通信。各个 Agent 之间的活动是自治和独立的，行为和意图不受其他 Agent 限制。各 Agent 之间通过竞争、协商和协作等手段共同完成系统设定的目标。Multi-Agent 的资源是分散的，计算和任务的执行是分布的。各 Agent 之间的任务划分、资源分配和行为协调等行为，在遵循一定的知识规则和管理策略的基础上由各 Agent 通过相互作用和对情境的感知进行判断和决策。MAS 目前主要应用于两类研究领域：一是自组织机制的理论和实验分析，在这一领域中，很多个体能够自主地进行交互演化；二是通过产生分散的主体及它们之间的合作和交互作用来完成复杂任务。MAS 从构建简单的智能系统已经开始逐步转向构建更加复杂的智能系统，采用自下向上的研究方法，也已成了分布式人工智能(distributed artificial intelligence，DAI)一个主要的研究方向(郭锦，2009)。

1. 分布式 MAS 的结构

在这个系统中，根据 Agent 的工作范围，分为若干个项目组，每个项目组都由某些成员 Agent 和相应的约束关系组成。项目组内部根据 Agent 的职能不同，将 Agent 分为三种类型：接口 Agent、任务 Agent 和信息 Agent。三类 Agent 在 MAS 中处在不同的层次，相应地履行不同的职能，其结构如图 5-4 所示。

接口 Agent：通过接收用户的特殊指令，传送收集到的信息，与用户进行交互，建立模型。其主要功能包括：一是收集相关信息，初始化任务；二是提供包括结果和解释的相关信息；三是在问题解决过程中，向用户咨询一些额外的信息；四是在需要的时候请求用户确认。从用户的角度，任务的求解只是把任务告诉相应的接口 Agent，隐藏了信息采集和任务求解的复杂性。

任务 Agent：通过形成问题求解规划，在经过查询和其他 Agent 交换信息后，启动任务 Agent，帮助用户完成相关任务。任务 Agent 具有解决冲突和融合信息的特点。其主要功能有：一是从接口 Agent 接收用户的任务描述；二是具体解释描述并提取求解问题的目标；三是制订满足求解目标的计划；四是定义计划中的信息查询子目标；五是分解计划，为计划的执行、监视及结果组合匹配合适的任务 Agent 或信息 Agent。

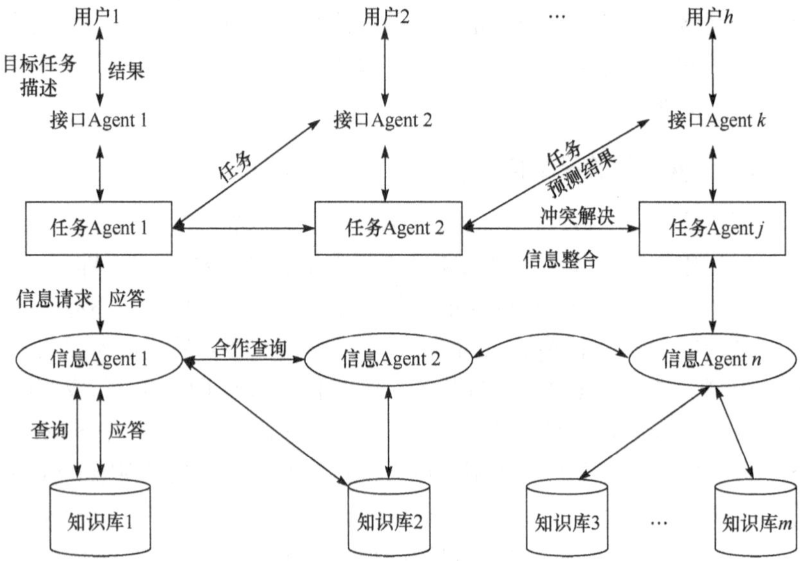

图 5-4　分布式 MAS 结构

信息 Agent：和一个或多个知识库紧密结合，为任务 Agent 提供不同种类的信息，主要提供智能信息服务。其主要功能有：一是响应任务 Agent 的简单单点查询；二是响应周期性的查询并将结果发送给请求者；三是就某一信息监视数据源变化。

这三种类型的 Agent 有机组合，构成分布式 MAS。MAS 是一个基于网络的子系统 Agent 的集合，其中子系统 Agent 根据任务划分的不同而分布在不同的网络站点上，它们以相同的语言通信，并在系统 Agent 的管理和控制下，以协同工作的方式实现整个系统面向的目标，其结构可定义为

<多 Agent 系统>::=<系统 Agent><子系统 Agent>

<客户/服务器关联>

<客户/服务器关联>::=<客户 Agent><服务器 Agent><通信体制>

<通信体制>::={<通信原语>(<通信内容>)}

<通信原语>::=<Propose>|<Tell>|<Accept>|<Reject>|

<Satisfy>|<Commit>|<Fail>…

<通信内容>::=<发送者><接受者><时间><语言><信息流>

2. Multi-Agent 之间的通信

MAS 中的 Agent 以组的方式工作，在组里 Agent 之间既合作又分工，Agent 被设计成能自治地互相合作，不仅可以实现它们的内部目标，而且可实现由于它们参与代理组成的网络社会所产生的共同的外部目标。大多数情况下，Agent 之

间在地理位置上具有分布式的特性，Multi-Agent 之间存在不同的利益关系，这使得 Multi-Agent 之间会发生交互(包括互相协调、协商等)，这种交互不仅需要考虑单个 Agent 的目标，还需要考虑 Multi-Agent 之间的相互协作及相互依赖的关系。Multi-Agent 之间的交互经常是以协同情境为背景，在知识层面通过代理通信语言来完成的。

Agent 之间交换消息需要相应的语言，这种语言被称为代理通信语言(Agent communication language，ACL)。ACL 是一种高级语言，它的原语和结构可以支持 MAS 里 Agent 的合作、协商和信息的传递。Agent 可以通过 ACL 来表达它对其生存环境的认知及合作意愿。

ACL 的通信行为并不直接操作变量或者变量的值。Agent 之间通过传递消息来通告环境和系统状态的变化。在分布式创新网络背景下，“黑板结构”适用于多核心企业间多知识源之间的信息通信和协同求解。黑板的通信方式也叫“团线”方式，即把信息放在广泛可存取的“黑板”上，实现广播通信。有些系统将黑板分为几个概念性的区域，使不同的 Agent 只关注与自己相关的黑板区域。黑板方式中，黑板是一个共享的知识结构也是一种 Agent，Agent 可以向它张贴信息，也可以从它那里读取其他 Agent 张贴的信息，如图 5-5～图 5-7 所示。

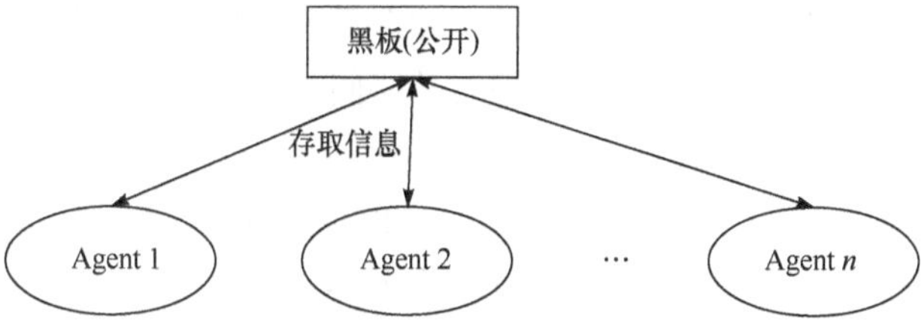

图 5-5　Agent 间的通信方式——黑板方式

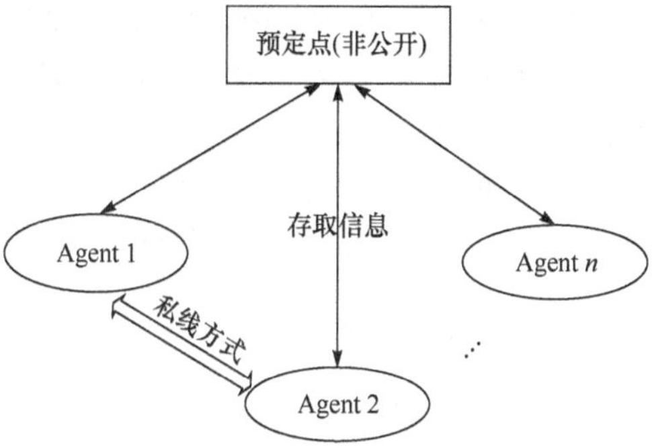

图 5-6　Agent 间的通信方式——消息传递方式

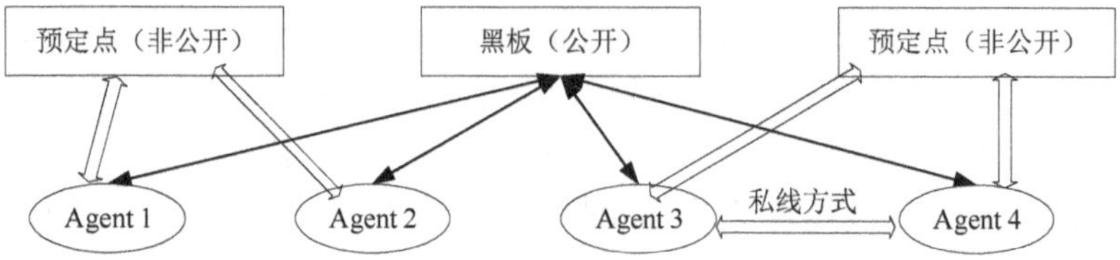

图 5-7 Agent 间的混合通信方式

3. Multi-Agent 之间的协同

MAS 是由多个 Agent 组成的系统，通过多个 Agent 之间相互协同形成的问题求解网络。MAS 的协同是指每个自主 Agent 对其目标、资源等进行合理安排，以调整各自的决策和行为，最大限度地实现自身及 MAS 的整体效益。为了使 Agent 之间能够合理高效地进行协作，Agent 之间的协同机制成为 MAS 研究难点和热点问题，原因在于：第一，单个 Agent 不掌握整个 Agent 环境及其他 Agent 的完备情况信息；第二，MAS 所处的环境是动态的，使个体 Agent 很难判断其采取的活动所产生的结果对环境的影响程度。在 MAS 中，每个 Agent 具有独特的目标及为达到此目标所需采取的活动，因此每一个 Agent 采取的活动限制其他 Agent 的活动，同时其他 Agent 的活动对其活动也产生制约。

Agent间的协同对于MAS的运行效率起着重要的作用，一般而言，Multi-Agent间的协同分为两大类：动态的协同和静态的协同。本书中多核心企业间协同主要体现的是动态的协同。

动态的协同，即合同网协议(contract net protocol)，这是被广泛采用的一种动态协同，它模仿经济行为中的招标-投标-中标机制，采用任务公布的方式，通过 Agent 间的协商和竞争来解决任务分配问题。其主要特征是在不同 Agent 间共享任务和解决结果，使用投标值作为 Agent 之间任务协同和分配的变量，从而以最优的系统配置和代价完成特定任务，在局部最优基础上达到全局最优。在合同网协议和合作规划结构中，Agent 之间还是一种松散耦合关系，各 Agent 拥有平等决策权，共同决定目标的实现策略。

因此，在 MAS 中，多 Agent 间的协同就是通过 Agent 间的相互通信，按照设置的协同方式及协同计划的运行来达到协同的目的。

4. Multi-Agent 之间的仿真模型构建

Multi-Agent 的建模方法既是一种自下向上的建模方式，还是在复杂适应系统理论指导下研究复杂系统的一种有效方法。它结合计算机网络模型和计算机仿真技术来研究复杂系统，将具有一定 DAI 作为模拟系统的基本抽象单位，采用合适的 Multi-Agent 体系结构来设置多个 Agent 之间的具体交互方式和运行规则，最终建立起系统模型(廖守亿和戴金海，2004)。在分布式创新背景下，基于多核心企业间“协同情境”的复杂性及多核心企业间的竞合关系，使多个核心企业在选择协同行为时，既要对协同行为所带来合作项目收益增加的情况进行考察，也要对由于协同行为而带来的成本、风险提升及这种协同行为对未来进行企业合作时的效用进行评估。

设计 MAS 需要将分布式创新网络中的各个核心企业实体抽象为 Agent，通过设置 Agent 的属性、行为与交互规则可以构建在协同情境下 Multi-Agent 间协同的工作流程模型，如图 5-8 所示。

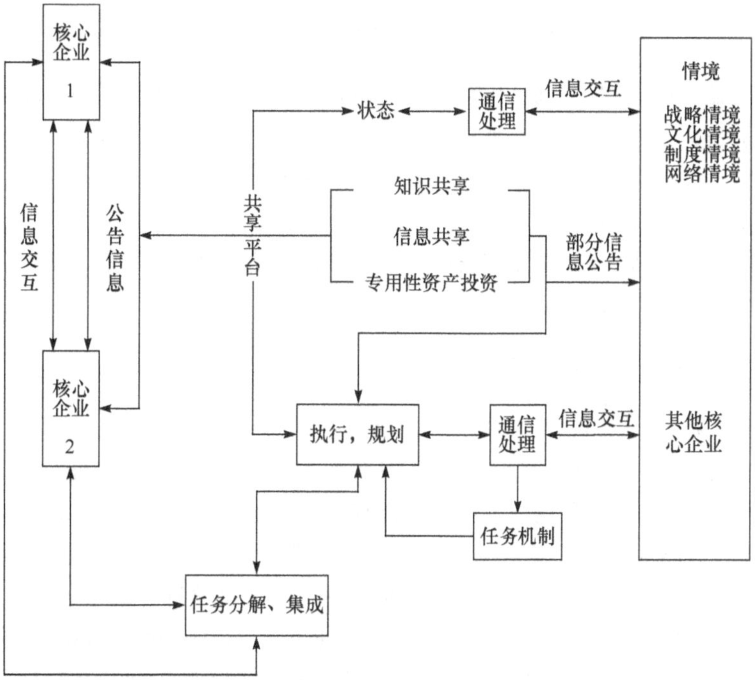

图 5-8 协同情境下 Multi-Agent 间协同的工作流程

5.3.2 基于 Multi-Agent 建模的仿真分析

本书运用 Multi-Agent 协同的建模与仿真方法，结合分布式创新网络中 Multi-Agent 间的协同分析结果，构建 Multi-Agent 协同的建模与仿真实验研究框架(图 5-9)。

1. NetLogo 仿真平台

例如，社交网络分析领域内的小世界(small-worlds)模型。仿真实验者通过

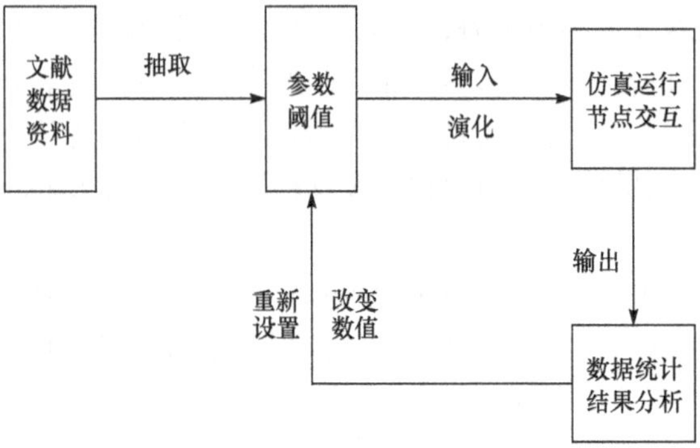

图 5-9　Multi-Agent 协同的建模与仿真实验研究框架

Logo 语言编写模型程序，软件提供瓦片(patch)、海龟(turtle)、观察者(observer)三种类型的个体。其中 patch 是静态的 Agent，它将虚拟空间划分为网络；turtle 是动态的 Agent，可以是一种也可以是多种，它在 patch 上随机移动，可以相互交互也可以和 patch 进行交互；observer 则作为一个全局的 Agent 观察者并由 patch 和 turtle 组成局部世界，对环境进行控制。NetLogo 建模能很好地模拟微观个体的行为和宏观模式的“涌现”及其两者之间的联系。

2. 基于 Multi-Agent 建模

具体来说，就是通过研究 Multi-Agent 之间的交互作用来反映交互所涌现出来的宏观现象，将处于分布式网络系统中的企业(包括核心企业与非核心企业)用 Agent 方式与思想来对其进行建模，试图通过 Agent 的属性及 Agent 之间行为的交互关系的描述来实现对复杂网络系统整体的研究。基于 Multi-Agent 建模与仿真方法重点是研究系统随着时间而逐步演化的历程，以及各种决策如何影响系统演化结果，从而合理地解释复杂适应系统“涌现”现象(Garcia，2005；Meagher and Rogers，2004)。本模型借鉴了禹献云等(2013)的基于 Agent 技术创新网络知识增长模型。

为验证 Multi-Agent 之间协同行为与协同绩效的关系，需要了解每一个 Agent 的属性。在分布式创新网络中，每一个 Agent 都代表一个节点，并拥有一定的知识禀赋。正因为每个 Agent 所拥有的知识种类、知识结构及专业化程度的差异，就需要每个节点必须投入系统性的知识存量，通过协同效应，缩小知识势差。Watts 和 Strogatz(1998)认为，网络密度 D 代表了网络中知识存量的大小，在固定的网络规模中，网络组织中节点的联结越多，则网络密度就越大，有助于知识的交流，促进创新。其表达式为

$$D = \frac{l}{N(N-1)/2} \tag{5-3}$$

式中，l 为网络中实际存在的各节点联系边数；N 为网络节点规模。

本模型还借鉴了王韬和沈静珠(2004)基于 MAS 的信息交互模型，参照信息化指数和科技竞争力指数模型对知识进行衡量的方法，用向量来表示 Agent 所拥有的研发知识，包含 m 个维度，每个维度代表一个类别的知识，各维度上的取值则代表知识存量的大小，那么第 i 个核心企业的知识存量为

$$\mathrm{ks}_i(t) = \left[\mathrm{ks}_i^1(t), \mathrm{ks}_i^2(t), \cdots, \mathrm{ks}_i^m(t)\right] \tag{5-4}$$

式中，$\mathrm{ks}_i^1(t), \mathrm{ks}_i^2(t), \cdots, \mathrm{ks}_i^m(t)$ 为每一个核心企业 i 在 t 时刻 m 个领域的知识水平，其相互独立，且服从[0, 1]的随机分布。这样，每一个参与协同的核心企业在某一领域可能是专家，而在其他知识领域表现一般。

分布式创新网络中，多核心企业间的跨组织研发过程即在互惠互利的原则下，实现知识在整个网络内的转移过程，并最终实现企业自身及整个网络的总体知识存量与创新能力。为了简化模型与加强仿真的可实现性，假设如下。

H_1：网络成员是固定的，没有新企业的加入，也没有企业的消亡与脱离。

H_2：核心企业间直接的联结关系设为 Link_1；核心企业间的联结关系需要通过一个非核心企业实现的设为 Link_2；核心企业间的联结关系需要通过两个或两个以上的非核心企业实现的设为 Link_3 ($\mathrm{Link}_1 > \mathrm{Link}_2 > \mathrm{Link}_3$)。

H_3：核心企业之间在不同知识领域的知识存量水平是相对透明的，一个企业将尽可能选择与其知识构成互补性的企业进行合作。

H_4：每一个核心企业在一个周期内(即从第 t 个周期开始到第 $t+1$ 个周期结束)只能进行一次知识转移活动，即只能从其他核心企业中的一个获取其中某一项知识。

1) Agent 的行为规则

多核心企业在建立协同研发的过程中，会根据自身知识的需要，确定自身知识水平相对较低的领域，寻求合适的知识源，增加知识存量。知识存量是一个随着实践增长的变量，决定了核心企业之间的知识交互行为模式与下一期的状态。假设有两个核心企业，A_1 和 A_2，在某一个知识领域内，A_1 的知识存量为 $\mathrm{ks}_1^1(t)$，A_2 的知识存量为 $\mathrm{ks}_2^1(t)$。若 $\mathrm{ks}_1^1(t) \leqslant \mathrm{ks}_2^1(t)$，则 A_1 通过与 A_2 的知识协同获得该领域的部分知识，即

$$\frac{\partial \mathrm{ks}_1^1(t+1)}{\partial (t+1)} = b \tag{5-5}$$

式中，b 为知识转移效率；t 为时间长度。

通过 $t+1$ 时间的知识转移后，则 $\mathrm{ks}_1^1(t+1)=\mathrm{ks}_1^1(t)+bt$，$\mathrm{ks}_1^1(t+1)$ 表示经过 $t+1$ 时间知识转移后核心企业 A_1 在该领域的知识存量。

另外，知识源还必须具备以下条件：第一，在技术研发方面，核心企业间有协同的意愿；第二，在协同研发的过程中愿意提供具有互补性的知识；第三，协同研发的企业间知识势差不太大，否则将影响知识接收方对相关知识的吸收。

H_5：当研发企业间在某个技术领域的知识比超过 0.85 时，出于核心竞争力保护等原因，将停止向对方扩散知识。

H_6：研发企业间在该领域知识势差小于某个值 $k_{\min}$ 时，知识接收方满足知识吸收条件。

2) 知识扩散的规则

根据 Robin Cowan 的模型(Cowan and Jonard，2004)，如果用 α_{ij} 表示知识转移方 i 对知识接收方 j 的扩散意愿，β_{ij} 表示知识接收方 j 对知识转移方 i 所扩散的知识的吸收能力，那么知识扩散后，知识转移方 i 对知识接收方 j 的知识水平为

$$\begin{cases}\mathrm{ks}_i^s(t)=\mathrm{ks}_i^s(t-1)\\ \mathrm{ks}_i^s(t)=\mathrm{ks}_i^s(t-1)+\alpha_{ij}\beta_{ij}\left[\mathrm{ks}_i^s(t-1)-\mathrm{ks}_j^s(t-1)\right]\end{cases} \tag{5-6}$$

式中，s 为核心企业 i 的第 s 项知识；α_{ij}和β_{ij} 都与知识转移方 i 对知识接收方 j 之间的联结关系成正比，不失一般性，假设 $\alpha_{ij}\beta_{ij}=k_0\mathrm{Link}_{ij}$，$k_0$ 为大于零的常数，代入式(5-6)得

$$\begin{cases}\mathrm{ks}_i^s(t)=\mathrm{ks}_i^s(t-1)\\ \mathrm{ks}_i^s(t)=\mathrm{ks}_i^s(t-1)+\mathrm{ks}_0\mathrm{Link}_{ij}\left[\mathrm{ks}_i^s(t-1)-\mathrm{ks}_j^s(t-1)\right]\end{cases} \tag{5-7}$$

3) 知识溢出规则

多核心企业在协同研发的过程中通过正式、非正式的交流会有知识的溢出(spillover)。知识溢出具有无意识、非自愿特征。假设核心企业 i 的第 s 项知识高于核心企业 j 的第 s 项知识，那么，这二者间的知识溢出量为

$$\begin{cases}\mathrm{ks}_{j,\mathrm{spillover}}^s(t)=\lambda_1\times\left[\mathrm{ks}_i^s(t)-\mathrm{ks}_j^s(t)\right]\\ \mathrm{ks}_{j,\mathrm{spillover}}^s(t)=0\end{cases} \tag{5-8}$$

式中，λ_1 为溢出系数，且满足 $\lambda_1\ll\alpha\beta$。相较知识增量而言，知识溢出所产生的知识增量远不及知识扩散所产生的知识增量。

4) 知识增长规则

H_7：当某个核心企业的知识存量超过 ks_{min}、知识扩散量 kd_{min} 时，知识增长发生。假定核心企业 i 在第 m 个领域内的知识存量为 ks_i^m，在与核心企业 j 的第 m 项知识扩散后，核心企业 i 的第 m 项知识存量变化为

$$ks_i^m(t) = \lambda_2 \times kd_i^m(t) \times e^{\left[kd_j^m(t) - kd_i^m(t)\right]} \tag{5-9}$$

式中，λ_2 为协同系数；e 为常数。

由此可知，知识溢出和知识扩散不仅能够促进分布式创新网络中具有协同关系的核心企业间知识量的增长，也能促进分布式创新网络整体知识的增长。

3. Multi-Agent 仿真模型参数估计

为了简化模型与加强仿真的可实现性，本书对模型的仿真选择以一个具有 80 个企业的分布式创新网络为例(网络中的核心企业与非核心企业的初始量相近，两者加总后初始默认值为 80)，每个核心企业拥有 5 个不同领域的知识，每个核心企业在全网络中知识扩散的最大次数为 5 次。在分布式创新网络中多核心企业间的协同参数如表 5-2 所示，其中各参数设定说明如下。

表 5-2　模型中的参数设定

参数名称	符号	设定值及说明
分布式创新网络中协同核心企业数目	N_1	N_1
分布式创新网络中非核心企业数目	N_2	$N_2 = 80 - N_1$
核心企业拥有的知识类别数目	m	5
核心企业全网络知识扩散的最大次数	N_{time}	5
知识溢出系数	λ_1	[0,0.03]，并随机取 0.01
核心企业间的直接联结	$Link_1$	[0,1]，并随机取 0.7
核心企业间的联结通过 1 个非核心企业实现的	$Link_2$	[0,1]，并随机取 0.5
核心企业间的联结通过 2 个或 2 个以上的非核心企业实现的	$Link_3$	[0,1]，并随机取 0.2
满足吸收条件的知识势差	k_{min}	[0,1]，并随机取 0.7
核心企业间研发协同的最小知识存量	ks_{min}	[0.5,1]，并随机取 0.7
核心企业间研发协同的最小知识扩散量	kd_{min}	[0,1]，并随机取 0.2
协同系数	λ_2	[0,1]，并随机取 1

(1) 由于知识溢出是被动的知识流动，所产生的知识增量远不及知识扩散所产生的知识增量，对多核心企业间的协同作用很小，其初始默认值可选为 0.01。

(2) 核心企业间的联结关系分为直接联结和间接联结，联结关系越直接，表明联结关系越强。核心企业间的联结关系可随机取值，范围为[0, 1]。

(3) 知识势差指的是知识主体因为拥有一定深度和广度的知识而具有能量的状态。知识位势越高，主体向外传播知识的可能性就越大；知识位势越低，主体向内吸收知识的可能性就越大。然而，协同研发的企业间知识势差也不宜太大，否则将影响知识接收方对相关知识的吸收，因此，满足吸收条件的知识势差的 k_{min} 的初始取值为 0.7。

(4) 知识存量是指网络系统在某一特定时点的知识资源总量，是依附于网络内部各节点中的所有知识总和，反映了网络生产知识的能力和潜力。在分布式创新网络中知识存量的分布是非均匀的，各节点企业通过对网络内其他节点企业的识别，获取知识并通过协同体系累计在原有知识存量上，实现知识存量的互补。就单个核心企业而言，其本身所具有的知识存量无论是在知识存量的深度还是广度的增量累积上都比较大，为了实现与其他核心企业知识存量的互补，可取 ks_{min} 为 0.7。

(5) 知识扩散是一种主动的知识流动，研发协同的目的是通过合作交流实现知识的增长和创新。核心企业间的协同可以被看作一种知识扩散行为，是一种有用信息的流动。知识接受方是在对高知识转移方原有知识的遗传继承基础上进行主观能动性的创新增长，使知识接受方自身的知识存量也得到增长。对于核心企业而言，知识的扩散是有限的，在保证其自愿及自身核心竞争力的基础上，才有可能产生知识扩散，且扩散的程度较小，因此，kd_{min} 取值为 0.2。

(6) 协同度，即协同程度，是评价协同效率的测度。如果系统协同度为正值，则说明该系统处于协同发展状态；反之，则说明系统发展不协同，需要进一步改进。协同系数可反映系统的整体协同程度，若协同系数低，则系统的整体协同程度也不高。协同系数的取值范围为[0,1]。

4. Multi-Agent 仿真模型界面

基于 Multi-Agent 的分布式创新网络中，多核心企业间协同的仿真模型包含的滑动条可通过修改整个参数的设置，观察核心企业间协同的知识增长过程与结果。模型一共包含 setup、layout 及 go 三个按钮。按钮 setup 的作用是清理整个世界，赋予所需网络规模的节点数；按钮 layout 则是构建规划图；按钮 go 则是运行知识增长过程。该模型的程序见附录一。

5. 仿真结果分析

为了便于仿真的顺利进行，模型中相关参数的设定如表 5-2 所示。模拟中所选择的核心企业间的协同可分别取 N_1=2, 3, 5, 12, 15, 20, 25, 30 八种情况，对每种情况下核心企业间协同各做 10 次仿真实验，共进行 80 次仿真实验。

本次仿真实验中对核心企业间知识增量的测度分为两个层次，即 3 家核心企业间的协同及 12 家以上核心企业间的协同，通过研究不同数量的核心企业间的协同对模拟结果进行分析。通过观察分布式创新网络中核心企业间在协同情境下及协同行为影响下的知识增长情况，进而对整个分布式创新网络的知识增长情况予以观察。通过仿真实验发现以下几点。

1) 协同情境对核心企业间知识增长水平的影响

本书通过选取 3 家核心企业及 12 家以上核心企业进行多次协同仿真实验，如图 5-10～图 5-17 所示，在同 1 个周期中，协同情境对促进多核心企业间的知识增长水平有积极的正向影响，却仍然存在差异：若选取 3～12 家的核心企业，协同情境对协同所产生的知识增量水平不显著，而对于 12 家以上的核心企业间协同，协同情境的促进作用表现得更为显著。这一定程度是在分布式创新网络中，具备“一技之长”的核心企业间在打破企业边界进行协同研发活动时，自身具备不可替

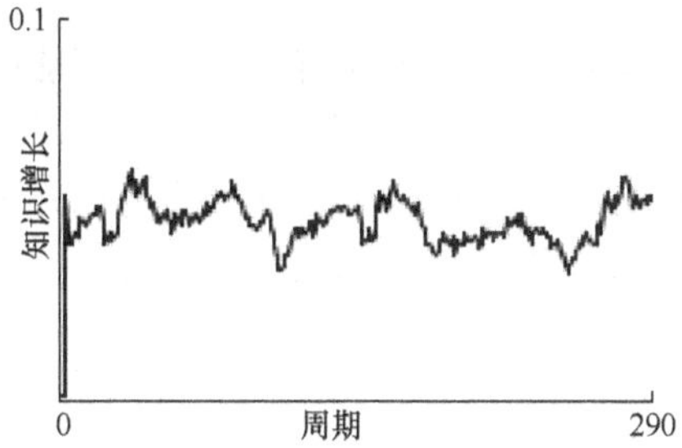

图 5-10　战略情境下知识增长水平(n=3)

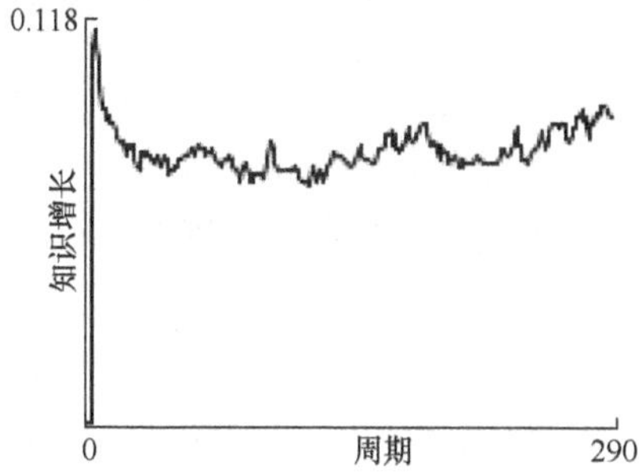

图 5-11　战略情境下知识增长水平(n>12)

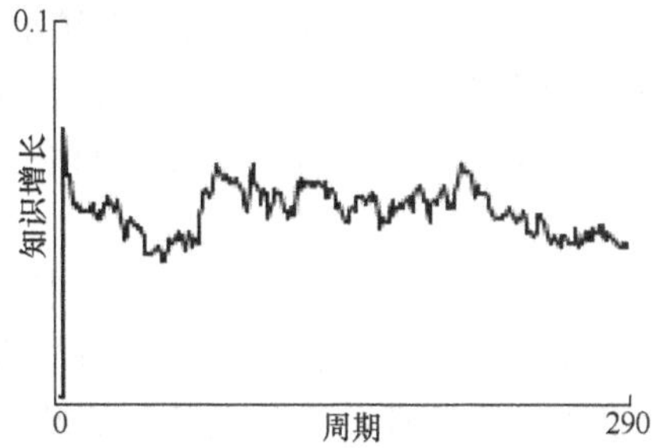

图 5-12　文化情境下知识增长水平(n=3)

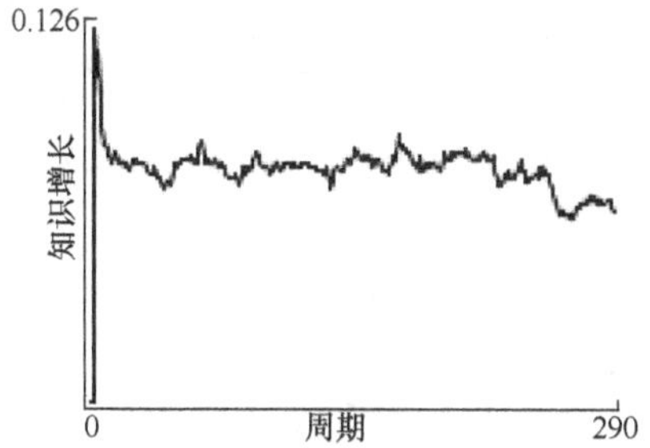

图 5-13　文化情境下知识增长水平(n>12)

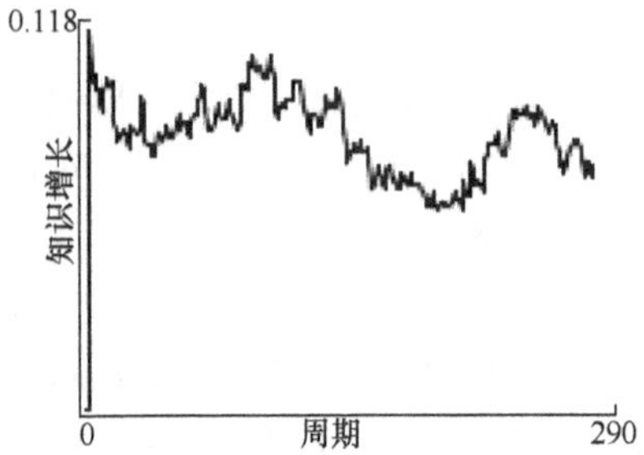

图 5-14　制度情境下知识增长水平(n=3)

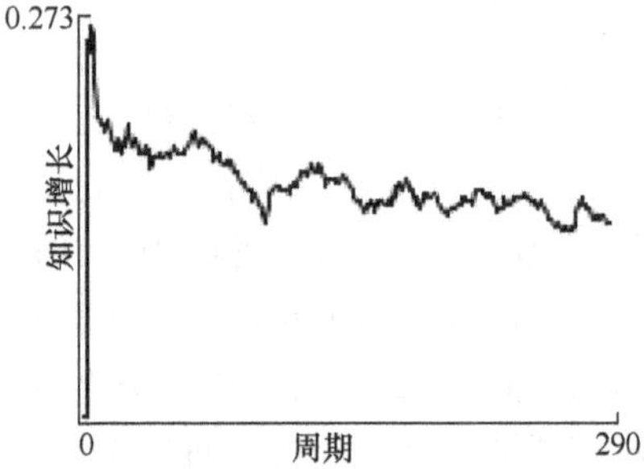

图 5-15　制度情境下知识增长水平(n>12)

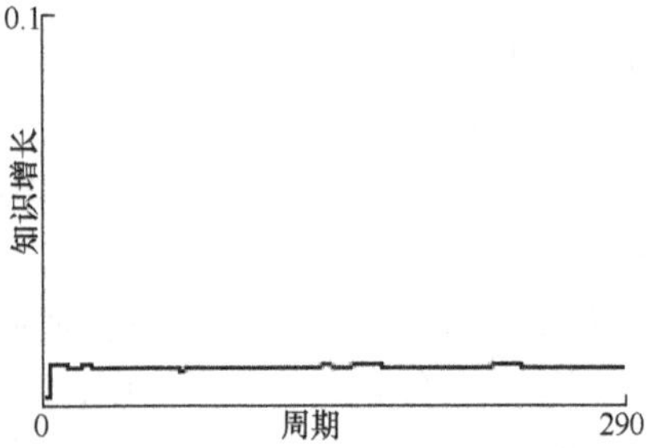

图 5-16　网络情境下知识增长水平(n=3)

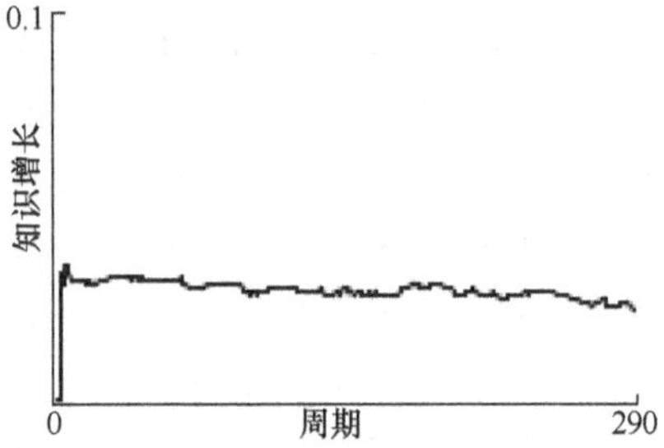

图 5-17　网络情境下知识增长水平(n>12)

代的“专长”，通过相互“借力”，使协同企业间在协同情境的作用下，不仅能起到促进核心企业自身知识的增长，对于整个网络的知识增长也能起到积极的作用。若相互协同的核心企业数较少，则借力点较少，对促进单个核心企业自身的知识增长不显著；若协同的核心企业数较多，则借力点较多，使核心企业间更容易吸收众家所长，有利于知识增长水平提升。

2) 知识共享与核心企业间知识增长的相互关系

通过多次选择不同的知识势差进行仿真发现，当网络中的核心企业间知识势差降到最低时，知识共享对知识增长的促进作用趋于消失，具有高知识势差的核心企业将停止知识扩散，整个网络的知识存量增长停滞。模拟的结果显示，一旦核心企业间不存在知识势差，知识共享活动也将停止。当然，核心企业间的知识势差并非越大越好，而是要保持在一定的范围内，才有利于促进网络整体知识水平的增长。

为了更清晰地观察网络中核心企业间知识共享对知识势差的影响，本书随机选取[0.7,1]区间值分别对 3 家核心企业间协同及 12 家以上核心企业间协同进行模拟，图 5-18 和图 5-19 为知识共享对网络内核心企业间知识增长的影响。一方面，知识共享均可使分布式创新网络内知识势差迅速减小，这一定程度是由于模型未考虑有新的核心企业的进入；另一方面，知识增长的水平在一定程度上还受限于协同的核心企业间知识共享的广度、宽度和深度。若协同的核心企业数量小于 12 家，其联结起来的网络密度较弱，协同所产生的知识增量的水平较小；反之，当协同的核心企业数目超过 12 家，其网络密度越大，对知识增长水平的促进作用越显著。

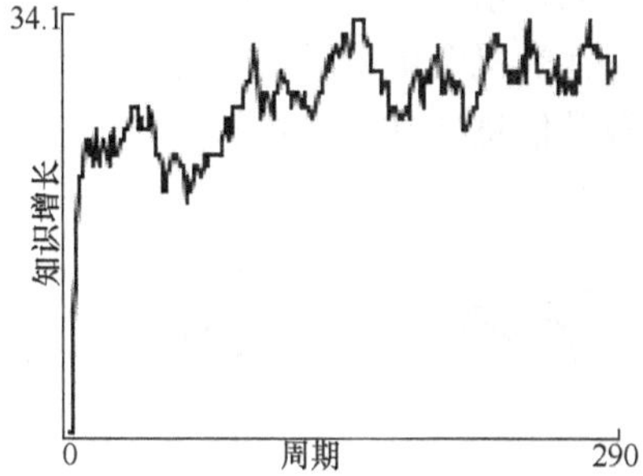

图 5-18　知识共享对知识增长的影响(n=3)

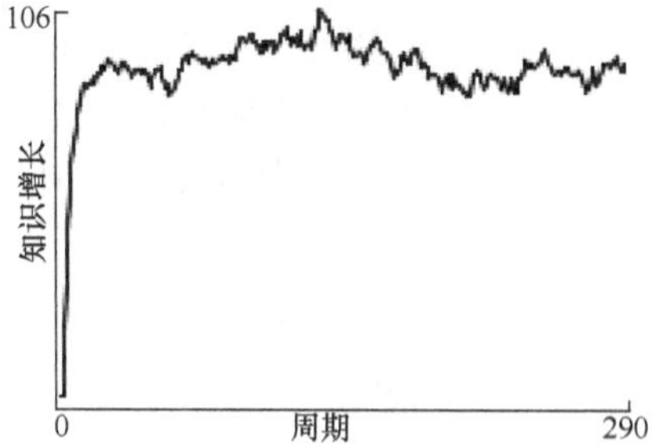

图 5-19　知识共享对知识增长的影响(n>12)

3) 信息共享与核心企业间知识增长的相互关系

通过多次仿真发现，信息共享能够促进知识在核心企业间的扩散及溢出，核心企业间的技术互补性及相互依赖性也随之增大，有利于提高网络中核心企业各自的知识水平，促进核心企业间知识的增长及协同效率的提升。模拟的结果显示，网络中核心企业间若不存在信息共享，停止知识扩散或知识溢出，整个网络中核心企业间的协同将会被打破。图 5-20 和图 5-21 为信息共享对网络内核心企业间知识增长的影响。信息共享程度越高，企业间协同效率越高，知识增长水平越明显。

为了更清晰地观察网络中核心企业间信息共享对知识增长的影响，本书随机选取[0,1]区间值进行模拟，模拟结果如图 5-20 和图 5-21 所示。结果表明，信息共享对提高各核心企业的知识水平及促进网络整体知识水平的增长有正向影响。

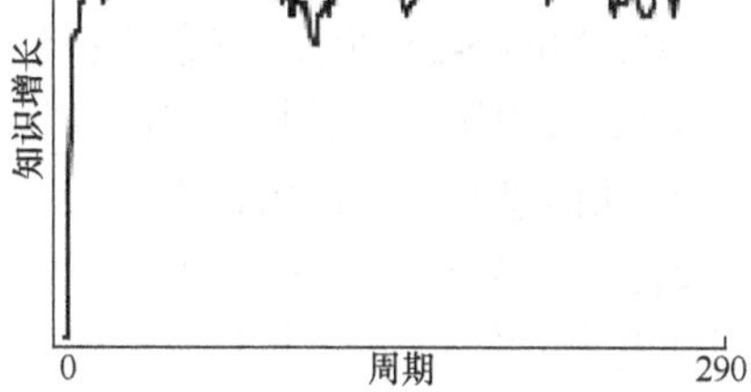

图 5-20　信息共享对知识增长的影响(n=3)

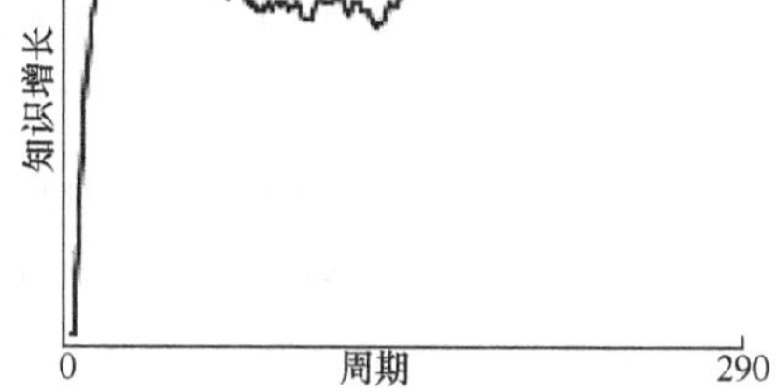

图 5-21　信息共享对知识增长的影响(n>12)

4)专用性资产投资与核心企业间知识增长的相互关系

通过多次仿真发现，专用性资产投资能够促进协同双方共同投入技术和研发人员技术间知识及信息共享，同时，也能稳定协同双方的合作关系，有利于知识水平的正向增长及促进协同效率的提升。图 5-22 和图 5-23 为专用性资产投资对网络内核心企业间知识增长的影响。模拟的结果显示，频繁的知识交换、知识互补必然伴随着专用性资产投资，在不考虑其存在的机会主义威胁的情况下，专用性资产投资对促进企业间知识溢出、知识扩散及信息共享等都有积极作用，有利于促进核心企业间知识的增长及协同效率的提升。

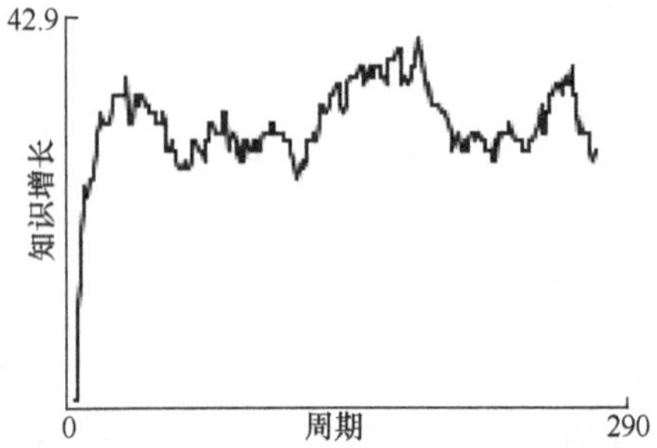

图 5-22　专用性资产投资对知识增长的影响 (n=3)

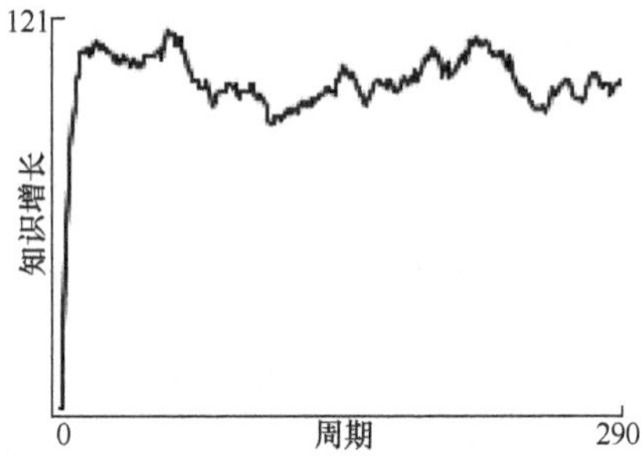

图 5-23　专用性资产投资对知识增长的影响 (n>12)

为了更清晰地观察网络中核心企业间信息共享对知识增长的影响，本书随机选取[0,1]区间值进行模拟，模拟结果如图 5-22 和图 5-23 所示。结果表明，专用性资产投资对提高各核心企业的知识水平及促进网络整体知识水平的增长有正向影响。

5) 协同行为(即知识共享、信息共享、专用性资产投资)与分布式创新网络整体协同水平的相互关系

如图 5-24 和图 5-25 所示，一方面，多核心企业协同研发的过程中，经过一段时间的知识共享、信息共享及专用性资产投资，可以获得新的知识增长。但知识水平的增长与参与协同的核心企业数息息相关，如图 5-24 所示，三家核心企业间的协同行为中，专用性资产投资对知识增长的效果明显，知识共享与信息共享在知识和信息交互的前中期的走势趋于平缓，后期信息共享的作用趋于增长。就整体而言，协同行为对知识增长水平的贡献较低。如图 5-25 所示，在分布式创新网络中知识、信息资源的交互作用及专用性资产对知识增长水平的影响趋于平稳。

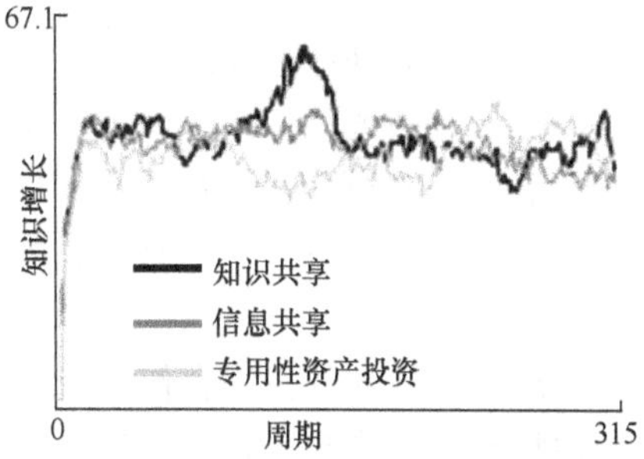

图 5-24　协同行为对知识增长的影响(n=3)

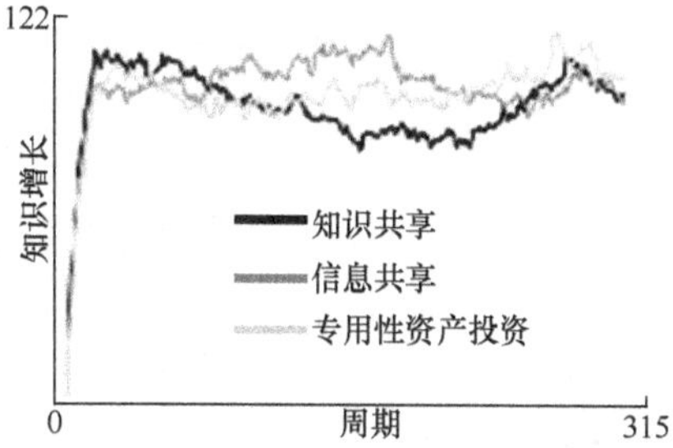

图 5-25　协同行为对知识增长的影响(n>12)

另一方面，在分布式创新网络中，核心企业间存在一定的知识势差，知识存量的增长缓慢，即知识势差的存在不能迅速起到弥补知识差距的作用，因此，知识势差在较长的一段时间内都存在。

5.4　协同情境与协同行为的案例研究

在中国汽车市场面临轻量化、电动化、智能化、网联化、共享化等趋势的变革下，2017 年世界 500 强中的汽车企业——东风汽车集团有限公司(排名第 68 位)、雷诺(排名第 157 位)、日产(排名第 44 位)的“金三角”再次联盟，通过创新的商业模式为中国市场联合开发电动车产品。2017 年 8 月 29 日，雷诺-日产联盟与东风汽车集团有限公司签订协议，将与东风汽车集团有限公司设立新的合资公司——易捷特新能源汽车有限公司(e GT)，共同在华研发生产电动汽车。易捷特新能源汽车有限公司将充分利用雷诺-日产联盟在电动汽车技术和低成本汽车设计方面的经验及东风汽车集团有限公司强大的生产成本优势，计划设计一款智能网联功能的全新电动汽车，旨在挖掘中国在这一领域快速增长的市场潜力。

5.4.1　多核心汽车企业间协同的可行性分析

汽车行业是技术密集型工业，拥有大量的显性知识和隐性知识，特别是核心技术的研发知识既是企业核心的知识资产，也是企业取得竞争优势的核心资源。这也决定了汽车的研发体系的系统性和复杂性，仅靠单体汽车企业的研发部门无法完成汽车整车的研发。东风汽车集团有限公司与雷诺-日产联盟的合作，是横向知识协同。协同的本质就是知识共享的过程，即在汽车研发的过程中，三家核心汽车企业间所进行的知识交换和知识分享的过程。然而，在实践中知识共享仍是一个难点，并在很大程度上成为制约汽车企业知识管理的瓶颈。

一是企业间在协同的过程中并非都愿意将其有价值的、核心的知识无条件地贡献出来，一般会将收益大于成本作为其参与知识共享的理性选择。而一旦涉及核心知识共享，研发企业都会十分谨慎，会从自身利益最大化的角度做出决策。有时，为了研发活动的需要，部分知识被要求在研发成员之间强制性共享。因此，对于多核心企业而言，知识共享总体上为非合作博弈，同时也决定了研发成员间的信息是不完全的。

二是由于汽车研发活动的长期性，存在核心汽车企业间的技术合作创新具有多次重复博弈的特征，且博弈的过程中具有两种状态：合作与不合作，这也使得协同研发中知识共享活动受到限制，遇到“囚徒困境”。如何突破知识共享的壁垒，使知识在网络内核心企业之间有效传播，以及使知识充分共享成为管理者面临的一大难题。

本书在高闯、胡恩华、禹献云等学者的研究成果上，为了方便研究，将多个核心企业间的协同创新博弈简化为两个核心企业之间(即 A 代表东风汽车集团有限公司；B 代表雷诺–日产联盟)的博弈，如表 5-3 所示，并对模型做了如下假设。

H1：A、B 进行合作时的成本投入比例分别为 a、b，且 $a+b=1$。合作后各方的协同收益按成本投入比例进行分配，其收益大小 I 与协同效应系数 $k(k>1)$ 正相关。

H2：如果 A 选择合作，B 选择不合作，A 会投入成本，而 B 能从 A 的投入中获得一部分收益，但这部分收益 $m \ll k$ 。

H3：假定 A、B 间的合作受到一种正向反馈的激励(或称贴现因子)，用 $\delta(\delta>0)$ 来表示，以往的合作经验，让双方对彼此的技术类型有所了解，且双方的信任关系得到加强，协同性更强。即 δ 在正向反馈的激励作用下，其值越大，协同效果越好，收益也越大，进而提升双方协同的概率。

表 5-3　A、B 双方支付矩阵

A	B	
	合作(p)	不合作($1-p$)
合作(q)	$kaI(1+\delta)^{n-1}-aI$ $kbI(1+\delta)^{n-1}-bI$	$-aI$ maI
不合作($1-q$)	mbI $-bI$	0 0

由此，随着 A、B 合作次数的增加，双方信任度加强，这也促成了 A、B 之间的协同效率提高，协同效益也随之增长。

5.4.2　研究假设

1. 情境因素与研发协同水平

Lin 等(2009)及 Milanov 和 Shepherd(2013)探讨了以环境的不确定性、竞争性及网络的结构洞、中心性等为特征的外部情境因素对战略联盟形成与绩效间关系的影响。但关于情境因素对核心企业间研发协同水平的影响分析并不多。核心企业间异质性的客观存在，使得企业间在进行研发协同活动时会根据特定的情境因素自发地采取合适的协同研发行为，以促进研发协同水平的提升。因此，对情境因素的分析成为促进协同研发行为形成的关键。基于上述分析，本书提出以下假设。

H_1：战略情境与核心企业间研发协同水平正相关。

H_2：文化情境与核心企业间研发协同水平正相关。

H_3：制度情境与核心企业间研发协同水平正相关。

H_4：网络情境与核心企业间研发协同水平正相关。

2. 协同行为与知识增长水平

不同类型的核心企业涉及的领域各异，知识存量、知识结构、知识类型不尽相同，使得在分布式创新网络中流动的知识内容更加丰富，知识异构化程度显著提升。核心企业间研发行为的协同，有利于知识的动态流动，有利于加快知识的转移速率，促进知识的吸收、利用和转化，实现单体企业知识的增长和整个网络知识集合的增长。基于上述分析，本书提出以下假设。

H_5：知识共享与知识增长水平正相关。

H_6：信息共享与知识增长水平正相关。

H_7：专用性资产投资与知识增长水平正相关。

3. 研发协同水平与知识增长水平

核心企业间的协同行为、共享准则可增加伙伴间合作与知识共享，提升知识扩散的速度和效率(Coleman，1990；Portes，1998)。频繁、深度的研发互动加速了知识在研发企业间的流动，进而提升了信息的传递能力与企业知识吸收的效果(Schilling and Phelps，2007)，有助于研发人员对研发知识进行深入理解和开发，有助于提高网络中核心企业间研发协同水平及知识共享水平，可实现单体核心企业及整个网络中知识增长水平的提高。基于上述分析，本书提出以下假设。

H_8：研发协同水平与知识增长水平正相关。

4. 研发协同水平与网络绩效水平

研发是核心企业的创新之源，是保持其核心竞争力之根本。在分布式创新网络背景下，每个核心企业均扮演了重要角色，是体现网络研发能力的组成部分。研发协同可以解决一系列由于采用新技术、新材料和新方法等遇到的关键技术问题，促进创新思想的产生，提高研发绩效。因此，研发协同水平的高低对协调解决研发过程中的技术问题和难题，形成难以被竞争对手模仿的独特能力，增强研发绩效至关重要。基于上述分析，本书提出以下假设。

H_9：研发协同水平与网络绩效水平正相关。

5. 知识增长水平与网络绩效水平

周文等(2015)研究了知识创新与扩散的交互耦合过程中，集群创新网络整体及企业各地的知识水平不断发生变化，对这种变化绩效的合理测度包括知识水平提升的效率。核心企业间的知识扩散、知识溢出及知识共享有助于促进知识增长水平的提升，进而在知识水平动态增长的过程中，促进整个网络中知识存量的跃升。基于上述分析，本书提出以下假设。

H_{10}：知识增长水平与网络绩效水平正相关。

5.4.3 研究设计与数据收集

1. 数据获取

本章的样本为雷诺-日产联盟与东风汽车集团有限公司武汉地区的研发人员，包括普通研发人员及项目管理者。为了提高问卷调查的可靠性、针对性及有效性，问卷的发放主要有两种形式：电子问卷及现场调研的方式。问卷调查及数据收集工作历时 3 个月(2015 年 10 月至 2016 年 1 月)，总共发放问卷 483 份，在规定的时间回收问卷 403 份，其中有效问卷 302 份，有效问卷回收率为 74.94%。其中性别方面，男性占 72.8%，女性占 27.2%；年龄方面，30 岁以下占 18.9%，31～40 岁占 61.4%，40 岁以上占 19.7%；文化程度方面，本科占 48.5%，硕士占 43.2%，博士占 8.2%；职称方面，助理工程师占 21.1%，工程师占 66.3%，高级工程师占 12.6%。

2. 问卷设计

本章所需数据从统计年鉴和公司年报等公开资料中无法获取，需采用问卷调查的方式获取数据，因此，问卷设计是本章的关键步骤，直接关系研究结论的有效性和可靠性。问卷调查的主要目的是了解“协同情境”“协同行为”与企业间协同研发之间的关系，为提高企业间协同研发绩效提供支持，同时也为企业间协同研发提供政策建议。

企业间协同研发包括职能部门间的协同、研发团队间的合作与共享(Ng and van Dyne，2005)。本章测量指标的设定，一是通过对与本章相关变量的国内外文献搜集与分析，在此基础上提出了研究变量的初始操作性定义和测量条款；二是充分借鉴以往研究的测量条款，结合东风汽车集团有限公司研发现状与特点，通过与企业高管访谈与征求专家意见等方式，对量表进行适当的调整与补充。

形成的初始问卷由四部分构成：第一部分是调查对象及其所在企业集团的基本情况；第二部分是雷诺-日产联盟与东风汽车集团有限公司间协同情境的现状；第三部分是雷诺-日产联盟与东风汽车集团有限公司间知识共享水平、信息共享水平及专用性资产投资水平现状的测量条款；第四部分是雷诺-日产联盟与东风汽车集团有限公司间“协同情境”与“协同行为”对整个网络研发绩效的影响条款。

在调研过程中，要求调研对象根据个人认知的企业实际情况对每个题项打分。为准确地验证理论模型的合理性，对于研究的变量测量，均在国内外已有研究的基础上确定测量问卷，变量的测量方式均采用从“完全不符合”到“完全符合”的五分 Likert 量表。问卷设计中的各变量题项主要来源有三个：一是直接使用文献中已经被证实的相对成熟的测量题项；二是在文献中出现过的量表，结合本章的实际情况进行调整；三是以相关理论为基础，结合实地访谈得到。

3. 指标测量

协同情境、协同行为及研发绩效指标的测量是通过文献的梳理，结合理论分析和实地访谈，以及针对研究对象的研发特点及属性所构建的。

(1) 对战略情境测量参考 Narver 和 Slater(1990)的 Mktor 量表，以及郑晓丹(2009)、王晓静(2012)的问卷，从研发战略共识、企业间研发战略匹配度、协同远景 3 个方面构建了战略情境的 6 个测量题项；文化情境的测量参考李成彦(2005)根据 Denison 和 Yong(2000)的组织文化模型设计的测量问卷及 Hu 等(2009)、郑晓丹(2009)及王晓静(2012)的问卷，从知识共享氛围、文化匹配度、协同理念 3 个方面构建了文化情境的 4 个测量题项；制度情境的测量以 Peng(2002)提出的企业战略的制度基础观(institutional-based view of business strategy)，包括奖励制度、保密制度两个方面构建了制度情境的 4 个测量题项；对网络情境的测量参照 Freeman(1991)、Martin 和 Sunley(2003)及 Inkpen 和 Tsang(2005)的研究，从搭建研发网络平台的角度构建了网络情境的 7 个测量题项。

(2) 知识共享水平的测量参照 Hansen(1999)、Bartol 和 Srivastava(2002)、Dooley 和 O'Sullivan(2007)的研究，从共享意愿、研发数据、课题研究、领导作用 4 个方面构建了 6 个测量题项；信息共享水平的测量参照李随成和杨功庆(2008)信息共享对企业间研发合作的影响研究，从联合技术开发、技术及经验交流、研发人员间信息沟通等方面构建了 11 个测量题项；专用性资产投资是根据实地访谈，并针对研究对象的研发特点及属性所构建的，从提供专门的研发场所、研发设备器材、专利技术等方面构建了 6 个测量题项。

(3) 知识增长水平的测量以禹献云等(2013)的研究为参考，从专利申请数的增加、知识存量的增加等方面构建了 8 个测量题项。

(4) 研发绩效的测量以 Griffin 和 Page(1993)、王晓静(2012)的研究为主要参考，结合访谈及企业实践，从研发项目的成功率、创新能力的提高、研发周期缩短等方面构建了 8 个测量题项。

数据获取共分为两个阶段：第一阶段，为了保证研究结果的科学性，首先采用 56 份小样本进行问卷预调查(调查时间为 2015 年 10 月 12 日至 11 月 28 日，历时一个半月)，为确保样本数据的有效性，此次预调查主要对来自雷诺-日产联盟与东风汽车集团有限公司的研发技术人员、项目管理者及对企业集团的研发现状充分了解的人员进行随机抽样，现场发放问卷作答，并对量表进行信度和效度分析，使用修正后项总相关系数(corrected item-total correlation，CITC)净化题项、删除明显影响问卷质量的题项，从而形成正式问卷。第二阶段为正式调查阶段(2015 年 12 月 10 日至 2016 年 1 月 25 日，历时一个半月)，对于问卷的回收，按两个原则进行筛选：一是问卷主体部分有缺答题项的予以剔除；二是作答题项有明显规律性的予以剔除。

5.4.4 数据分析与实证结果

1. 信度和效度检验

采用 Cronbach's α 系数方法作为衡量条款内部一致性的信度指标，当变量的 Cronbach's α 系数大于 0.7 时，说明测量条款的内部一致性较高，符合信度要求。另外，采用探索性因子分析法对净化后的量表进行内部结构的维度检验——根据 KMO(Kaiser-Meyer-Dlkin)和 Bartlett(巴特利特)球形检验判断样本是否适合进行因子分析，若 KMO 在 0.9 以上，Bartlett 球形检验的显著性概率小于或等于显著性水平时适合进行因子分析。最后，采用方差最大法进行因子旋转，当测量条款的因子负荷都大于 0.5 时，该量表测量条款呈现较好的内部结构效度。

(1) 影响雷诺-日产联盟与东风汽车集团有限公司间协同情境的信度效度检验。对雷诺-日产联盟与东风汽车集团有限公司间协同情境的 21 项初始测量条款进行净化处理后，保留了 21 项条款。利用 SPSS 17.0 对影响核心企业间协同情境的因素进行探索性因子分析，具体结果见表 5-4。

表 5-4　影响雷诺-日产联盟与东风汽车集团有限公司间协同情境的问卷信度效度

维度	Cronbach's α 系数	题项	因子	维度	Cronbach's α 系数	题项	因子
战略情境	0.834	Q1-1	0.805	网络情境	0.895	Q1-11	0.880
		Q1-2	0.797			Q1-12	0.866
		Q1-3	0.810			Q1-13	0.887
		Q1-4	0.799			Q1-14	0.893
		Q1-5	0.819			Q1-15	0.881
		Q1-6	0.814			Q1-16	0.885
文化情境	0.762	Q1-7	0.586			Q1-17	0.871
		Q1-8	0.686	制度情境	0.825	Q1-18	0.813
		Q1-9	0.687			Q1-19	0.764
		Q1-10	0.799			Q1-20	0.782
						Q1-21	0.752
KMO	0.902						
Bartlett 球形检验	p=0.000						

(2) 影响雷诺-日产联盟与东风汽车集团有限公司间协同行为水平因素的问卷信度效度检验(表 5-5)。

表 5-5　影响雷诺-日产联盟与东风汽车集团有限公司间协同行为水平的问卷信度效度

维度	Cronbach's α 系数	题项	因子	维度	Cronbach's α 系数	题项	因子
知识共享	0.836	Q2-1	0.865	信息共享	0.896	Q2-13	0.882
		Q2-2	0.789			Q2-14	0.880
		Q2-3	0.799			Q2-15	0.892
		Q2-4	0.788			Q2-16	0.891
		Q2-5	0.794			Q2-17	0.888
		Q2-6	0.796				

续表

维度	Cronbach's α 系数	题项	因子	维度	Cronbach's α 系数	题项	因子
信息共享	0.896	Q2-7	0.885	专用性资产投资	0.838	Q2-18	0.801
		Q2-8	0.883			Q2-19	0.812
		Q2-9	0.887			Q2-20	0.797
		Q2-10	0.888			Q2-21	0.803
		Q2-11	0.882			Q2-22	0.769
		Q2-12	0.878			Q2-23	0.844
KMO	0.943						
Bartlett 球形检验	p=0.000						

(3) 雷诺–日产联盟与东风汽车集团有限公司间协同对知识增长水平的影响(表 5-6)。

表 5-6 雷诺–日产联盟与东风汽车集团有限公司间协同对知识增长水平的问卷信度效度

变量	Cronbach's α 系数	题项	因子	Cronbach's α 系数	题项	因子
知识增长水平	0.831	Q3-1	0.798	0.831	Q3-5	0.809
		Q3-2	0.801		Q3-6	0.807
		Q3-3	0.808		Q3-7	0.842
		Q3-4	0.796		Q3-8	0.844
KMO	0.838					
Bartlett 球形检验	p=0.000					

(4) 雷诺–日产联盟与东风汽车集团有限公司间知识增长水平对网络绩效水平的影响(表 5-7)。

表 5-7 雷诺–日产联盟与东风汽车集团有限公司间知识增长水平对网络绩效水平的问卷信度效度

变量	Cronbach's α 系数	题项	因子	Cronbach's α 系数	题项	因子
网络整体研发绩效	0.908	Q3-1	0.893	0.908	Q3-5	0.895
		Q3-2	0.892		Q3-6	0.901
		Q3-3	0.893		Q3-7	0.893
		Q3-4	0.903		Q3-8	0.889
KMO	0.929					
Bartlett 球形检验	p=0.000					

如表 5-4～表 5-7 所示，其 KMO 值均在 0.8 以上，Bartlett 球形检验的显著性水平均为 0.000，表明样本数据具有较好的结构效度。且各因子最大载荷值均大于 0.5，表明量表整体具有良好的收敛效度和区别效度。通过信度检验，各结构维度的整体 Cronbach's α 信度系数均大于 0.7，表明量表的内部一致性程度和信度较高。

2. 研究模型检验

在完成对问卷信度和效度检验后，采用χ^2/df、RMSEA、GFI、AGFI、CFI、NFI、TLI、IFI 等指标来衡量研究模型的拟合效果，相关系数见表 5-8。

表 5-8　模型拟合指数

指数名称	拟合指数	拟合值	拟合成功建议值
绝对拟合指数	χ^2/df	1.392	<2
	GFI	0.845	接近 0.90
	AGFI	0.833	接近 0.90
	RMSEA	0.031	<0.05
相对拟合指数	CFI	0.956	>0.90
	NFI	0.860	接近 0.90
	TLI	0.954	>0.90
	IFI	0.956	>0.90

注：RMSEA(root mean square error of approximation)为近似误差均方根；GFI(goodness-of-fit index)为拟合优度指数；AGFI(adjusted goodness-of-fit index)为调整的拟合优度指数；CFI(comparative fit index)为比较适配指数；NFI (normed fit index)为规范拟合指数；IFI(incremental fit index)为递增拟合指数；TLI(Tucker-Lewis index)为 Tucker-Lewis 指数

对整个模型而言，GFI、AGFI、NFI 分别为 0.845、0.833、0.860，都接近 0.90，总体来看，大部分拟合指标均达到适合标准，说明本书建立的结构方程模型拟合效果较好。

3. 研究假设的检验

根据结构方程模型分析软件 AMOS 4.0 对假设进行分析，得到如下结果。

图 5-26 是结构方程模型测量结果图；表 5-9 为潜变量之间的标准化路径系数及其相应的 p 值。其中，p 值用于检验变量之间关系的显著性，一般认为 $p<0.05$ 相关性是显著的，$p<0.01$ 相关性是非常显著的。

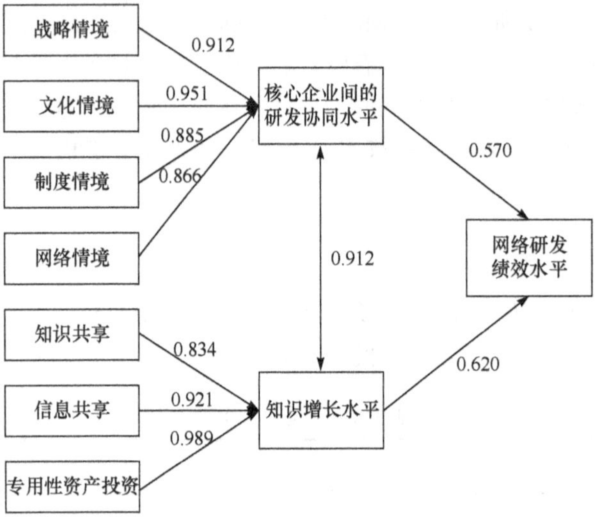

图 5-26　结构方程模型测量结果

表 5-9　研究假设检验结果

路径方向	路径系数	p 值	结果
战略情境→核心企业间的研发协同水平	0.912	***	通过
文化情境→核心企业间的研发协同水平	0.951	***	通过
制度情境→核心企业间的研发协同水平	0.885	***	通过
网络情境→核心企业间的研发协同水平	0.866	***	通过
知识共享→知识增长水平	0.834	***	通过
信息共享→知识增长水平	0.921	***	通过
专用性资产投资→知识增长水平	0.989	***	通过
知识增长水平→核心企业间的研发协同水平	0.912	***	通过
核心企业间的研发协同水平→知识增长水平	0.912	***	通过
知识增长水平→网络研发绩效水平	0.620	***	通过
核心企业间协同→网络研发绩效水平	0.570	***	通过

***表示 $p<0.01$

5.4.5　研究结论

本章以雷诺-日产联盟与东风汽车集团有限公司间协同研发为研究对象，通过对文献的整合及实地访谈开放性提问，一方面，从战略情境、文化情境、制度情境及网络情境四个维度对核心企业间研发协同水平进行了分析；另一方面，从知识共享、信息共享及专用性资产投资三个影响因素对核心企业间知识增长水平进行了分析，同时，运用博弈分析、因子分析及结构方程模型，检验了协同情境及协同行为对分布式创新网络中知识增长水平及对整个网络的研发水平的正向作用，并得出以下主要研究结论。

(1) 在汽车研发的过程中，核心企业间战略情境、文化情境、制度情境及网络情境对研发协同水平有显著的正面影响。

(2) 核心企业间协同行为对知识增长有显著的正向影响。这表明核心企业间的协同研发有利于提升核心企业自身的知识增长及网络整体的知识增长。而知识的增长也有利于促进核心企业间的协同研发活动的开展，并有利于核心企业间的知识共享、信息共享和专用性资产投资。有利于核心企业在研发过程中获取和利用研发过程中的各种知识、信息等资源，使自身的知识不断系统化，激发创新灵感和创新思路，进而提升研发效率。

(3) 核心企业间的研发协同水平和知识增长水平对分布式创新网络整体的研发绩效具有显著正向影响。研发协同水平和知识增长水平能提升核心企业间的知识共享和技术协同，扩大研发规模，降低研发成本，提高产品的创新性，提升研发效率，获得远超于单个主体的研发绩效。

5.5　本 章 小 结

本章首先对分布式创新网络中多核心企业间的协同情境和协同行为进行了描述。在分布式创新网络中，协同情境呈现出动态性，多核心企业间的“协同行为”涉及大量的数据交换及跨企业边界的过程管理，表明多核心企业间的协同是一个复杂适应系统。其次，基于这种复杂适应系统，本章阐述了基于 Multi-Agent 的建模与仿真方法的优势——Multi-Agent 技术的特点不仅适合于跨越企业边界的、处于混合环境的供应链管理，而且可用来解决复杂分布的现实问题。同时，在采用 Multi-Agent 建模方法时，根据 Agent 的属性构建了一个包含 Agent 的行为规则、知识扩散规则、溢出规则及知识增长的规则，并选择 NetLogo 作为仿真平台，编写模拟程序，模拟了在分布式创新网络中协同情境、协同行为对多核心企业间协同知识增长水平的影响。通过多次模拟实验并对收集的数据结果进行分析，仿真结果显示协同情境对促进多核心企业间协同的知识增长水平表现明显，协同行为对促进多核心企业间协同的知识增长水平表现显著。最后，为了验证协同情境与协同行为对多核心企业间协同的影响，本章以雷诺–日产联盟与东风汽车集团设立新的合资公司——易捷特新能源汽车有限公司为例，运用实证研究的理论与方法，从协同学的角度出发，通过调研、搜集数据，设计测量量表，运用因子分析方法和结构方程模型验证了协同情境及协同行为对促进多核心企业间协同知识增长水平、提升多核心企业间协同水平、提升研发绩效都有显著正向影响。

第 6 章　分布式创新网络中核心企业间知识协同效应评价

6.1　多核心企业间知识协同效应评价维度与评价项目分析

6.1.1　多核心企业间知识协同效应来源

知识协同是分布式创新网络中多核心企业间协同的主要内容。组织间的异质性主要源于知识的异质性，知识的异质性既是促进组织间协同创新的基本动力，又是组织间协同效应的主要构成。在分布式创新网络中，核心企业间掌握着异质性的知识，核心企业间异质性知识的共享、整合、互动有利于创造出新的知识。核心企业间知识协同效应表现为核心企业间协同所引发的知识积累、知识互补及网络收益的增加。

分布式创新网络中知识协同本质是各参与企业特有的知识系统在同一协同目标的指引下协调运行、互相作用、配合运作并最终形成一个新的知识系统的过程。在此过程中，知识的交流与整合带来的不仅是成员企业自身创新经验及能力的提升，而且包括此次项目合作网络因深度整合价值链后所体现出来的价值层面的增值，由前述概念可知价值增值表现在网络整体收益大于各成员独立创新收益之和，即知识协同效应。分布式创新网络中多核心企业间知识协同效应来源可从以下几个层面论述。

1. 知识协同的范围经济效应

在企业生产活动中，范围经济的产生往往来源于将两种或者多种产品安排在同一生产线上生产，以实现资源共享来降低成本。不同组织或产品部门因业务需要在组织间协调管理的基础上统筹制订生产方案，追求资源利用最大化，以更快更省的标准使用知识资源，建立更为特有的企业资源优势与竞争优势。知识协同效应的来源，具体表现为企业关联产品生产中融入协同创新知识，可以此节约新产品研发生产单位成本，形成范围经济剩余。

2. 知识协同的价值增值效应

知识协同的过程离不开知识流动，分布式创新网络中价值增值源于知识的不断交换。知识协同的根本目的在于知识增值，价值增值作为一个动态、循环反复、呈直线提升势态的螺旋式过程，具体过程可以描述为固有知识存量与协同知识增量相互碰撞结合，在增加知识数量的同时解决了企业协同中出现的实际问题而带来的知识的质的变化，正是各种实际问题激发了新知识来源动力。

3. 知识协同的学习经济效应

学习经济效应产生的根本在于协同创新网络的实质是正式与非正式并存的学习型组织，使得经验的获得是一个隐形且无法量化但必然存在的环节。正因为经验的存在，促使参与企业做到扬长避短，合理开展经营活动，以降低生产产品单位成本。分布式创新网络中多核心企业间因合作的需要免不了长期深入的协同与沟通，从而支持相互交流与学习。随着网络成员相互交流知识和经验，网络整体的运营效率得以提升，从而产生学习经济效应。

6.1.2 多核心企业间知识协同效应评价维度

多核心企业间知识协同效应源于知识协同所引起的范围经济效应、价值增值效应与学习经济效应。为此，对于多核心企业间知识协同效应的评价，可以从三种效应的角度出发。同时，本书认为知识协同效应可选择从协同程度、协同效果、协作效率三种维度进行分解。

1. 知识协同程度

知识协同主体协同程度的提升，能够促进整个网络产生更大的协同效应。核心企业知识协同程度大小体现在协同效率是否提升。分布式创新网络中核心企业间协同合作程度、资源整合程度和协同绩效与网络绩效提升度共同构成协同程度，具体作用机理表述如图 6-1 所示。有合作意向的企业在同一战略目标驱使下形成合作伙伴关系，协同主体间合作行为的协调提升网络有序度，以此为知识协同过程创造良好的环境。在有序度的基础上，协同主体间建立各种学习型组织交流、交换知识，进而提升合作深度、加强合作稳定性，统一表现为资源整合度的提升。企业通过资源互补、共享、整合均能获得较为优质的资源，从而增加知识协同效益，提升知识转移效率。因此，分布式创新网络中多核心企业间知识协同程度与协同绩效呈现正相关关系。

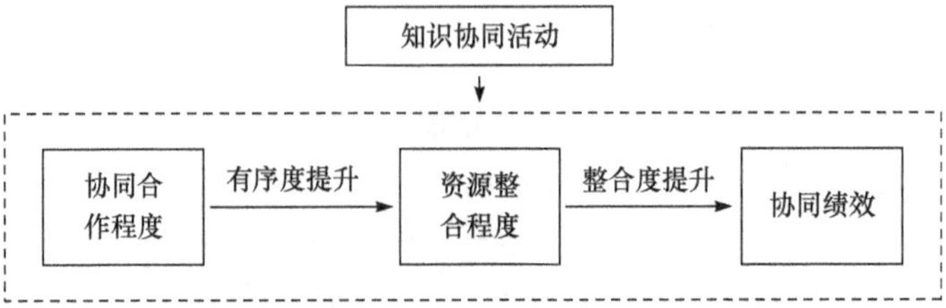

图 6-1　协同程度的内涵

2. 知识协同效果

知识协同效果核心在于增值性，增值性又可在协同过程中细分为知识资本的增值和社会资本的增值。

社会资本指的是团队成员从网络外获取的信息与资源的综合体，既包括制度层面如规范、权威、网络关系等方面，也包括意识层面如社会道德、合作共识、信任等方面。社会资本主要嵌于社会关系网络中，需要团队成员通过交换的形式获得。核心企业间的协同网络结构的复杂性使得创造新知识的过程存在诸多阻碍。为此，企业唯有通过加入社会关系网络才有机会获取社会资本解决实际问题，最为典型的团队形式为通过平台合作的虚拟团队。为了增强网络中原有连接关系及开发新的连接关系，虚拟团队采用不断与网络外界联系并获得社会资本的形式，以此推进知识协同的运行；反过来，知识协同的顺利进行也会促进社会资本的增值。

知识是分布式创新网络中最有价值的资产，同时具有最大的增值潜力。有价值的知识通过商业化应用能产生巨大的经济价值。在分布式创新网络中，核心企业充分利用从其他企业获得的行业特有知识及协同所创造的新知识，既有助于当前项目的顺利进行又有助于未来长期的领域发展。新知识伴随着新成果的产生而产生，新成果在协同知识库、模块库中循环流动。本书为契合研究对象的特点，将知识资本划分为显性和隐性两种知识资本。

3. 知识协作效率

知识协作效率作为知识协同效应其中一种实现形式，由知识流通时效性与准确性共同决定。知识资本和社会资本的不同属性、不同来源、不同作用影响着知识流通的准确性和时效性，知识资本因其易度量性和可视性可用来反映协同主体获得的知识资源数量和质量，社会资本的丰富程度直接决定着企业在有限时间内获得尽可能多的资源的能力，直接反映知识传递的路径。学习曲线理论表明知识传递时效性与准确性随着知识资本和社会资本的增加而增加，而且当资本增加至某一程度后知识协作边际效率将随之降低。

6.1.3　多核心企业间知识协同效应评价项目分析

1. 知识协同程度评价项目

多核心企业间知识协同程度提升是一个复杂的过程，本书从三个方面进行具体的论述。

1) 知识协同合作程度

分布式创新网络中，核心企业之间的知识协同是深层次的合作，这些主体的合作大多以利益共同体的形式存在，通常是战略性的合作。核心企业为了提高协同程度，一般会从协调行为、合作稳定性和合作深度三个角度深化合作。

核心企业间的相互协调能够提升网络的运营效率，保证目标的实现。具体表现为处于创新网络中核心节点地位的知识协同主体更注重价值增值的实现，在确保自身核心优势位置的前提下采取的多是分工协调合作的形式；同时，企业通过设立多种正式和非正式组织的形式加深双方合作，其中包括项目研发组织、学习经验交流会等，此类合作形式不仅能促进资源共享与转移、提升知识流动效率，更能拓宽合作的广度和深度。

判断知识协同主体之间合作程度的深浅，要从研发构思阶段开始考察。因为研发构思阶段是协同的起点，知识协同联盟构思系统是为了运用发散性思维产生更多的创意。该系统运行机制为协同主体经过合作碰撞出更多的想法和方案，此想法经过交融可形成网络知识存量的增加，网络知识存量的增加能带来技术水平的提升和科技发展的进步，也能进一步优化和完善知识交易市场。在此过程中，最直观反映合作程度的指标是项目合作的稳定性和持续性，另外企业之间知识交流的次数及二者的信任度都是合作水平的体现。

2) 知识资源整合度

知识协同的合作程度，不仅有利于研发主体间协同资源共享的深化、知识转移效率的提高，而且有利于协同资源整合优化的实现，从而提升最终的协同绩效。

结束知识协同准备阶段之后，需要着手开始正式的知识协同过程。这个阶段的核心是资源的整合度，具体表现为资源共享、优化和知识转移。资源共享效应通过评估不同研发主体间资源的协同，明确各主体的相对资源优势，最大化互补与共享效应，从而促进多维主体间协同合作的实现，增强各主体知识、技术、资金、人才、信息等资源的共享程度与层次。为使政府、高校院所技术资源与平台服务资源及企业协同资源的配置更合理，推进研发协同资源由无序向有序转化转变，对不同研发主体间的协同资源进行科学规划后，协同资源将得到优化利用，更有利于发挥协同资源的最大潜能。研发主体相互之间实现协同效应的基础和前提是研发主体之间协同资源的异质性。协同主体经过频繁的交流和学习能创造出大量新知识并因成员企业的无边界性而出现知识的外溢现象，外溢效应的存在能加速企业间技术、信息等资源的转移。而知识资源转移后的效果可从研究成果投产率、核心知识创新资源共享程度、项目开发成功率提升、产品研发周期缩短程度等指标中体现，这也可被称为知识转移效应。

3) 知识协同绩效

知识协同的目的是提升协同绩效，而协同能力和协同收益是协同绩效的重要表现形式，是协同绩效的某种外在表现。

技术、知识和人才是知识协同依赖的重要资源，而资源发挥优势的重要途径在于共享。创新主体间的沟通、合作使知识得到融合、技术得到扩散、人才得到发展。通过资源的共享，创新主体可以得到很大的提升的竞争力。

知识协同的重要目的之一在于提升服务主体的效益，它主要通过将知识协同过程中累积的科技成果产业化来实现。科技成果产业化，不仅能够使服务主体获得新的收入来源，从而降低财务风险，更重要的在于能提升服务主体的竞争优势。

知识协同的商业化阶段包含几个协同发展过程。首先，企业的最终目的是获得收益，而获得收益必须进行产品的市场化。产品经过市场测验后进入营销，最终能够获得多少收益是由企业的市场推广能力决定的。市场推广能力提高意味着知识协同网络收益能力的进步。协同网络收益能力提升代表了区域内地区生产总值的提高，这样就有能力完善制度环境。外部环境的改善反过来又能为企业市场能力的提升创造更好的条件。其次，市场推广能力的提升带来了销售收入的增加，收入的增加是协同网络收益能力提高的直接表现。销售收入的增加使企业有能力扩大再生产，这样企业的生产能力得到了增强。在市场稳定的情况下，产品的增多就意味着销售收入的增加。知识协同后产品销售收入增长率、产品研发成本降低率、知识协同网络总利润实现率、总投资利润率实现率等定量指标能较好地反映绩效提升程度。

2. 知识协同效果评价项目

企业资源按其属性不同可划分为知识资本和社会资本，因此，该项目的评价因素可从以下两个层面展开探讨。

(1) 知识资本增值的度量。知识资本具有非损耗性，在使用过程中不会被消磨，反而会随着知识的使用和交流而增值。另外，知识具有共享性。这两种特性决定了知识资本的表现形式：一方面表现为内在的知识成果；另一方面表现为显性知识的增加。内在的知识成果主要表现为隐性知识的拓展，如员工个人素质的提升、团队能力的进步等。显性知识增加表现为一些直观的成果，如专利、操作手册等。如表 6-1 所示，根据野中郁次郎的分类模型，创新主体共有的一些知识成果是显性知识资本增值的主要测量对象。这些组织共有的成果包括企业的规章制度、知识库、专利技术、产品制作工艺等；而隐性知识资本的增值相对来说更难衡量，主要以员工能力提升、组织惯例更新和组织文化的革新等为测量对象。

表 6-1　野中郁次郎关于知识的分类模型

分类	个人层次	团体层次	组织层次	跨组织层次
显性知识	知识积累	绩效分析文件	组织章程	供应商的专利和工艺
隐性知识	跨文化沟通技巧	团队协调	组织文化	顾客对产品的态度和期望

(2) 社会资本增值的度量。按 Nahapiet 和 Ghoshal(1998)的研究成果，结构、关系和认知是企业社会资本的三个重要维度。就知识协同来说，知识协同主体与主体间相互关系的密切是结构的表现；相互之间认可、信赖等的巩固是关系的呈现；章程、制度的规范是认知的显示，上述所有形式的资本增量总和共同构成社会资本增值。为此，本书主要选择共享认知、信任与社会互动三个量的增减情况测量社会资本增量。

3. 知识协作效率评价项目

分布式创新网络中各核心企业因技术研发或项目研发的需要共同构成协同子网络，主体协同后产生的效应是一种非线性效应，即网络整体功能效应大于独立个体功能要素之和，此种效应来源于成员企业融合各自异质资源，以实现深入资源互补，从而加速技术创新成果转化节奏和优化技术创新产物，提升知识协同效益。

知识资本和社会资本的不同属性、不同来源、不同作用影响着知识流通的准确性和时效性，知识资本因其易度量性和可视性可用来反映协同主体获得的知识资源数量和质量，社会资本的丰富程度直接决定企业在有限时间内获得尽可能多的资源的能力，直接反映知识传递的路径。学习曲线理论表明知识传递时效性与准确性随着知识资本和社会资本的增加而增加，而且当资本增加至某一程度后搜寻知识的成本将随之增加，从而导致知识协作边际效率递减。

当今企业多处于知识流相对稳定的状态，在这种情况下组织难以通过同时提高时效性和准确性来提升知识协作效率。知识流通过程中时效性和准确性两个变量中某一个量增加的同时总是伴随着另一个量的降低，疏通知识流通渠道路径能有效提升知识传递的时效性，却不能保证传递知识的准确性；与之相反，降低知识传递的层次有助于提升准确性而阻碍了时效性。为此，要想提升整个知识协同网络协作效率，唯有综合评价时效性和准确性两大量度，以追求知识系统的最大有序度，在核心企业知识协同过程中时效性标准主要从搜寻资源的时间、技术的可靠性及资源转移的时间三个维度进行探讨，准确性标准主要从解决问题需协作的次数、所获知识关联性两个维度进行探讨。

6.2 多核心企业间知识协同效应评价指标体系构建

6.2.1 评价指标选取原则与构建方法

分布式创新网络中多核心企业间知识协同效应的评价具有复杂性，其复杂性来源于：第一，知识协同效应难以直接观测和计量，如隐性知识的增长，社会资本增值等；第二，效应产生的原理比较复杂，难以准确辨别出哪些是属于知识协同效应的内容；第三，效应表现形式的复杂性，核心企业间知识协同效应的产生是多种效应共同组成的，主流观点是将协同效应分解成资本增值、协同程度的优化及协作效率的提升，且三者之间相互渗透、相互结合。由此可见，多核心企业间的知识协同效应评价指标构建是一项复杂的系统工程。

对于评价研究中出现的因素复杂的难题，早有学者提出相应的应对方法，如钱学森等(1990)首创的定性定量综合集成法。之后，为了拓展该方法研究领域且解决对科学性要求更高的学术及实践问题，戴彬等(2011)首次将综合集成识别方法与其研究结合起来，在研究中，专家团队把自身经验与知识综合集成文献相结合，得到最终的结果。在实际运用中，综合集成法常常分三步进行：第一步是定性，确定初始评价指标体系；第二步是定性与定量相结合，并检验定性识别是否正确；第三步是从定性到定量，判断结果的可信度。本书结合知识协同效应评价指标研究现状，将综合集成法做出微小的调整，并将第一阶段的定性综合集成加入开放式问卷的形式。

第一，定性综合集成阶段。此阶段拟依次采用文献分析推导、发放开放式问卷和专家打分三种方法。其中的专家咨询团队由来自不同类型学科和专业领域的专家组成，在将专家的知识储备与经验积累程度、相关文献的推论和通过开放式问卷进行收集得到的指标进行综合分析与总结的基础上，进一步得到初始的评价指标体系。采用这种方法进行指标体系的确定，避免了采用单一的方法进行确定时可能会造成指标不够全面等问题。

第二，定性定量综合集成阶段。定性综合集成主要依据专家主观打分，这仅能反映被调查者意识层面，不具有科学的说服力，更科学的研究离不开数据的支撑，为此，此阶段中量表的发放和收集能为后续研究提供数据来源，服务于指标体系的筛选和建立及后续模型的构建，以此判断定性综合集成的正确性并选取探索性因子分析法。

第三，从定性到定量综合集成阶段。结合专家的建议，综合利用定性分析和定量分析方法，从而对结果的可信度有个大致了解。如若可信度较高、值得信任，研究便可确定该指标体系；但是，如若可信度低，则需进一步改进指标体系，主要是调整评价指标量表及数据分析参量，一遍又一遍重复这个过程，直到得出可以信任的结果。

6.2.2 评价指标的来源与预筛

原始指标的来源和预筛主要发生在定性综合集成阶段，此阶段主要做法为首先归纳和分析相关文献梳理出一部分指标，接着向相关人士发放开放式问卷以获取另外一部分指标，最后针对上述最原始指标邀请专家学者依照自身经验和学术水平进行打分处理以选取提炼优质指标。

1. 初始评价指标来源

首先对国内外现有的包括知识协同、协同效应、协同绩效等相关领域的学术文献进行搜集、分析、整理。同时，由于现学术领域对分布式创新网络中多核心企业间知识协同效应通过建立指标体系进行评价的研究比较少，于是采用从 6.1.2 小节中的三大评价维度及其下设评价项目中提炼出 20 个指标。其次，通过发布开放式问卷收集知识协同效应的评价指标。本书为发放开放式问卷开发了两种渠道：一方面向“985”高校技术创新管理研究方向的硕士研究生发放开放式问卷，请他们依据核心企业间知识协同过程各阶段运作形式和成果，以及学者对协同效应表现形式已有的研究，从协同程度、协同效果、协作效率三个方面列举出他们认为的可以用来评价知识效应大小的指标。另一方面是通过向采取分布式创新模式的企业(如华为、东风汽车集团有限公司、烽火通信)研发、战略、销售及财务等部门发放开放式问卷，同时请相关人员依照自身工作经验和企业实际工作情况列举出可用来评价知识协同的指标体系；统计回收的开放式问卷并列举出频数排名前 25 的各指标，在与文献梳理得到的 20 个指标整合筛重后得到 40 个指标成为预选指标用于接下来的分析过程。

2. 原始指标初步筛选

采用专家访谈法筛选上述 40 个预选指标，具体做法为邀请专家组成一个 20 人专家咨询小组，其中 5 人为对分布式创新理论有过深入研究的博士，对于所研究问题具有较高的理论认识；5 人为技术创新管理或知识管理方向在校教授；10 人为所在公司参与过分布式创新的中小企业高层管理人员，对于所研究问题具有丰富的实践管理经验。在本环节专家认可度作为提炼筛选指标的唯一依据代表着指标的权威性，认定60%以上为可保留。

$$专家认可度=\frac{认为指标能较好评价知识协同效应的专家}{访谈专家总人数}$$

由此，得到以下35个初始指标，如表6-2所示。

表6-2 知识协同效应评价初始指标

编号	初始指标	认可度	编号	初始指标	认可度
X_1	积累的管理经验	80%	X_{19}	信息传递及时率	90%
X_2	与外部咨询专家交流情况	85%	X_{20}	项目开发成功率提升	85%
X_3	任务完成高效	70%	X_{21}	成员业务技能的提高程度	80%
X_4	市场响应速度	80%	X_{22}	资源获取效率	85%
X_5	知识协同成果领先水平	80%	X_{23}	产品研发周期缩短程度	90%
X_6	总投资利润率实现率	85%	X_{24}	解决问题所需协作的次数	80%
X_7	企业间知识交流的频度和效果	90%	X_{25}	合作默契	60%
X_8	合作稳定性	75%	X_{26}	团队能力的提升	70%
X_9	知识协同后产品销售收入增长率	95%	X_{27}	信息准确率	90%
X_{10}	人均研究开发经费费用	75%	X_{28}	信息自由分享	75%
X_{11}	研究成果投产率	90%	X_{29}	与其他团队建立合作	70%
X_{12}	项目合作延续性	70%	X_{30}	专利、文档、案例等知识的增加	85%
X_{13}	主体之间相互信任程度	85%	X_{31}	组织文化和惯例的改善	85%
X_{14}	知识协同网络总利润实现率	80%	X_{32}	知识搜寻时间的变化	90%
X_{15}	产品研发成本降低率	85%	X_{33}	增加了新成员	80%
X_{16}	人均非专利性科技成果	80%	X_{34}	知识交换途径便捷	85%
X_{17}	核心知识协同资源共享程度	85%	X_{35}	知识转移时间的变化	85%
X_{18}	客户满意度	85%			

6.2.3 评价指标的量表分析

6.2.2小节中得到的初始评价指标主要来源于被调查者的主观经验判断和文献研究，缺乏科学性和严谨性。因此，需要进一步运用多项方法缩小误差，降低主观性偏差。本书采取了一系列方法筛选出更有效的评价指标。

1. 数据收集与信效度分析

原始评价数据主要源于发放问卷的数据整理，本书选择向4家调研企业(华为、东风汽车集团有限公司、中兴通讯股份有限公司、烽火通信)及武汉 3 所高校部分工商管理硕士学位(master of business administration，MBA)学员发放《知识协同效应评价指标调查研究问卷》，此问卷的设计基于定性综合阶段指标的选取。借助国家自然科学基金项目调研机会先后通过现场填写及电子邮件的形式发放了 300 份调查问卷，回收 225 份问卷，问卷回收率为 75%，其中 185 份问卷为有效问卷，问卷有效率达到 82%，发放样本数与变量值的比例达到 5.3∶1，表明收集的原始数据可用于因子分析。

1) 信度分析

信度分析即可靠性分析，用以检验抽样结果的科学性和数据的稳定性，通过 SPSS 软件中信度分析处理得到表 6-3。分析表 6-3 可知，T^2 值为 494.184，表明知识协同效应各指标因素间存在内部联系，可用于归类处理；Cronbach's α 值和基于标准化项的 Cronbach's α 值在本书中均接近于最优值，依旧表明数据有效性较高。

表 6-3　信度分析

Hotelling 的 T^2	F	df1	df2	Sig
494.184	11.204	34	111	0.000
Cronbach's α 系数	基于标准化项的 Cronbach's α 系数	项数		
0.858	0.860	35		

2) 效度分析

本书所设计的量表建立在多种研究方法基础上，能够做到理论和实际相结合，具有较好的内容效度。结构效度的分析主要采用探索性因子分析法进行，首先验证指标是否可以进行因子分析，从表 6-4 可以看出，Bartlett 值为 3687.976，$p<0.0001$，表明相关矩阵不是个单位矩阵，适合进行因子分析。KMO 值为 0.797，几乎接近 0.8，通常其值越高(越接近 1.0)表明变量间因存在某种关联性而能归为几类因子。从表 6-4 中 KMO 值和 Bartlett 球形检验结果可以看出本次问卷收集的数据能够有效地反映实际情况。

表 6-4　效度检验

效度指标		计算结果
取样足够度的 KMO 度量		0.797
Bartlett 球形检验	近似 χ^2	3687.976
	df	595
	Sig	0.000

2. 评价指标的因子分析

利用探索性因子分析法，对所有题项采用主成分分析法提取公共因子以精简数据结构。

1) 因子分析过程

提取公共因子。在 SPSS 17.0 中完成主成分分析过程，分析结果筛选出 7 个特征值大于 1 的公共因子，累计解释 35 个指标中 74.989%的信息(表 6-5)。为使因子载荷向两级最大限度的分化得到更准确的数据信息将原始指标进行正交旋转处理，前后结果如表 6-5 所示。表 6-6 为旋转成分矩阵。

表 6-5 解释的总方差

成分	初始特征值			提出平方和载入			旋转平方和载入		
	合计	方差的百分比	累计百分比	合计	方差的百分比	累计百分比	合计	方差的百分比	累计百分比
1	7.297	20.848%	20.848%	7.297	20.848%	20.848%	5.000	14.287%	14.287%
2	4.235	12.101%	32.949%	4.235	12.101%	32.949%	4.479	12.797%	27.084%
3	4.045	11.558%	44.508%	4.045	11.558%	44.508%	4.258	12.165%	39.249%
4	3.600	10.286%	54.749%	3.600	10.286%	54.794%	3.772	10.778%	50.027%
5	2806	8.016%	62.806%	2.086	8.016%	62.809%	3.243	9.265%	59.292%
6	2.416	6.902%	69.712%	2.416	6.902%	69.712%	3.047	8.705%	67.997%
7	1.847	5.277%	74.989%	1.847	5.277%	74.989%	2.447	6.992%	74.989%

注：由于百分比进行了四舍五入约分，累计百分比可能存在偏差

表 6-6 旋转成分矩阵

编号	因子						
	1	2	3	4	5	6	7
X_2	0.057	0.089	−0.030	0.878	0.004	0.076	0.021
X_7	−0.020	0.047	0.040	0.853	0.030	0.019	−0.021
X_{12}	0.030	0.007	0.100	0.835	0.052	0.060	0.069
X_8	−0.022	−0.015	0.004	0.856	0.132	0.033	0.085
X_{13}	−0.025	−0.018	0.017	0.844	−0.038	0.079	0.067
X_{21}	−0.039	0.005	0.827	0.044	0.005	−0.023	−0.066
X_{26}	0.001	0.065	0.834	0.036	0.113	0.140	−0.014
X_{31}	0.086	0.017	0.858	−0.090	0.038	−0.041	−0.031
X_{30}	0.004	0.124	0.831	0.075	0.031	−0.070	0.078
X_1	0.083	−0.012	0.815	−0.042	0.033	−0.047	−0.010

续表

编号	因子						
	1	2	3	4	5	6	7
X_3	0.069	0.032	0.831	0.124	–0.120	–0.013	0.007
X_5	0.844	0.146	–0.030	0.008	–0.015	–0.024	–0.045
X_9	0.852	0.089	–0.031	0.006	–0.002	0.010	0.069
X_{14}	0.852	0.098	0.139	–0.049	0.016	–0.009	0.090
X_{15}	0.820	0.067	0.016	0.055	0.053	0.021	–0.023
X_{18}	0.800	0.131	0.007	–0.059	0.104	0.230	–0.019
X_4	0.834	0.082	0.055	0.099	0.240	0.045	–0.107
X_6	0.795	0.067	0.075	–0.033	0.027	0.127	–0.024
X_{10}	0.091	0.849	0.015	–0.041	–0.066	0.043	0.034
X_{11}	0.067	0.818	0.136	0.005	–0.041	0.162	–0.060
X_{16}	0.181	0.833	0.043	0.105	0.161	0.120	–0.074
X_{17}	0.063	0.841	0.080	0.067	0.133	0.136	–0.095
X_{20}	0.089	0.834	–0.055	0.067	0.131	0.186	–0.023
X_{23}	0.205	0.819	0.031	–0.070	0.164	0.136	0.023
X_{25}	0.091	0.056	0.002	0.015	0.855	0.154	–0.022
X_{28}	–0.015	0.086	–0.021	0.076	0.864	0.075	–0.027
X_{29}	0.124	0.042	0. 107	0.077	0.881	0.043	0.021
X_{33}	0.124	0.200	0.010	0.002	0.840	0.078	–0.098
X_{34}	0.049	0.175	0.015	0.078	0.066	0.851	–0.065
X_{19}	0.102	0.209	0.014	0.096	0.175	0.806	–0.019
X_{22}	0.085	0.271	–0.104	0.065	0.083	0.797	–0.168
X_{24}	0.089	0.085	–0.007	0.050	0.054	0.860	–0.082
X_{27}	–0.042	–0.092	–0.002	0.094	–0.116	–0.057	0.867
X_{32}	0.012	–0.027	–0.025	0.053	–0.056	–0.128	0.877
X_{35}	0.000	–0.029	–0.011	0.061	0.058	–0.093	0.893

2) 因子分析结果

上述各阶段分析结果表明指标间存在共同因素以至于能将 35 个效应评价归纳成七大类相互独立的公共因子，而且这 7 个因子能表示所有指标体系大部分信息。通过旋转后因子载荷可以将因子进行归类，并建立分布式创新网络一般知识协同效应指标体系，见表 6-7。

表 6-7　知识协同效应初始指标体系归类

公共因子		指标	
协同程度	(因子 1) 协同绩效提升度	X_5	知识协同成果领先水平
		X_9	知识协同后产品销售收入增长率
		X_{14}	知识协同网络总利润实现率
		X_{15}	产品研发成本降低率
		X_{18}	客户满意度
		X_4	市场响应速度
		X_6	总投资利润率实现率
	(因子 2) 资源整合度	X_{10}	人均研究开发经费费用
		X_{11}	研究成果投产率
		X_{16}	人均非专利性科技成果
		X_{17}	核心知识协同资源共享程度
		X_{20}	项目开发成功率提升
		X_{23}	产品研发周期缩短程度
	(因子 3) 协同合作度	X_2	与外部咨询专家交流情况
		X_7	企业间知识交流的频度和效果
		X_{12}	项目合作延续性
		X_8	合作稳定性
		X_{13}	主体之间相互信任程度
协同效果	(因子 4) 知识资本增值	X_{21}	成员业务技能的提高程度
		X_{26}	团队能力的提升
		X_{31}	组织文化和惯例的改善
		X_{30}	专利、文档、案例等知识的增加
		X_1	积累的管理经验
		X_3	任务完成高效
	(因子 5) 社会资本增值	X_{25}	合作默契
		X_{28}	信息自由分享
		X_{29}	与其他团队建立合作
		X_{33}	增加了新成员

续表

公共因子		指标	
协作效率	(因子 6) 协同时效性	X_{34}	知识交换途径便捷
		X_{19}	信息传递及时率
		X_{22}	资源获取效率
		X_{24}	解决问题所需协作的次数
	(因子 7) 协同准确性	X_{27}	信息准确率
		X_{32}	知识搜寻时间的变化
		X_{35}	知识转移时间的变化

公共因子 1 包括 7 个评价指标，这些指标共同体现着协同成果商业化阶段以后的协同收益变化，而协同收益作为协同效应中重要的一环，故此类指标具有重要的意义。因此将因子 1 命名为协同绩效提升度。

公共因子 2 包括 6 个评价指标，这些指标共同体现着知识协同成果研发阶段资源整合情况，而资源整合作为知识协同运作阶段核心环节，其好坏直接决定协同成果能否顺利研发，故此类指标具有重要的意义。因此将因子 2 命名为资源整合度。

公共因子 3 包括 5 个评价指标，这些指标共同体现着知识协同研发开始前的构思阶段合作伙伴选择情况，是后续所有工作顺利展开的前提条件，故此类指标具有重要的意义。因此将因子 3 命名为协同合作度。

公共因子 4 包括 6 个评价指标，这些指标从资本增值的角度反映了整个网络在知识协同工作完成以后所取得的价值上的增量，同时这 6 项指标共同体现的是知识层面资本增值，因此将因子 4 命名为知识资本增值。

公共因子 5 包括 4 个评价指标，这些指标从资本增值的角度反映了整个网络在知识协同工作完成以后所取得的价值上的增量，同时这 4 个指标共同体现的是社会层面资本增值，因此将因子 5 命名为社会资本增值。

公共因子 6 包括 4 个评价指标，这些指标共同体现着知识协同全阶段中发生的效率的变化，而协作效率作为一个相对指标，能用来反映增值部分 ΔV，同时这 4 个指标从知识传递时间性的角度表现效率，故此类指标具有重要的意义。因此将因子 6 命名为协同时效性。

公共因子 7 包括 3 个评价指标，这些指标共同体现着知识协同全阶段中发生的效率的变化，而协作效率作为一个相对指标，能用来反映增值部分 ΔV，同时这 3 个指标从知识传递准确性的角度表现效率，故此类指标具有重要的意义。因此将因子 7 命名为协同准确性。

因子 1、因子 2、因子 3 将协同程度分别体现在了各个不同的阶段，因子 4 和因子 5 体现着协同整阶段效果的变化，因子 6 和因子 7 体现着协同全阶段效率的提升。通过对比可以看出通过定性综合集成阶段与因子定量分析相结合得到的协同效应评价维度与理论分析基本一致，因此可初步将评价指标体系确定为 7 维度 35 指标体系。

6.2.4 知识协同效应评价指标体系的确立

宋之杰和高晓红(2002)在研究中指出，因子得分系数矩阵是借助因子分析的方法，并结合数据离差分布情况获得的，体现了每个因子之间的共变程度，而且是内在的，然而此方法的不足之处就是反映不了指标的真正价值。所以，本书为了规避这一劣势，对指标的筛选除了采用因子分析法，还运用了模糊德尔菲法，进而在 35 个指标中科学选出反映本书研究内容的重要指标，形成应用于研究的最终指标体系。

1. 模糊德尔菲法识别

模糊德尔菲法综合了两种方法，即模糊数学和德尔菲法，首先用模糊数来分析评估对象，接着基于统计分析和模糊计算的方法，将模糊性的结果转变成客观直接的数据。张伟等(2012)认为这一方法的长处就是德尔菲法的模糊性致使难以计算的问题得以解决。具体步骤如下。

第一，抽样调查问卷。收集整理量表《知识协同效应评价指标调查研究问卷》发放后回收得到来自 185 名专家得分的 6475 个原始数据。

第二，计算模糊数 $\tilde{A}$ 。

$$\tilde{A}=(\alpha_i,\beta_i,\gamma_i) \tag{6-1}$$

$$\alpha_i=\min(B_{ij}) \tag{6-2}$$

$$\beta_i=\left(\prod_{k=1}^{n}B_{ij}\right)^{1/n} \tag{6-3}$$

$$\gamma_i=\max(B_{ij}) \tag{6-4}$$

式中，i 与 j 均为指标，其中 i 为评价指标数，j 为问卷发放数；α_i 为该指标所有分值中的最低值；β_i 为该指标所有分值的几何平均值，用以表示专家打分分值集中区间度；γ_i 为该指标所有分值中的最高值；B_{ij} 为第 j 个专家对 i 指标的打分分值。数学方法上模糊评价意味着采用某种方法将专家主观语义表达词转换为数学模糊数，本书对知识协同效应的评价选择采用德尔菲和三角模糊的方法进行评价，主要因为指标体系中定性指标占多数且三角模糊数运算过程相对便捷、易上手，因此套用式(6-1)～式(6-4)处理 6475 个数据，结果如表 6-8 所示。

表 6-8　三角模糊数

(4, 4.251, 5)	(1, 1.660, 3)	(2, 3.844, 5)	(3, 4.587, 5)	(1, 1.729, 3)
(3, 3.752, 5)	(4, 3.978, 5)	(1, 1.865, 3)	(3, 4.696, 5)	(3, 4.868, 5)
(1, 1.661, 3)	(1, 2.210, 3)	(3, 4.736, 5)	(1, 2.145, 4)	(4, 4.224, 5)
(4, 4.701, 5)	(3, 4.657, 5)	(3, 4.685, 5)	(3, 3.962, 5)	(3, 4.065, 5)
(3, 4.696, 5)	(1, 1.954, 3)	(3, 4.868, 5)	(3, 3.752, 5)	(3, 4.852, 4)
(3, 4.782, 5)	(3, 4.805,5)	(4, 4.224, 5)	(4, 4.794, 5)	(3, 4.822, 5)
(4, 4.574, 5)	(2, 2.451, 3)	(3, 3.822, 5)	(1, 1.524, 2)	(4, 4.650, 5)

第三，去模糊化。本书采用算术平均法对三角模糊数去模糊化，得到模糊数值。

$$A=\frac{\alpha_i+\beta_i+\gamma_i}{3} \tag{6-5}$$

第四，进行 K-均值聚类分析。此方法用于对指标基于空间运算的筛选，为了深入探讨指标内在关联性和消除主观性误差，本书通过程序运算中欧氏距离的计算确定显性与非显性指标划分依据。这种运算方法原理在于以系统计算的距离值作为判断指标相似性的依据，剔除部分不显著指标。经过 Matlab 编程运算后得到的结果分析如表 6-9 所示。

表 6-9　K-均值聚类分析结果

显著指标		非显著指标	
指标编号	模糊隶属度	指标编号	模糊隶属度
X_1	4.417	X_3	1.887
X_2	3.917	X_8	1.887
X_4	4.567	X_{10}	2.070
X_5	4.232	X_{12}	1.985
X_6	4.261	X_{14}	2.484
X_7	4.525	X_{16}	1.955
X_9	4.326	X_{24}	2.382
X_{11}	4.219	X_{28}	1.508
X_{13}	4.268	X_{29}	1.910
X_{15}	3.615		
X_{17}	4.245		
X_{18}	4.228		
X_{19}	4.289		
X_{20}	4.408		

续表

显著指标		非显著指标	
指标编号	模糊隶属度	指标编号	模糊隶属度
X_{21}	3.941		
X_{22}	4.193		
X_{23}	4.232		
X_{25}	3.987		
X_{26}	3.917		
X_{27}	4.598		
X_{30}	4.289		
X_{31}	4.408		
X_{32}	4.022		
X_{33}	3.617		
X_{34}	4.294		
X_{35}	4.550		

2. 知识协同效应评价指标体系确立

指标体系的确立经历了从文献分析到开放式问卷的发放再到一系列专家打分等多个步骤，在尽量降低评价主观性误差的基础上建立一套较为科学有效的指标体系。以此形成量表、变成问卷并发放至 185 位满足参与分布式创新网络中知识协同条件的特定对象群，对他们依据实践专业经验打分的原始数据经过 SPSS 软件进行因子分析等多种数据分析方法，以验证数据的合理有效性，同时通过分析因素间相关性而将指标归为 7 类，此外，考虑到该网络的复杂性，加入 K-均值聚类分析法深入地探究指标间关系以筛选出显性指标，共七大类 26 个评价指标，如表 6-10 所示。

表 6-10　知识协同效应评价指标体系

一级指标	二级指标
协同绩效提升度	知识协同成果领先水平
	知识协同后产品销售收入增长率
	产品研发成本降低率
	客户满意度
	市场响应速度
	总投资利润率实现率

续表

一级指标	二级指标
资源整合度	产品研发周期缩短程度
	研究成果投产率
	核心知识协同资源共享程度
	项目开发成功率提升
协同合作度	与外部咨询专家交流情况
	企业间知识交流的频度和效果
	主体之间相互信任程度
知识资本增值	成员业务技能的提高程度
	团队能力的提升
	组织文化和惯例的改善
	专利、文档、案例等知识的增加
	积累的管理经验
社会资本增值	合作默契
	增加了新成员
协同时效性	知识交换途径便捷
	信息传递及时率
	资源获取效率
协同准确性	信息准确率
	知识搜寻时间的变化
	知识转移时间的变化

6.3　多核心企业间知识协同效应评价模型构建

6.3.1　基于 DEMATEL 的指标权重的确定

1. 决策试验和评价实验室法

DEMATEL 是一种用数学矩阵和图形工具剖析评价对象内部关系结构以显现前因后果的数学分析方法。该方法因其特点在于能厘清评价指标间错综复杂的逻辑关系、可视化内部结构而常用于分析研究并解决学术评价中棘手问题，此方法常用于揭示研究对象间相互影响关系，综合影响矩阵的计算可用于原因度和中心度的计算，继而细分指标为原因类和结果类。

直接关联原始数据来源为专家或群组打分，现实问题的复杂使得某些指标难以量化，加上专家的主观异质性，往往采用模糊的语义名词表示指标间的影响关系，如"重要""认同"等。同理，为了将 DEMATEL 模糊语义词转化成可量化数据，需经过设定评价集、确定隶属度、选定转换方法等步骤，为此本书拟用 Zadeh 的方法将专家打分数值转换为模糊综合得分，其中三角模糊数用于处理初始影响矩阵。

2. 权重计算步骤

决策试验和评价实验室法因其所特有的揭示评价对象间衔接关系，探究指标设计有效性的特点而被广泛用于指标权重的确定，来自知识创新、分布式创新学术领域的专家，以及创新网络中核心企业内部相关人员依照其自身工作经验对指标的评分，经过处理罗列指标相互直接影响矩阵，以表明指标内部关系，而后在此直接影响矩阵的基础上计算出影响度和被影响度两大指标，以此确定各指标原因度和中心度及指标权重。基于此方法计算本书评价对象指标权重，各步骤描述如下。

步骤一：专家打分原始数据直接构成初始评价并直接影响矩阵 A。本书通过电子邮件、访谈等方式，邀请专家对 6.2 节列出的 26 个指标两两之间的影响程度依据自身学术水平和企业实践经验按 0～4 的等级进行打分处理，分值不同代表着两指标间影响程度不同，其中 0 代表最低级即两者间毫无影响或有轻微的影响，4 代表最高级即两者间存在着因变随变的关系，其他等级可以此类推，以此构成原始直接影响矩阵反映初始逻辑关系。原始直接影响矩阵是一个 $n \times n$ 的非负矩阵：

$$X^k = \left(x_{ij}^k\right)$$

式中，x_{ij} 为两指标间前者对后者的影响程度，并规定指标自身对自身的影响程度为 0，不同专家的评分各自构成不同的判定矩阵；$k(1 \leqslant k \leqslant H)$为某一个专家。设 H 表示专家总数，加权平均 H 个不同专家的矩阵得到初始化直接影响矩阵 A，可用式(6-6)表示：

$$A = \left(a_{ij}\right) = \frac{1}{H}\sum_{k=1}^{H} x_{ij}^k \quad (i, j = 1,2,3,\cdots,n) \tag{6-6}$$

步骤二：标准化直接影响矩阵 A 得到直接影响矩阵 D。标准化过程可用式(6-7)表示，此矩阵表明指标间直接的影响因素和影响程度。

$$D = A \times S, S = \frac{1}{\max\limits_{i=1}^{n} \sum\limits_{j}^{n} a_{ij}} \tag{6-7}$$

步骤三：计算综合影响矩阵 T。综合影响矩阵 T 来源于以直接影响矩阵 D 为基础的经过式(6-8)处理所得的结果，反映指标间可能存在间接影响关系，为此通过分析综合影响矩阵可获得指标间较为全面的直接和间接的关系，相互影响关系显著与否的判断依据在于与阈值之间大小的比较，高于阈值则表明此评价指标为显著指标，低于则表明该指标为不显著指标，其中，本书采取平均化矩阵中所有指标值的方式得到阈值，以此可获得指标间逻辑关系方向图。

$$\underset{n\to\infty}{T} = D + D^2 + \cdots + D^n = \frac{D(1-D^n)}{1-D} = D(I-D)^{-1}, \lim_{n\to\infty} D^n = (0)_{n\times n} \tag{6-8}$$

步骤四：分析计算综合影响矩阵 T 中数据得出知识协同效应评价指标体系中心度和原因度。首先计算出综合影响度 R_i 和综合被影响度 C_i，其中 R_i 表示指标 i 的行和，C_i 表示指标 i 的列和，为此指标原因度可表示为$(R_i–C_i)$，其反映指标 i 与其他指标间因果逻辑关系，中心度可表示为(R_i+C_i)，其很大程度上反映该指标相对于其他指标的重要程度。因果逻辑关系的确定评判依据在于 R_i 值与 C_i 值的大小，若前者大于后者即$(R_i–C_i)>0$，则表明该指标为原因指标，其也是影响知识协同效应长期稳定与否的关键指标；如前者小于后者即$(R_i–C_i)<0$，则表明该指标为结果指标，其也是影响着短期效应提升的关键指标。

步骤五：在确定指标原因度和中心度基础上计算得到分布式创新网络中知识协同效应评价指标权重。

$$\omega_i' = \sqrt{(R_i + C_i)^2 + (R_j - C_j)^2} \tag{6-9}$$

$$\omega_i = \frac{\omega_i'}{\sum_{i=1}^{n} \omega_i'} \tag{6-10}$$

6.3.2　基于模糊综合评价法的知识协同效应评价

评价模型的构建需要具备权重和指标得分两种元素，因此接下来应采用合适的方法计算各指标得分以对指标好坏进行衡量。原始数据来源于专家依据自身经验进行打分，因为存在较强的不确定和主观性加之评价语义的多样性使得对模糊集的处理需要选择合理适当的处理办法。定性指标的评价原始数据来源于专家打分，往往需采用三角模糊数构建得分模型的办法对分值进行转换，本书在完成用决策试验和评价实验室法确定指标权重后，选用 Zadeh(1965)研究出的模糊决策模型对指标建立评价模型，完成对知识协同效应的计算，此方法主要优点在于能最大限度地减少专家打分主观性误差和模糊现状客观化误差。

依照定性指标的评价属性，本书将评价对象模糊集合确定为 $U = \{\mathrm{L,ML,M,MH,H}\}$，其中每一等级代表着不同评价指标实现程度，五等级含义可解释为 L

表示很差、ML 表示较差、M 表示一般、MH 表示较好、H 表示很好，即评价集表述为$U=\{L,ML,M,MH,H\}$={很差，较差，一般，较好，很好}。

假设单因素评价第 i 个评价因素 u_i，得到一个相对于 v_j 的模糊向量：

$$R_i=\left(r_{i1},r_{i2},\cdots,r_{im}\right)\quad(i=1,2,\cdots,N;\ j=1,2,\cdots,n)\tag{6-11}$$

式中，r_{ij} 为因素 u_i 具有 v_j 的程度，$0<r_{ij}<1$。若综合评价 n 个元素，其结果是一个 N 行 n 列的矩阵，则称之为隶属度 R。

1. 定性指标隶属度的确定

本书选择专家打分法确定定性指标隶属度，选择合适隶属度函数来确定定量指标隶属度，最终生成评语集。通过这种方式能在一定程度上保证得到客观与合理的评价。

参考上述对评价集的设定，设计模糊集对应的三角模糊数为 $L\to(0,1,3)$、$ML\to(1,3,5)$、$M\to(3,5,7)$、$MH\to(5,7,9)$、$H\to(7,9,10)$，根据评价隶属集和语义词的选定，可绘制出如图 6-2 所示的语义标尺图。

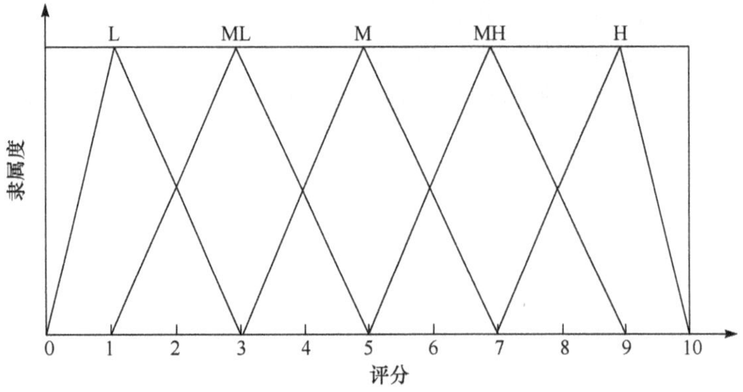

图 6-2　三角模糊数语义标尺图

图 6-2 仅反映各评分与程度的对应关系，还需通过采取某种方法将不同专家对各指标所有评分转化为该指标的综合得分，为此，本书选用三角模糊数法用于将五等级分值转化为定量评价数据，作者认为某指标的三角模糊数相当于图 6-2 中某区域三角形的面积 $D(i,j)$，即三角模糊数转换公式为

$$D(i,j)=\frac{1}{4}(a+2b+c)\quad\left(i=1,2,3,\cdots,26;\ j=1,2,3,\cdots,m\right)\tag{6-12}$$

向 m 位被调查者发放问卷后可收集到 $n\times m$(n 为评价指标数)项打分数值，其中 m 位专家对同一指标打分情况各异而形成该指标的专有评价矩阵 M，矩阵中五等级各有不同数量的人进行选择，表示为 d_1、d_2、d_3、d_4、d_5，即 d_1 代表着 m 位

调查者中认为该项指标很差的人数，以此类推解释其余四个符号，总共有 m 位调查者，很显然上述变量满足和为 m 的条件。

$$M_i=(d_1,d_2,d_3,d_4,d_5),\quad i=1,2,3,\cdots,26$$

将上述 d_1～d_5 五个变量值结合评价等级对应的三角模糊数综合分析该指标得分情况，并将矩阵 M 代入式(6-13)计算可得出分布式创新网络中知识协同效应评价一级指标的综合得分 CM_i。

$$\mathrm{CM}_i=\frac{\sum_{j=1}^{m}D(i,j)}{m}=\frac{1}{m}\left[\frac{7d_1+5d_2+3d_3+d_4}{4}+\frac{9d_1+7d_2+5d_3+3d_4+d_5}{2}+\frac{10d_1+9d_2+7d_3+5d_4+3d_5}{4}\right]=\frac{8.75d_1+7d_2+5d_3+3d_4+1.25d_5}{m} \tag{6-13}$$

2. 定量指标隶属度的确定

本书隶属度函数选择较常用的半梯形分布函数，具体方法如下。

设评价指标因素集 $X^{\mathrm{T}}=\{x_1,x_2,\cdots,x_m\}$，评价等级标准 $V=\{v_1,v_2,\cdots,v_n\}$，设 v_j 和 v_{j+1} 为相邻两级标准，且 $v_{j+1}>v_j$，则 v_j 级隶属度函数为

$$r_1=\begin{cases}1, & x_i\leqslant v_1\\ \dfrac{v_2-x_1}{v_2-v_1}, & v_1<x_i<v_2\\ 0, & x_i\geqslant v_2\end{cases} \tag{6-14}$$

$$r_2=\begin{cases}1-r_1, & v_1<x_i<v_2\\ \dfrac{v_3-x_1}{v_3-v_2}, & v_2<x_i<v_3\\ 0, & x_i\leqslant v_1\text{或}x_i\geqslant v_3\end{cases} \tag{6-15}$$

$$r_j=\begin{cases}1-r_{j-1}, & v_{j-1}\leqslant x_i\leqslant v_j\\ \dfrac{v_{j+1}-x_i}{v_{j+1}-v_j}, & v_j<x_i<v_{j+1}\\ 0, & x_i\leqslant v_{j-1}\text{或}\ x_i\geqslant v_{j+1}\end{cases} \tag{6-16}$$

计算评价指标 i 隶属于评价等级 j 的隶属度 r_{ij}，生成隶属函数 R。

$$R=\begin{pmatrix} r_{11} & r_{12} & \cdots & r_{1n} \\ r_{21} & r_{22} & \cdots & r_{2n} \\ \vdots & \vdots & & \vdots \\ r_{m1} & r_{m2} & \cdots & r_{mn} \end{pmatrix} \tag{6-17}$$

6.3.3 知识协同效应模糊综合评价

1. 一级指标评价

经过 6.3.2 小节中运用 DEMATEL 计算得出各一级指标的因子权重为 $W_i=\left(w_{i1},w_{i2},w_{i3},w_{i4}\right)$，此外，收集调查者打分数据可形成单指标矩阵，综合单矩阵后可形成一级指标的模糊矩阵 R_i，结合权重和模糊矩阵可给出分值计算公式，即

$$\mathrm{CM}_i=W_i\cdot R_i \tag{6-18}$$

2. 二级指标评价

一级指标因子归类后构成评价二级指标，因此二级指标评价值的计算建立在 CM_i 基础之上，分布式创新网络中核心企业间知识协同效应(effect of knowledge collaboration，EKC)为

$$\mathrm{EKC}=\sum_{i=1}^{26}\omega_i\cdot\mathrm{CM}_i,\quad i=1,2,3,\cdots,26 \tag{6-19}$$

式中，ω_i 为第 i 个二级指标的权重；CM_i 为第 i 个指标经专家打分后的模糊综合得分，计算方法见本书定性指标隶属度。

6.4　多核心企业间知识协同效应评价

6.4.1 以华为为核心的企业间知识协同分析

1. 华为分布式创新战略

成立于 1987 年的华为在世界通信网络和信息服务解决方案行业内遥遥领先，华为为向消费者提供更满意的产品和服务特将技术创新研发摆在战略高度，独立发明多项技术专利用于新产品开发中，在各个领域占据核心技术研发的制高点，因具有规模大、创新能力强等特点而成为协同网络中核心企业。该公司用自己的实践阐释了分布式创新模式对现代企业创新发展极大的推动作用。

华为战略目标布局于全球各地，致力于将产品及服务打入欧洲、美国等国家

和地区的高端市场，解决方案服务于英国、美国、法国、德国、西班牙、荷兰等发达国家。经统计，截至 2018 年，华为已服务上述国家中电信运营商 50 强中的 28 家，而且为了更好吸收当地资源运用于自身技术研发，特别与全球客户及合作伙伴共同建立了 26 个联合创新中心，通过跨文化团队合作，实施全球异步研发战略，华为布局的全球性研发网络如图 6-3 所示。该中心所涉足的技术研究领域，从最初的无线接入，扩展到网络通信技术、业务支撑系统、能源、云计算等行业解决方案。

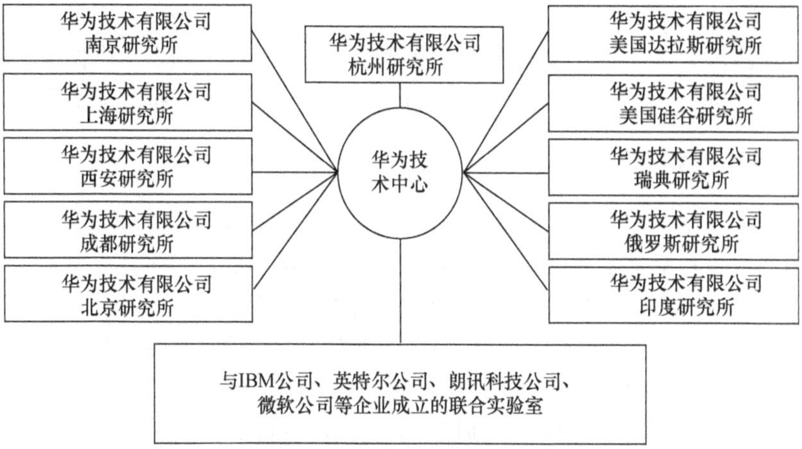

图 6-3　华为全球性研发网络

为了实现既定的 R&D 国际化战略目标，华为的分布式创新分为四步。

第一步，为吸收学习该行业领先技术与国外相关企业达成技术联盟，以共同学习、共同研发、成果共享为原则，继而优化各自创新效率。华为先后与 IBM 公司、英特尔公司、朗讯科技公司、微软公司等世界一流企业成立联合实验室并建立起长期合作从而实现技术开发与合作的国际化。通过第一步，华为在研发的国际化、本土化过程中，谋求与客户及合作伙伴的“三赢”，赢得了研发优势的互补。

第二步，设立海外研发机构用于掌控国际领先技术发展势态，以卓越技术为目标提升自身研发能力。为跟踪和获取光网络技术及其他通信产品研究动态，华为设立了华为技术有限公司美国子公司(硅谷)和美国达拉斯研究所。华为技术有限公司瑞典研究所则负责跟踪欧洲的全球移动通信系统(global system for mobile communications，GSM)、宽带码分多址(wideband code division multiple access，WCDMA)发展动态，进行移动通信技术的研究。

第三步，追求产品与技术走出国门，在了解当地市场资源与条件基础上挖掘和开发国际市场，建立当地研发机构。以华为技术有限公司俄罗斯研究所为例，华为为了占领俄罗斯的无线通信市场，依托俄罗斯贝托–华为合资公司，设立了华为技术有限公司俄罗斯研究所，专门负责华为技术的当地化研究，以使公司更好地占领当地市场。

第四步，全球性组织开展技术研发活动，追求多样性和多区域性。目前，华为已成为中国最大的通信设备制造商，在 40 多个国家设立了分支机构或合资企业。华为的技术创新也发展到了多样化、多地点、全球性技术创新的新阶段。技术联盟、海外 R&D 机构、国内不同地区的 R&D 机构共同构成华为的全球性 R&D 网络(陈劲，2013)。

上述四步骤国际研发战略的实施使得华为在国内外市场上站稳脚跟，其研发的产品和提供的解决方案已成为此行业的代表性名词，如分布式基站等。

2. 华为与 3Com 间的知识协同创新

华为与 3Com 均为通信设备行业佼佼者，它们同产业链上下游企业包括客户、供应商及竞争对手基于在 IPV6 领域产品研发资源方面的互补关系构成分布式创新网络中的子网络。华为和 3Com 同作为子网络中核心企业共同组成杭州华三通信技术有限公司(以下简称 H3C 公司)联合研发 IPV6 系列解决方案及应用成果，并在北京共同举办网络设备系列产品发布会，以昭示其合作目的与愿景，华为依靠自身经验累积和技术研发的不断探索成为国内先进的数据通信设备供应商和解决方案提供商，因其研发成本低、产品质量领先等优势获得众多消费者偏爱，特别是自主研发的以太路由器系列具有较优质的性价比，此外 3Com 乃国际设备通信行业领先者之一，因此此次合作可称为强强联手。

H3C 公司的成立不仅有助于巩固华为在技术通信领域的稳固地位，维持其技术解决方案行业的领先地位，使其占据同类产品市场的制高点，更能激发华为更大的研发潜力，提供更优质的产品和服务以助其更快更好地打入国际市场，提升其知名度，此外 3Com 可因此合作机会而在节省市场开拓成本的情况下更便捷地进入中国巨大的市场。研发实力、市场优势不相上下的公司之间的合作追求的是一种资源、技术、管理经验共同合作的状态，因此双方企业不仅共同使用对方的各种资源，还能通过学习实现资源技术的碰撞以研发出更为先进的技术，互相交流管理经验、共同进步，而知识协同的本质就在于资源的共享及知识的碰撞产生新知识以使双方获利。为此华为和美国网络设备商 3Com 成立的合资公司 H3C 公司也成为一个比较典型的实例。

当然，所有的合作需在一定规则和制度的约束下才能有效进行，因为分工协作的前提在于双方目标一致，在 H3C 公司中，华为一方主要任务在于制定合作准则规范、产品研发完成后向运营商客户推广，3Com 一方主要负责终端产品、内容应用产品等核心业务链的研发工作，双方就共同存在的潜在市场在各自任务分工下共享资源、共享经验，以完成产品从研发至销售的全过程，进而满足不同客户对产品多样性的要求。此次合作推进双方效益产生质的飞跃，短短合作的几年时间使 H3C 公司收益发生十多倍的攀升并且迅速成长为路由器、交换机行业佼佼者。新公司成立后的重心放在技术研发环节，当然结果也较为可观，公司将每年 15%的销售收入投入新技术的研发中，以此每年发明的专利数以 400+的速率增长，其中有 30 多项专利引用至欧洲、美国等发达国家和地区。

6.4.2　评价模型在分布式创新网络中的应用

1. 知识协同效应评价权重的确定

评价指标存在定性与定量之分，对于定性指标，学术上通常采取向专家发放问卷并依据经验打分的方法获得原始数据，这也称为专家主观经验法；对于定量指标，直接收集指标对应样本数据，计算样本数据得到各指标重要性程度以确定权重。本书指标中定性指标占较大比重，故采取专家打分获得计算依据。

1) 评价体系一级指标分析

步骤一：邀请的 10 位专家中 6 名是来自华为研发部门、战略部门、销售部门和财务部门的基层及中层管理人员，以及 4 名是来自技术创新管理或知识管理方向的教授。选定 0～4 五等级量度对协同绩效提升度、资源整合度、协同合作度等 7 个一级指标间的直接影响程度进行专家访谈。计算得到核心企业间知识协同效应一级评价指标的初始直接影响矩阵 A，如表 6-11 所示。

表 6-11　初始直接影响矩阵 A

一级指标	A_1	A_2	A_3	A_4	A_5	A_6	A_7
协同绩效提升度 A_1	0	2.400	2.200	2.200	2.200	2.100	3.000
资源整合度 A_2	2.200	0	1.500	2.500	3.400	3.400	2.700
协同合作度 A_3	2.400	1.900	0	3.300	2.100	2.000	3.300
知识资本增值 A_4	2.200	2.600	2.400	0	1.900	2.600	1.100
社会资本增值 A_5	2.100	2.300	2.700	2.500	0	3.600	2.900
协同时效性 A_6	2.600	2.000	2.100	1.700	2.300	0	1.300
协同准确性 A_7	2.400	2.500	2.200	2.600	2.600	2.500	0

步骤二：将初始直接影响矩阵 A 转换为标准化直接影响矩阵 D(表 6-12)。

表 6-12 标准化直接影响矩阵 *D*

一级指标	A_1	A_2	A_3	A_4	A_5	A_6	A_7
协同绩效提升度 A_1	0	0.149	0.137	0.137	0.137	0.130	0.186
资源整合度 A_2	0.137	0	0.093	0.155	0.211	0.211	0.168
协同合作度 A_3	0.149	0.118	0	0.205	0.130	0.124	0.205
知识资本增值 A_4	0.137	0.161	0.149	0	0.118	0.161	0.068
社会资本增值 A_5	0.130	0.143	0.168	0.155	0	0.224	0.180
协同时效性 A_6	0.161	0.124	0.130	0.106	0.143	0	0.081
协同准确性 A_7	0.149	0.155	0.137	0.161	0.161	0.155	0

步骤三：基于标准化直接影响矩阵 D，计算综合影响矩阵 T。依据 DEMATEL 公式，经过计算可以得到核心企业间知识协同评价指标的综合影响矩阵 T，如表 6-13 所示。

表 6-13 评价指标的综合影响矩阵 *T*

一级指标	A_1	A_2	A_3	A_4	A_5	A_6	A_7
协同绩效提升度 A_1	0.996	1.112	1.065	1.163	1.151	1.254	1.165
资源整合度 A_2	1.207	1.072	1.120	1.268	1.301	1.422	1.238
协同合作度 A_3	1.174	1.137	0.992	1.266	1.193	1.320	1.224
知识资本增值 A_4	1.029	1.034	0.991	0.950	1.045	1.177	0.985
社会资本增值 A_5	1.223	1.215	1.195	1.291	1.144	1.449	1.268
协同时效性 A_6	1.003	0.961	0.935	0.999	1.017	0.987	0.952
协同准确性 A_7	1.165	1.155	1.103	1.222	1.210	1.318	1.045

步骤四：计算出原因度和中心度及指标权重，如表 6-14 所示。

表 6-14 一级指标的原因度、中心度及权重

一级指标	R_i	C_i	R_i-C_i	R_i+C_i	w_i
协同绩效提升度 A_1	6.855	8.909	−2.054	15.764	0.151
资源整合度 A_2	7.906	7.796	0.110	15.702	0.140
协同合作度 A_3	8.628	7.686	0.942	16.314	0.137
知识资本增值 A_4	7.209	8.160	−0.951	15.369	0.146

续表

一级指标	R_i	C_i	R_i-C_i	R_i+C_i	w_i
社会资本增值 A_5	8.288	7.402	0.886	15.690	0.140
协同时效性 A_6	8.786	8.062	0.724	16.848	0.142
协同准确性 A_7	8.218	7.876	0.342	16.094	0.144

由表 6-14 可知，A_2、A_3、A_5、A_6、A_7 原因度大于 0，A_4 接近 0，故资源整合度、协同合作度、社会资本增值、协同时效性及协同准确性 5 个指标相对协同效应提升与知识资本增值来说均为原因指标，用以揭示指标间内部衔接关系。此外，协同绩效提升度与知识资本增值两指标权重相对较高，其他指标权重基本持平，说明上述指标对知识协同效应评价重要性基本一致，且得到综合得分模型为

$$\begin{aligned}\mathrm{EKC}=&0.151\mathrm{CM}_1+0.14\mathrm{CM}_2+0.137\mathrm{CM}_3+0.146\mathrm{CM}_4\\&+0.14\mathrm{CM}_5+0.142\mathrm{CM}_6+0.144\mathrm{CM}_7\end{aligned}$$

2) 评价体系二级指标分析

同样以专家打分为依据首先构建七大公共因子的初始直接影响矩阵 A_i，继而在 Matlab 及 Excel 中完成 A_i 标准化及后续计算过程，并以此确定核心企业间知识协同效应二级评价指标权重(表 6-15)。

表 6-15　评价指标的中心度、原因度和权重值

一级指标	w_i	二级指标	R_i+C_i	R_i-C_i	w_i
协同绩效提升度 A_1	0.151	知识协同成果领先水平 B_1	8.398	−0.384	0.158
		知识协同后产品销售收入增长率 B_2	8.826	0.849	0.167
		产品研发成本降低率 B_3	9.838	0.639	0.186
		客户满意度 B_4	8.640	−0.386	0.163
		市场响应速度 B_5	8.667	−0.561	0.164
		总投资利润率实现率 B_6	8.576	−0.157	0.162
资源整合度 A_2	0.140	产品研发周期缩短程度 C_1	10.480	1.066	0.252
		研究成果投产率 C_2	9.387	−0.906	0.226
		核心知识协同资源共享程度 C_3	10.773	1.128	0.260
		项目开发成功率提升 C_4	10.868	−1.288	0.262
协同合作度 A_3	0.137	与外部咨询专家交流情况 D_1	24.032	2.614	0.308
		企业间知识交流的频度和效果 D_2	27.223	−0.011	0.347
		主体之间相互信任程度 D_3	26.859	−2.603	0.345

续表

一级指标	w_i	二级指标	R_i+C_i	R_i-C_i	w_i
知识资本增值 A_4	0.146	成员业务技能的提高程度 E_1	16.869	1.412	0.203
		团队能力的提升 E_2	15.812	–1.498	0.191
		组织文化和惯例的改善 E_3	16.379	0.479	0.197
		专利、文档、案例等知识的增加 E_4	17.483	–0.335	0.210
		积累的管理经验 E_5	16.540	–0.058	0.199
社会资本增值 A_5	0.140	合作默契 F_1	30.000	–6.000	0.550
		增加了新成员 F_2	25.000	1.000	0.450
协同时效性 A_6	0.142	知识交换途径便捷 G_1	44.027	1.383	0.333
		信息传递及时率 G_2	44.268	–2.215	0.335
		资源获取效率 G_3	43.933	0.832	0.332
协同准确性 A_7	0.144	信息准确率 H_1	17.913	–0.585	0.330
		知识搜寻时间的变化 H_2	18.354	1.060	0.339
		知识转移时间的变化 H_3	17.965	–0.476	0.331

2. 基于模糊综合评价的华为知识协同效应评价

1) 定性指标模糊评价得分

邀请多位专家进行模拟评分，专家人数为 10，专家对指标 i 进行 5 等级的评价的人数为 $d_K(K=1, 2,\cdots, 5)$，得到的隶属矩阵及指标得分如表 6-16 所示。

表 6-16 定性指标得分数据

指标	L	ML	M	MH	H	指标得分
知识协同成果领先水平 B_1	0	1	3	4	2	6.35
客户满意度 B_4	1	2	4	2	1	5.58
市场响应速度 B_5	2	3	3	2	0	4.80
产品研发周期缩短程度 C_1	1	2	3	2	2	5.38
核心知识协同资源共享程度 C_3	1	2	3	3	1	5.20
项目开发成功率提升 C_4	1	2	3	2	2	5.95
与外部咨询专家交流情况 D_1	2	3	2	3	0	4.25
企业间知识交流的频度和效果 D_2	1	2	4	3	0	5.00
主体之间相互信任程度 D_3	0	3	3	2	2	5.95

续表

指标	L	ML	M	MH	H	指标得分
成员业务技能的提高程度 E_1	1	2	5	2	0	5.78
团队能力的提升 E_2	0	2	4	3	1	6.15
组织文化和惯例的改善 E_3	1	2	3	4	0	5.03
专利、文档、案例等知识的增加 E_4	0	1	4	3	2	6.15
积累的管理经验 E_5	1	3	3	2	1	4.80
合作默契 F_1	1	3	3	2	1	4.80
增加了新成员 F_2	2	2	3	2	1	4.63
知识交换途径便捷 G_1	0	3	4	3	0	5.00
信息传递及时率 G_2	1	2	2	3	2	5.58
资源获取效率 G_3	0	2	3	2	3	6.13
信息准确率 H_1	0	2	3	4	1	5.78
知识搜寻时间的变化 H_2	2	3	3	2	0	4.05
知识转移时间的变化 H_3	1	2	4	3	0	4.83

2) 定量指标模糊评价得分

依据调研资料、专家访谈及行业标准，同时参考历史资料和文献，构建出四个定量指标等级标准(表 6-17)，专家依据等级标准对指标进行等级的确定。

表 6-17　定量指标等级标准

指标	很差	较差	一般	较好	很好
总投资利润率实现率 B_6	−1%	0	7.47%	10.91%	15.57%
知识协同后产品销售收入增长率 B_2	−10.78%	0	9.16%	18.76%	28.31%
研究成果投产率 C_2	4%	8%	10%	20%	35%
产品研发成本降低率 B_3	1%	2%	4%	6%	8%

以确定“总投资利润率实现率”评语集为例，演示确立定量指标隶属度的过程。华为评价期总投资利润实现率为 10.3%，可知 x_2=10.3%，v_1= −1%，v_2=0，v_3=7.47%，v_4=10.91%，v_5=15.57%，具体计算过程如下。

$$r_1 = 0 \quad (x_i \geqslant v_2)$$

$$r_2 = 0 \quad (x_i \geqslant v_3)$$

$$r_3 = \frac{v_4 - x_i}{v_4 - v_3} = \frac{10.91 - 10.3}{10.91 - 7.47} = 0.177 \quad (v_3 < x_i < v_4)$$

$$r_4 = 1 - r_3 = 0.823 \quad (v_3 \leqslant x_i \leqslant v_4)$$

$$r_5 = 0 \quad (x_i \leqslant v_4)$$

因此，得到 B_6 评语集为(0, 0, 0.177, 0.823, 0)，即隶属集为(0, 0, 1.77, 8.23, 0)，将此矩阵转化为定性指标隶属矩阵含义可表示为认同该指标一般的有 1.77 位(约为 2 位)专家，认同指标较好的有约 8 位专家。按照同样的方法，对其他指标的隶属度进行确定，评价当期该企业知识协同后产品销售收入增长率 B_2 为 12.4%，其隶属集为(0, 0, 6.62, 3.37, 0)，研究成果投产率 C_2 为 9.65%，其隶属集为(0, 1.75, 8.25, 0, 0)，产品研发成本降低率 B_3 为 5.36%，其隶属集为(0, 0, 3.2, 6.8, 0)。最后汇总所求的隶属度，得到模糊综合评价矩阵，见表 6-18。

表 6-18　定量指标得分数据

指标	L	ML	M	MH	H	指标得分
知识协同后产品销售收入增长率 B_2	0	0	6.62	3.37	0	5.67
产品研发成本降低率 B_3	0	0	3.2	6.8	0	6.36
总投资利润率实现率 B_6	0	0	1.77	8.23	0	6.65
研究成果投产率 C_2	0	1.75	8.25	0	0	4.65

3) 各级指标模糊综合得分

计算得到各一级指标的得分如下。

A_1=5.906, A_2=5.316, A_3=5.091, A_4=5.584, A_5=4.721, A_6=5.566, A_7=4.876

总的知识协同评价值为 EKC=5.853。

4) 阈值的确定

阈值的确定采用各取极值的方式，即假设 10 位专家给各指标均打分为很好，计算其综合得分为 8.748，以此类推得到知识协同效应评价的阈值量表(表 6-19)。

表 6-19　阈值量表

阈值	效应强度
[2.28, 3.789)	效应较弱，协同能力存在很大的提升空间
[3.789, 5.514)	效应一般，可进行进一步的优化
[5.514, 7.238)	效应较强，有的放矢地进一步强化
[7.238, 8.748)	效应很强

6.4.3 评价结果分析

经过计算可知华为在分布式创新网络中与其他核心企业合作带来的整体知识协同效应值 EKC=5.853，因此依据阈值量表的界定，专家认为该企业整体效应处在中等偏上的水平，然而在部分指标上仍有一定的优化完善余地，找寻出知识协同薄弱环节以便于以后知识协同效应的优化。

可知一级指标隶属度 A_1、A_2、A_3、A_4、A_5、A_6、A_7 的值分别为 5.906、5.316、5.091、5.584、4.721、5.566、4.876，即专家认为该企业协同绩效提升度、知识资本增值及协同时效性处于中等偏上的水平，其他 4 项指标均处于中等偏下水平，其中社会资本增值和协同准确性两指标相对其他指标来说明显偏低，说明该企业要想优化知识协同效应，可通过转变管理意识、创新管理方式的形式提高协同准确性及促进社会资本的增值。由于二级指标偏多，将 26 个二级指标按阈值划分为两大类，见表 6-20。通过表 6-20 可以看出，大多数指标处于效应中间水平。

表 6-20　二级指标效应强度汇总

指标类型	具体指标
效应一般的指标	B_5、C_1、C_2、C_3、D_1、D_2、E_3、E_5、F_1、F_2、G_1、H_2、H_3
效应较强的指标	B_1、B_2、B_3、B_4、B_6、C_4、D_3、E_1、E_2、E_4、G_2、G_3、H_1

以此可以反映出企业在协同过程中更注重的是以结果为直接导向的相应指标的提升，如协同绩效和知识资本，此外还因为此类指标更易以量化的方式进行衡量。与此同时，企业偏向于忽略掉隐形存在于企业协同过程中比较关键的因素，如协同的准确性提升及社会资本的增值。因此，本书构建的一套评价指标体系有助于相关企业审视本公司协同过程各环节，以达到查漏补缺的效果。

6.5 本章小结

知识协同是分布式创新网络中多核心企业协同的最高形式，也是多核心企业协同创新效应的关键来源。已有的文献研究了企业间知识协同的概念、过程、机理等，但是关于知识协同效应评价的研究较少。本章在文献研究的基础上分析了分布式创新网络中多核心企业间知识协同效应的产生机理，包括范围经济、价值增值和学习经济。然后，结合知识协同效应评价的三个维度，即协同程度、协同效果、协作效率，运用定性与定量相结合的指标筛选方法，确定了多核心企业间知识协同的评价指标体系。进一步，采用决策试验和评价实验室法与模糊综合评价法相结合的方法解决知识协同效应评价中多属性模糊决策问题。具体来说，运用决策试验和评价实验室法计算出知识协同效应各级指标权重；运用模糊综合评价法计算评价指标的隶属度。最后，应用评价模型对华为与 3Com 间的知识协同效应进行了分析和评价。

第 7 章　非核心企业参与分布式创新网络的风险识别与评价

非核心企业是分布式创新网络中相对于核心企业的，具体指具备一定的技术创新能力和知识储备，在一定的制度安排下依靠创新网络实现自身价值，并处于被支配地位的企业。非核心企业参与分布式创新网络机遇与风险并存。为此，基于分布式创新网络这一背景，识别非核心企业参与分布式创新网络存在的风险，能够指导非核心企业评估其所处风险环境及采取风险防控措施。

本书所研究的风险为感知风险，即管理者感受到的非核心企业参与分布式创新网络时所面临的风险。本书将风险分为分布式创新网络一般风险和非核心企业参与分布式创新网络显著风险。分布式创新网络一般风险是指主体面临的共性风险，而分布式创新网络显著风险是指分布式创新网络一般风险中对非核心企业影响更为突出的风险，主要是非核心企业不利的网络位置和自身实力的欠缺导致的。分布式创新网络一般风险与分布式创新网络显著风险的关系为包含与被包含的关系。

7.1　非核心企业参与分布式创新网络风险诱发因素

分布式创新网络能否顺利运行往往受到一系列因素的制约和影响，这些因素可以称为分布式创新网络风险。同时，作为处于网络被支配地位的非核心企业，其在分布式创新网络中所面临的风险更加复杂，同时也具有特殊性。所以为了更好地识别非核心企业参与分布式创新网络的不同风险，依据分布式创新网络一般风险和非核心企业参与分布式创新网络显著风险，分别分析其诱发因素。

7.1.1　分布式创新网络一般风险诱发因素

万幼清等(2015)认为创新活动既要受内部组织不稳定性的制约，又要受外部环境不稳定的影响。本书参考其设计的产业集群协同创新风险的诱发因素模型，从内外部两个角度构建了分布式创新网络一般风险的诱发因素模型，如图 7-1 所示。

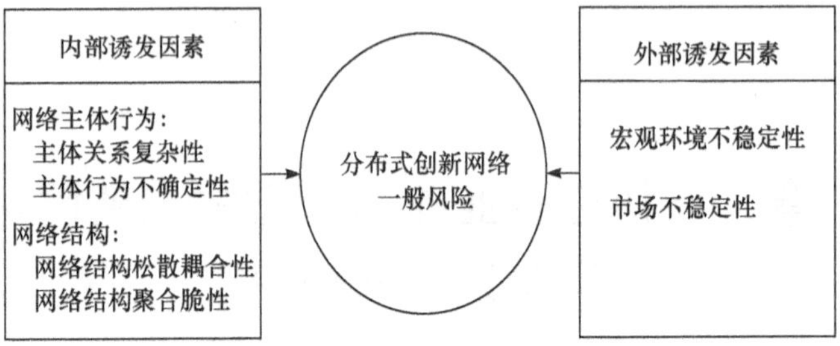

图 7-1　分布式创新网络一般风险的诱发因素模型

1. 内部诱发因素

分布式创新网络一般风险的内部诱发因素是由网络主体行为和网络结构引起的。主要包括两个方面。

(1) 网络主体行为。分布式创新最显著的特点是主体之间的参与和合作(闫俊周，2013)。网络中各主体的参与和合作是分布式创新成功的关键所在，但是网络主体的行为受到各种因素的影响具有不确定性，与网络的合作制度安排和合作文化产生冲突，从而滋生风险。网络主体行为相关的诱发因素包括：①主体关系复杂性。分布式创新的实质是不同主体的互动合作，但是各主体间的关系是复杂的，互相之间的联系并不都是强联系，在网络中还存在弱联系，具体表现为分布式创新网络中合作契约不完备、主体间合作目标不统一、主体间技术标准和企业文化不兼容、信息不对称。②主体行为不确定性。网络主体在不完全信息的基础上进行利益博弈，其行为具有不确定性，可能出现损人利己行为。具体表现为机会主义行为、主体间互不信任、创新懒惰。

(2) 网络结构。若干节点相互联结互动便构成了创新网络结构，结构的完善与否关系创新的成效，但是实践中分布式创新网络在结构上存在两个问题：①网络结构松散耦合性。Rogers(2003)等研究发现网络连接的精密程度与应对外部攻击的能力呈正相关关系。如果网络稳定性较差，则对于危机的抵抗能力较弱，同时还会造成主体间合作程度低，合作意识不强，最终影响创新绩效。具体表现为网络节点间联系松散、管理机制不健全、网络主体内部竞争。②网络结构聚合脆性。唐丽艳等(2015)指出创新网络结构聚合程度较高具有增强合作伙伴间信任、减少内部竞争、控制搭便车的效果，但是会造成网络结构的僵化。网络对于外界变化反应较慢，主体和知识流动性不足会严重影响网络创新活力，造成网络结构僵化，具体表现为网络自我锁定、创新路径依赖。

2. 外部诱发因素

分布式创新网络一般风险的外部诱发因素是创新网络所处的外部环境的变化

引起的，主要包括宏观环境不稳定性和市场不稳定性。两种因素的变化均会对创新网络创新绩效产生巨大影响。

宏观环境是经济发展的形势、创新网络所处产业的发展趋势、政府出台的相关经济和产业政策及技术环境的集合。宏观环境的变化直接关系着市场需求容量，经济衰退、产业衰落或者政策变动，都会导致市场需求的下降，从而对创新网络的生存产生决定性破坏。而合作创新所依托的技术出现变革，这种改变具体表现在技术出现了巨大的进步，以至于分布式创新网络主体没有及时掌握新技术而落后于市场，合作创新成果便不能满足市场需求，为市场所淘汰；市场变化主要指的是市场重心的转移，其决定了市场的供给与需求，不仅会对分布式创新网络合作创新的前景产生影响，还会改变合作创新的方向。

7.1.2　非核心企业参与分布式创新网络显著风险诱发因素

针对非核心企业参与分布式创新网络显著风险诱发因素的研究较少。闫俊周(2013)指出非核心企业的机会主义行为是分布式创新网络知识转移顺利进行的最大障碍，这是从非核心企业主观行为的角度进行分析的；李锦飞和向洪玉(2011)在分析非核心企业供应链风险时提出网络位置的劣势是非核心企业相对于核心企业面临更大风险的源头，这一观点是从客观角度出发的。结合二者的观点，可知非核心企业参与分布式创新网络的显著风险诱发因素有主观和客观之分，据此本书构建非核心企业参与分布式创新网络的显著风险诱发模型，如图 7-2 所示。

图 7-2　非核心企业参与分布式创新网络显著风险诱发模型

1. 主观诱发因素

非核心企业参与分布式创新网络显著风险主观诱发因素来源于非核心企业的主观行为，具体是由于认识的局限性和逐利性。其中，认识的局限性是指非核心企业对于客观风险的感知存在偏差，继而影响其对于所获取的信息认知和决策行为。经济学中理性人的假定是人具有影响决策的所有信息和无限的记忆、计算能力，但是现实网络中企业很难充分掌握所有信息，尤其是处于边缘节点的非核心企业，这必然会导致非核心企业信息认知的局限，并影响其对客观风险的理解和处理，不能做出正确的决策行为。同时非核心企业在信息不对称的情况下为获取最大利益还有可能采取激进的利己行为。Das 和 Teng(2001)认为创新网络中非核心企业由于承担的网络责任较少，更易采取机会主义行为。非核心企业的利己动机必然会损害网络中其他主体的利益，导致网络间信任的消融，削弱其他主体的创新动力，最终影响创新成效。

2. 客观诱发因素

非核心企业参与分布式创新网络显著风险的客观诱发因素直接来源于其不利的网络位置和自身实力的不足，具体表现是依附性、可替代性、被动性：①依附性。在创新网络中，非核心企业限于自身规模、技术资金实力或者资源投入少往往对一个或者多个核心企业存在依附关系。②可替代性。分布式创新网络是有进有出的，不停引进新创或者是衍生的企业，同时淘汰掉不合格的企业，所以整个网络主体是在不断地动态调整的，分布式创新网络通常会建立主体淘汰制度来确保内部的创新活力和动力。因此，处于被支配地位的非核心企业一旦在技术、资源、知识和资金等方面不能匹配网络创新要求，则会被其他主体取代。③被动性。非核心企业在网络中扮演被支配角色，对于网络中资源的配置、利益的分配、制度的安排和知识的流动等事项只能被动接受，不具有主动决定权。

7.2 非核心企业参与分布式创新网络风险识别

7.2.1 风险识别的定性综合集成

分布式创新网络中风险的识别需要充分考虑风险的复杂性。钱学森等(1990)首次提出从定性到定量的综合集成方法以解决类似复杂巨系统问题；后来，戴彬等(2011)创造性地将综合集成识别方法引入合作创新风险识别。

本书借鉴戴彬等(2011)综合集成识别方法，结合非核心企业参与分布式创新网络风险识别的特殊性，构建了四阶段的非核心企业参与分布式创新网络风险综合集成识别框架(图 7-3)，即第一阶段风险识别的定性综合集成，第二阶段风险识别的定性定量相结合综合集成，第三阶段风险识别的定性综合集成，第四阶段风险识别的从定性到定量综合集成。

(1) 第一阶段：风险识别的定性综合集成。

具备专门和经验的专家共同组成研究非核心企业参与分布式创新网络风险识别的专家咨询小组，通过将专家经验和知识及相关文献进行综合集成，进而确定分布式创新网络一般风险。这种方法要比主流采用的文献梳理或专家咨询意见推导出的理论分析方法更加科学和全面，避免了风险因素的遗漏。

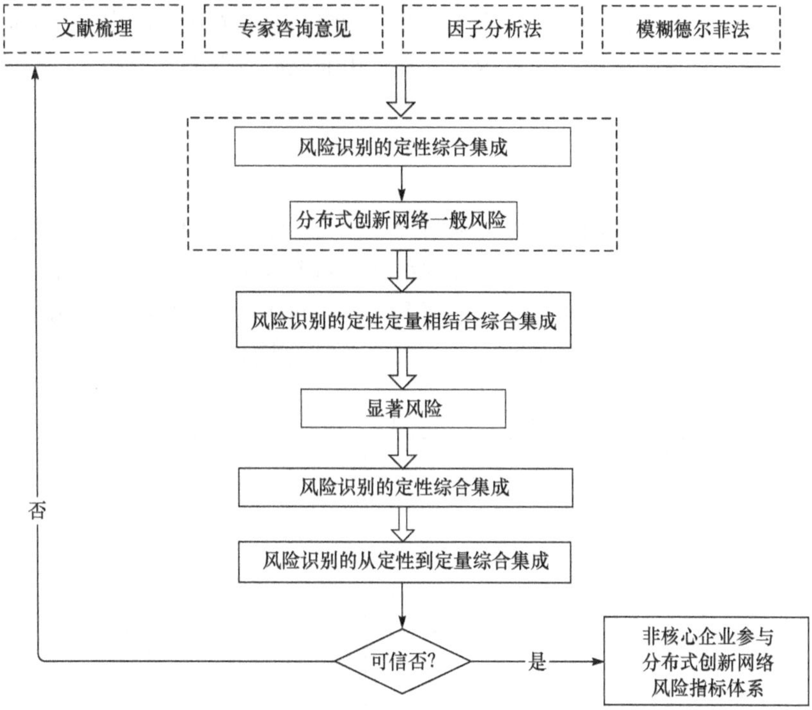

图 7-3　非核心企业参与分布式创新网络风险综合集成识别框架

(2) 第二阶段：风险识别的定性定量相结合综合集成。

第一阶段的识别是基于专家根据经验或者知识进行的推论，这样得出的结论不能保证确定可靠，因此还需要综合集成定量的方法，结合相关资料和问卷调查，进行实证分析，以此判断定性综合集成的正确性。

(3) 第三阶段：风险识别的定性综合集成。

借助专家咨询小组对经过验证的分布式创新网络一般风险因素进行再次识别，进而得出分布式创新网络风险中对于非核心企业影响显著的风险，并构建非核心企业参与分布式创新网络显著风险指标体系。

(4) 第四阶段：风险识别的从定性到定量综合集成。

再一次邀请专家咨询小组对经过理论推导和定量验证而得出的结论进行二次判断，确定综合集成结果是否可信。如果可信则确定非核心企业参与分布式创新网络风险指标体系，如果不可信就需要调整风险因素量表和实证分析参数进行改进，并重复上述综合集成过程直到结果可信为止。

在诱发因素的影响下，分布式创新网络参与主体在合作创新过程中面临众多风险，其中鉴于网络位置的特殊性和自身实力的不足，部分风险对于非核心企业的影响较核心企业更加显著。组成一个 10 人专家咨询小组，其中 4 人为对分布式创新理论有深入研究的博士；6 人为所在公司参与过创新网络的中小企业高层管理人员。专家咨询小组根据诱发因素，筛选出非核心企业参与分布式创新网络的主要风险因素，并构建初始风险因素量表。

1. 内部风险因素

分布式创新网络的内部风险是网络内各创新主体及其相互联系构成的创新网络自身引起的，分为网络主体行为和网络结构两个维度。其中网络主体行为包括主体关系复杂性和主体行为不确定性两个特性。网络结构包括网络结构松散耦合性和网络结构聚合脆性两个特性。内部风险因素量表如表 7-1 所示。

表 7-1 内部风险因素量表

<table>
<tr><th colspan="2">内部风险诱发因素</th><th>内部风险因素</th></tr>
<tr><td rowspan="10">网络主体行为</td><td rowspan="4">主体关系复杂性</td><td>信用风险</td></tr>
<tr><td>知识破损风险</td></tr>
<tr><td>主体能力不匹配风险</td></tr>
<tr><td>投入不对等风险</td></tr>
<tr><td rowspan="6">主体行为不确定性</td><td>知识外溢风险</td></tr>
<tr><td>知识产权风险</td></tr>
<tr><td>搭便车风险</td></tr>
<tr><td>淘汰风险</td></tr>
<tr><td>非理性不合作风险</td></tr>
<tr><td>理性不合作风险</td></tr>
<tr><td rowspan="8">网络结构</td><td rowspan="5">网络结构松散耦合性</td><td>内部竞争风险</td></tr>
<tr><td>占用性风险</td></tr>
<tr><td>网络解体风险</td></tr>
<tr><td>一次性合作风险</td></tr>
<tr><td>成本超支风险</td></tr>
<tr><td rowspan="3">网络结构聚合脆性</td><td>专用性风险</td></tr>
<tr><td>技术封闭风险</td></tr>
<tr><td>主体锁定风险</td></tr>
</table>

1) 主体关系复杂性

A. 信用风险

信用风险是指网络各主体鉴于信息不对称、合作契约不完备等因素而不能履行承诺产生的风险。网络中各节点的信息、资源互动交换的前提是各节点间相互信任，一旦某一主体因为违约行为而给其他主体留下信用缺失的印象，会导致其他主体对其信任度下降，挫伤关联主体合作意愿，引起与其联结的局部网络的瘫痪。

B. 知识破损风险

知识破损风险是指知识在网络间传递和吸收过程中部分主体接受和理解能力的不足造成的知识的完整性或真实性破损的风险。网络间知识的传递是创新得以进行的前提，但是网络各主体能力水平良莠不齐，知识从拥有者发出到接收者吸收过程中需要经过多重传递，过程中经常出现知识的散失或者破坏，引起传递困难和创新失败。网络环境下的知识传递和更改非常快速，会加剧知识破损的风险。

C. 主体能力不匹配风险

主体能力不匹配风险指的是网络中各主体能力水平的差异造成创新衔接困难的风险。网络主体的能力差异体现在技术水平、资金投入及学习能力三个方面，差异导致木桶效应，即部分主体的能力短板严重滞后整个网络的创新进程，制约主体创新协同步调。而且主体间能力级差越大，则能力强的主体知识溢出的风险就越大。

D. 投入不对等风险

投入不对等风险是指处于同一网络地位的主体由于信息不对称等因素而出现投入水平与网络地位和权力不对等的风险。网络各主体在不完全信息的环境下出于对网络前景的预估和主导企业的安排所做的投入决策是一项不完全信息动态博弈问题，投入的资源越多则面临的风险越大，但是其投入水平并不能就此决定其网络地位，赋予其相应网络权力。

2) 主体行为不确定性

A. 知识外溢风险

借鉴何瑞卿等(2007)对知识外溢的定义，即网络内部或者外部经济体在未取得知识产权的情况下而从他人拥有的知识中获取收益。知识外溢风险是指在未经授权的情况下网络内部或外部主体在知识共享的过程中获取了其他主体的知识权益。从知识流出方的角度来看，知识尤其是企业赖以生存的核心知识是其得以生存和发展的筹码，而知识外溢是宝贵知识资产的流失，更是竞争力的丧失。

B. 知识产权风险

知识产权风险是指网络主体在知识共享过程中知识产权暴露和丧失而产生的风险。知识产权暴露或者丧失的原因归结起来主要是其他主体窃取知识产权、违约挪用或者滥用知识产权、掠夺关键技术人才、侵占共有知识产权权益、恶意制造不完备契约骗取知识产权等五个方面。被侵占的知识产权不仅是网络主体原有的知识，还包括其与网络其他主体合作产生的新知识产权。

C. 搭便车风险

搭便车风险是指网络中部分主体基于投机心理在不投入或少投入的情况下追求超额网络收益。一方面，网络中投机者抱着“就算我不做，总会有别人做”的想法；另一方面，在集体行动中，难以衡量单个个体的贡献度，无形中给搭便车者提供了机会。搭便车必然会降低网络创新效率，损害网络集体利益。

D. 淘汰风险

淘汰风险是指由于主体能力不能匹配网络发展的需要而被其他主体所取代的风险。分布式创新网络具有开放性的特征，网络中的主体是动态调整的，而且内部和外部存在大量同质化企业，一旦某一主体难以适应发展需要便会被移出网络，并被其他企业所替代，而其前期投入的成本也无法收回。

E. 非理性不合作风险

非理性不合作风险是指网络主体基于对合作创新信心弱化而不合作行为的风险。网络主体如若对合作创新利益分配比例的公平性存在顾虑，就会丧失对于网络其他主体的信任和对于创新成功的信心，继而减少资源的投入，采取不计自身损失的不合作博弈行为，损人而不利己，造成网络局部甚至整体的运行障碍。

F. 理性不合作风险

理性不合作风险是指网络主体为追求自身利益最大化而采取不合作行为的风险(张春勋和刘伟，2007)。通常网络部分主体在占有创新收益的同时想要尽可能降低或不进行资源投入，对于个体来说这是一种基于创新惰性的投机行为，可以提高自身的经济效率，但是对于网络来说这部分主体的“偷懒”行为会极大地损害网络整体效率。

3) 网络结构松散耦合性

A. 内部竞争风险

内部竞争风险是指网络各主体为争取自身利益而相互竞争的风险。网络关系的实质是一种“竞合关系”，网络主体在合作创新的同时也会为占有更多资源支配权、更大利益分配比例而相互竞争，同时同类型主体间为网络位置也会进行激烈的竞争。这些竞争在合理的范围内会对网络的发展产生正向压力，促进网络进步。但是无序的内部竞争会严重削弱网络主体实力，降低协同的宽度和广度，造成内部资源的浪费。

B. 占用性风险

占用性风险是指网络创新产出分配不以各主体投入比例分配，而产生的部分主体收益被其他主体强制占用的风险。在分布式创新网络中，处于核心节点的企业在收益分配中具有主导权，往往也享有更大的收益分配额，与此同时处于弱势地位的其他主体的收益必然会因为占用而减少。占用性风险是组织管理制度不健全的具体表现，这种不公平的分配方式会严重损害弱势主体的权益，挫伤其合作意愿。

C. 网络解体风险

网络解体风险是指核心节点的失灵造成的网络运行瘫痪、架构解体的风险。庞俊亭和游达明(2012)认为创新网络中，核心节点受到攻击时会使集群创新网络分解成多个孤立的群落，使产业集群面临解体的风险。网络作为一种组织也会运行不良从而解体，尤其是处于网络核心节点的企业一旦出现运营问题必将波及整个创新网络，引发网络由内而外的崩塌，各主体前期投入也难以收回成本。

D. 一次性合作风险

一次性合作风险是指分布式创新网络主体间未形成稳定合作关系导致合作完成即终止的风险。分布式创新归根到底是企业间的合作博弈，如果各方互不信任，均抱着投机心态参与合作，属于浅层合作，这样的创新网络难以持久。对于参与主体来说虽然获得了短期利益，但是损失了持续合作的预期长效收益。

E. 成本超支风险

成本超支风险指网络主体因各种不可控因素导致投入的资金、技术和人力成本超出预期的风险。网络内部的竞争消耗、任务分配机制的调整、创新难度的增加等因素都会导致成本的增加，对于经济实力差、融资困难、技术储备不足的弱势主体来说成本的增加压力更加显著，会削弱其创新能力和降低创新意愿。

4) 网络结构聚合脆性

A. 专用性风险

专用性风险是指网络创新分工导致主体资产专用性增加的风险。网络各主体进行创新分工虽然会提高网络创新效率，巩固主体间的合作关系，但是赵骅等(2008)并不赞同完全依赖的专业化分工，他指出资产的专用化会造成资产间形成固定的连接和依存关系，一旦中间某一资产出现问题则会牵一发而动全身，造成整个资产衔接体系的崩塌，继而扩散到创新网络，引起合作创新的失败。分布式创新网络的专用性风险不单指固定资产的专用性，还包括技术和知识的专用性，这无形中造成主体对于网络的过度依赖，一旦离开网络则难以独立运营。

B. 技术封闭风险

技术封闭风险是指分布式创新网络形成了创新技术的路径依赖，新知识难以进入网络的风险。在合作创新过程中高度稳定的网络结构会造成创新思维的锁定，形成固定的创新技术路径，难以接受外部的新知识和新思维，引起网络内技术路径依赖，一旦创新失败则网络各主体一直沿用的技术将难以适应市场的需要。例如，索尼的虚拟信号技术创新网络最终被美国企业主导的数字信号技术所打败，十几年的研究成果难以市场化收回成本，并引发网络内大量中小企业破产或转型。

C. 主体锁定风险

主体锁定风险是指分布式创新网络主体在现有的结构和主体关系的基础上，满足于现状继而排斥外部主体进入网络的风险。分布式创新网络具有开放性的特征，过于稳定的结构和关系会造成网络主体流动性不足，导致网络内部知识趋同，创新活力下降。不仅难以应对外部技术、市场的变化，还会增加网络内部主体偷懒、搭便车的风险。

2. 外部风险因素

分布式创新网络的外部风险是外部环境的不稳定性引起的，不稳定主要指宏观环境不稳定和市场不稳定。外部风险因素量表如表 7-2 所示。

表 7-2 外部风险因素量表

外部风险诱发因素		外部风险因素
外部环境不稳定性	宏观环境不稳定性	政策变动风险
		经济下行风险
		技术变革风险
	市场不稳定性	供应风险
		需求风险
		竞争风险

1) 宏观环境不稳定性

A. 政策变动风险

政策变动风险是指外部政治、经济、市场环境的变化导致网络主体所在地政府政策出现不利于网络发展的变动所引起的风险。政策是一个复杂的大概念，包括制度和体制、法律、经济政策、文化政策、创新政策等。分布式创新网络的本地根植性决定了分布在不同地理环境的节点的行为会受到其所在地政策的影响，进而做出相应决策，并传导影响整个网络的运行，导致其他主体共同分担风险。

B. 经济下行风险

经济下行风险是指分布式创新网络受全球或者局部经济形势下行的影响而产生的风险。分布式创新是以利益为导向的，经济形势的好坏决定了创新的市场前景，也决定了网络所处产业的发展状况。

C. 技术变革风险

技术变革风险是指外部技术环境变化导致分布式创新网络现有技术落后而产生的风险。外部的环境变化主要包括工艺技术的进步、技术标准的调整两个方面。如果创新网络没能抓住技术升级换代的机会，或者无法适应修改的环保、能耗、安全等技术标准，则前期技术投入便难以收回成本。

2) 市场不稳定性

A. 供应风险

供应风险是指市场所提供的资源无法满足分布式创新网络运行需要而产生的风险。资源的产量、交通运输情况、资源的品质等因素都会导致维持网络创新活动开展的资源供应紧张，造成创新效率下降或者创新成本增加。例如，中国稀土出口控制政策导致电子、汽车、家电产业一度出现原材料紧张的情况。

B. 需求风险

需求风险是指市场需求的不确定导致分布式创新成果市场化困难而产生的风险。分布式创新的最终目标是成果的市场化，但是市场容量、产品价格、产品工艺、经济形势等因素都会影响市场对产品的需求量，继而决定创新绩效。

C. 竞争风险

竞争风险是指分布式创新网络成果面临激烈市场竞争而产生的风险。网络创新的产品相对于其他产品在功能、内在品质、价格或其他方面的竞争优势，是产品被市场接受的基础，但这种竞争优势是否真正存在是难以事先准确预期的。同时市场上也会存在大量模仿者侵犯网络创新成果，造成进一步的损失。

7.2.2　风险识别的定性定量相结合的综合集成

7.2.1 小节得到的风险因素量表(表 7-3)只是文献推导加专家意见集成的结果，是一种经验判断，具有不确定性，因此需要进一步处理。

表 7-3　分布式创新网络一般风险因素量表

编号	风险因素	编号	风险因素	编号	风险因素
X_1	信用风险	X_9	非理性不合作风险	X_{17}	技术封闭风险
X_2	知识破损风险	X_{10}	理性不合作风险	X_{18}	主体锁定风险
X_3	主体能力不匹配风险	X_{11}	内部竞争风险	X_{19}	政策变动风险
X_4	投入不对等风险	X_{12}	占用性风险	X_{20}	经济下行风险
X_5	知识外溢风险	X_{13}	网络解体风险	X_{21}	技术变革风险
X_6	知识产权风险	X_{14}	一次性合作风险	X_{22}	供应风险
X_7	搭便车风险	X_{15}	成本超支风险	X_{23}	需求风险
X_8	淘汰风险	X_{16}	专用性风险	X_{24}	竞争风险

1. 数据收集

本书根据风险因素量表设计了《非核心企业参与分布式创新显著风险调查问

卷》。调查对象为武汉 3 所高校部分 MBA 学员及东湖高新区部分中小企业中层管理人员。本书先后通过电子邮件的形式发放了 177 份调查问卷，回收 152 份问卷。经过初步筛选，回收的问卷中有 123 份表示所在企业曾经参与过创新网络，并在网络中扮演非核心角色。因此，采纳这 123 份问卷为有效问卷，有效率为 81%，样本变量比(样本量/变量数)为 5.2∶1，符合因子分析法的 5∶1 的要求。

问卷采取封闭式问题，此次调查的问题均为定性指标，故采用 Likert 量表计分法，即采用“非常同意、同意、不一定、不同意、非常不同意”来衡量风险因素是否符合非核心企业的实际，并分别计分为“5、4、3、2、1”。

2. 因子分析

因子分析是指为简化数据的结构，对所获取的所有项目进行分析，以提取合适的项目并简化归纳出几个解释度较高的因子。其中所采用的因子分析在精简归类中主要使用的是主成分分析法，下面使用 SPSS 17.0 软件对表 7-3 指标进行因子分析。

(1) 信度检验。首先对所收集的数据进行信度分析，结果见表 7-4，Hotelling 的 T^2 检验结果显示所建立的风险因素量表指标间相等性较好，即指标间具有内在相关性。信度检验显示 Cronbach's α 系数为 0.899，基于标准化项的 Cronbach's α 系数为 0.899，说明数据信度较高。

表 7-4 信度分析

<table>
<tr><td>Hotelling 的 T^2</td><td>F</td><td>df1</td><td>df2</td><td>Sig</td></tr>
<tr><td>38 235.864</td><td>1 360.169</td><td>23</td><td>99</td><td>0.000</td></tr>
<tr><td>Cronbach's α 系数</td><td>基于标准化项的 Cronbach's α 系数</td><td colspan="3">项数</td></tr>
<tr><td>0.899</td><td>0.899</td><td colspan="3">24</td></tr>
</table>

(2) KMO 和 Bartlett 球形检验。首先验证指标是否可以进行因子分析，从表 7-5 可以看出 Bartlett 值为 2873.662，$p < 0.0001$，表明相关矩阵不是一个单位矩阵，适合进行因子分析。KMO 值为 0.878，实际操作中 KMO 值越接近 1.0 说明变量间的共同因子越多，越适合因子分析。因此综合 KMO 和 Bartlett 球形检验结果可以确定因子分析的效果较好。

表 7-5 KMO 和 Bartlett 球形检验

<table>
<tr><td colspan="2">取样足够度的 KMO 度量</td><td>0.878</td></tr>
<tr><td rowspan="3">Bartlett 球形检验</td><td>近似 χ^2</td><td>2873.662</td></tr>
<tr><td>df</td><td>276</td></tr>
<tr><td>p</td><td>0.000</td></tr>
</table>

(3) 提取公共因子。采用主成分分析法，取特征值大于 1 的因子，最后确定 3 个公共因子(累计解释率为 74.157%，如表 7-6 所示)。吴明隆所著《问卷统计分析实务：SPSS 操作与应用》指出累计解释率标准达到 60%即表明共同因子是可靠的，达到 70%说明共同因子能很好地解释大部分变量。故本书提取的 3 个公共因子相关性较低，能够很好地代表 24 个因子。接着再进行正交旋转，使因子载荷最大限度地向两极分化，旋转前及旋转后的结果如表 7-7 所示。

表 7-6 解释的总方差

成分	初始特征值			提取平方和载入			旋转平方和载入		
	合计	方差的百分比	累计百分比	合计	方差的百分比	累计百分比	合计	方差的百分比	累计百分比
1	7.764	32.351%	32.351%	7.764	32.351%	32.351%	7.414	30.891%	30.891%
2	6.042	25.173%	57.524%	6.042	25.173%	57.524%	5.868	24.451%	55.342%
3	3.992	16.633%	74.157%	3.992	16.633%	74.157%	4.516	18.815%	74.157%

表 7-7 因子载荷矩阵

序号	旋转前因子载荷			旋转后因子载荷		
	1	2	3	1	2	3
X_1	0.300	0.186	**0.681**	0.061	0	**0.764**
X_2	0.195	**0.828**	−0.181	0.026	**0.862**	0.115
X_3	0.148	**0.838**	−0.186	−0.019	**0.866**	0.098
X_4	0.140	**0.762**	−0.235	0.004	**0.809**	0.031
X_5	**0.822**	−0.206	−0.114	**0.849**	−0.028	0.104
X_6	0.424	0.175	**0.760**	0.159	−0.017	**0.873**
X_7	0.400	0.298	**0.757**	0.107	0.095	**0.895**
X_8	0.141	**0.765**	−0.288	0.018	**0.829**	−0.016
X_9	0.327	0.322	**0.698**	0.048	0.126	**0.825**
X_{10}	0.380	0.292	**0.740**	0.094	0.092	**0.872**
X_{11}	0.326	0.300	**0.796**	0.028	0.073	**0.907**
X_{12}	**0.773**	−0.302	−0.090	**0.820**	−0.132	0.085
X_{13}	0.144	**0.882**	−0.177	−0.036	**0.902**	0.116
X_{14}	0.142	**0.820**	−0.225	−0.011	**0.860**	0.056
X_{15}	**0.891**	−0.165	−0.141	**0.910**	0.031	0.112

续表

序号	旋转前因子载荷			旋转后因子载荷		
	1	2	3	1	2	3
X_{16}	**0.873**	−0.160	−0.184	**0.902**	0.046	0.068
X_{17}	0.119	**0.769**	−0.285	−0.005	**0.828**	−0.019
X_{18}	0.183	**0.801**	−0.239	0.036	**0.853**	0.051
X_{19}	**0.851**	−0.151	−0.167	**0.875**	0.046	0.079
X_{20}	**0.843**	−0.168	−0.223	**0.887**	0.047	0.020
X_{21}	**0.836**	−0.186	−0.153	**0.866**	0.006	0.078
X_{22}	**0.833**	−0.193	−0.269	**0.895**	0.037	−0.031
X_{23}	**0.667**	−0.179	−0.079	**0.688**	−0.037	0.093
X_{24}	**0.830**	−0.180	−0.172	**0.865**	0.017	0.060

注：黑体为该列中权重较高的指标

3. 结果分析

经过因子分析可以看出本书筛选出的 3 个公共因子相互独立，所以问卷调查得出的数据具有相关性，把原有相关比较密切的几个因子归为一类，能够反映原有 24 个因子的大部分信息。旋转后因子载荷将因子进行归类，并建立分布式创新网络一般风险指标体系，见表 7-8。

表 7-8　分布式创新网络一般风险指标体系

一级指标	二级指标
绩效风险	知识外溢风险 X_5
	占用性风险 X_{12}
	成本超支风险 X_{15}
	专用性风险 X_{16}
	政策变动风险 X_{19}
	经济下行风险 X_{20}
	技术变革风险 X_{21}
	供应风险 X_{22}
	需求风险 X_{23}
	竞争风险 X_{24}

续表

一级指标	二级指标
运营风险	知识破损风险 X_2
	主体能力不匹配风险 X_3
	投入不对等风险 X_4
	淘汰风险 X_8
	网络解体风险 X_{13}
	一次性合作风险 X_{14}
	技术封闭风险 X_{17}
	主体锁定风险 X_{18}
关系风险	信用风险 X_1
	知识产权风险 X_6
	搭便车风险 X_7
	非理性不合作风险 X_9
	理性不合作风险 X_{10}
	内部竞争风险 X_{11}

(1) 公共因子 1 包括知识外溢风险、占用性风险、成本超支风险、专用性风险、政策变动风险、经济下行风险、技术变革风险、供应风险、需求风险、竞争风险共 10 个风险因素。这些风险因素共同影响了分布式创新网络的绩效水平，对于非核心企业参与分布式创新网络投入产出比具有决定意义，是企业实现期望收益的风险障碍，因此借鉴 Das 和 Teng(2001)的观点，将公共因子 1 称作绩效风险，其决定了网络主体进行合作创新的收益水平。

(2) 公共因子 2 包括知识破损风险、主体能力不匹配风险、投入不对等风险、淘汰风险、网络解体风险、一次性合作风险、技术封闭风险、主体锁定风险共 8 个风险因素。这些风险因素是分布式创新网络组织运行中会出现的风险，反映的是分布式创新网络组织管理水平的高低，继而影响非核心企业参与网络收益，据此将公共因子 2 称作运营风险，其是网络组织运作中治理不当造成的风险。

(3) 公共因子 3 包括信用风险、知识产权风险、搭便车风险、非理性不合作风险、理性不合作风险、内部竞争风险共 6 个风险。这些风险是分布式创新网络主体间在合作创新中的互动造成的风险，是网络各参与主体之间博弈竞争的结果，因此借鉴 Das 和 Teng(2001)的观点，将公共因子 3 称作关系风险，其反映了网络各主体的竞争合作关系。

通过对比可以看出通过因子分析所得的定量分析结果和定性综合集成识别时得到的结果基本一致，这说明定性综合集成时专家咨询小组基于理论认识和实践经验得出的判断是正确的。

7.2.3 风险识别的定性综合集成

非核心企业特殊的网络位置和自身能力水平决定了分布式创新网络的 24 个一般风险对其影响程度不尽相同。因此，本书将从非核心企业的视角对一般风险进行筛选，进一步识别出对于非核心企业参与分布式创新网络的显著风险因素。

宋之杰和高晓红(2002)认为用因子分析法得出的因子得分系数矩阵是通过数据离差的分布计算出的，反映的是各因子间的内在共变程度，这种因子赋权方法并不能体现出指标实际地位。因此本书采用因子分析法与模糊德尔菲法相结合的方法进行显著风险指标的识别，从分布式创新网络一般风险中筛选出对非核心企业影响权重更大的显著风险，构建非核心企业参与分布式创新网络的显著风险指标体系。

1. 模糊德尔菲法识别

模糊德尔菲法是一种近年来兴起的模糊综合评价方法，将数学计算的方法引入德尔菲方法之中，能够最大限度地消除专家评价的主观性和随意性。用模糊数对评估对象进行打分，然后用统计分析和模糊计算将评分结果转化为客观数据(张伟等，2012)。具体操作过程如下。

(1) 专家调查意见。采用《非核心企业参与分布式创新显著风险调查问卷》中所获得的 123 个专家调查数据。

(2) 建立模糊数 $\tilde{A}$ 。

$$\tilde{A}=(\alpha_i,\beta_i,\gamma_i) \tag{7-1}$$

$$\alpha_i=\min(B_{ij}) \tag{7-2}$$

$$\beta_i=\left(\prod_{k=1}^{n}B_{ij}\right)^{1/n} \tag{7-3}$$

$$\gamma_i=\max(B_{ij}) \tag{7-4}$$

式中，i 为指标，i=1, 2, 3,⋯, 24；j 为指标，j=1, 2, 3,⋯, 123；α_i 为所有专家对指标 i 打分的最小值；β_i 为所有专家对指标 i 打分的几何平均值，该指标用来反映专家打分的一致性；γ_i 为所有专家对指标 i 打分的最大值；B_{ij} 为第 j 个专家对指标 i 的打分值。选用计算相对简单的三角模糊数将专家的语言变量转化成模糊数。

把问卷调查的专家打分数据导入模型中，得出三角模糊数见表 7-9。

表 7-9　求得的三角模糊数

$\tilde{A}$	$(\alpha_i,\beta_i,\gamma_i)$	$\tilde{A}$	$(\alpha_i,\beta_i,\gamma_i)$	$\tilde{A}$	$(\alpha_i,\beta_i,\gamma_i)$
$\tilde{A}_1$	(3, 3.962, 5)	$\tilde{A}_9$	(2, 3.844, 5)	$\tilde{A}_{17}$	(1, 1.529, 3)
$\tilde{A}_2$	(3, 3.752, 5)	$\tilde{A}_{10}$	(3, 4.756, 5)	$\tilde{A}_{18}$	(1, 1.489, 3)
$\tilde{A}_3$	(1, 1.661, 3)	$\tilde{A}_{11}$	(3, 4.736, 5)	$\tilde{A}_{19}$	(1, 1.66, 3)
$\tilde{A}_4$	(4, 4.701, 5)	$\tilde{A}_{12}$	(3, 4.685, 5)	$\tilde{A}_{20}$	(1, 1.745, 3)
$\tilde{A}_5$	(3, 4.696, 5)	$\tilde{A}_{13}$	(1, 1.648, 3)	$\tilde{A}_{21}$	(2, 2.852, 4)
$\tilde{A}_6$	(3, 4.782, 5)	$\tilde{A}_{14}$	(1, 2.645, 4)	$\tilde{A}_{22}$	(1, 1.768, 3)
$\tilde{A}_7$	(4, 4.77, 5)	$\tilde{A}_{15}$	(3, 3.822, 5)	$\tilde{A}_{23}$	(4, 4.65, 5)
$\tilde{A}_8$	(3, 4.578, 5)	$\tilde{A}_{16}$	(3, 3.755, 5)	$\tilde{A}_{24}$	(1, 1.678, 3)

(3) 去模糊化。采用算术平均法对三角模糊数去模糊化，得到模糊数值。

$$A=\frac{\alpha_i+\beta_i+\gamma_i}{3} \tag{7-5}$$

(4) K-均值聚类分析。将得到的所有风险因素的模糊数值在一维空间上运用欧氏距离的 K-均值聚类分析，从而识别显著风险。K-均值聚类分析是用距离作为指标相似性的依据，强调两个评价指标间距离接近程度与其相似程度呈正相关的关系，是典型的基于距离的聚类算法。该算法认为簇是由距离靠近的对象组成的，因此把得到紧凑且独立的簇作为最终目标。步骤如下。

步骤一：从 j 个数据对象中任意选择 k 个对象作为初始聚类中心，并作为中心对象。

步骤二：根据每个聚类对象的均值来计算每个对象与这些中心对象的距离。并根据最小距离重新对相应对象进行划分。

步骤三：重新计算每个有变化聚类的均值。

步骤四：循环步骤二到步骤三直到每个聚类不再发生变化为止。

K-均值聚类分析结果如表 7-10 所示。

表 7-10　K-均值聚类分析结果

显著风险		非显著风险	
风险编号	模糊隶属度	风险编号	模糊隶属度
X_1	3.987	X_3	1.887
X_4	4.567	X_{13}	2.549
X_5	4.232	X_{14}	2.548
X_6	4.261	X_{17}	1.843

续表

显著风险		非显著风险	
风险编号	模糊隶属度	风险编号	模糊隶属度
X_7	4.590	X_{18}	1.830
X_8	4.193	X_{19}	1.887
X_9	3.615	X_{20}	1.915
X_{10}	4.252	X_{21}	2.951
X_{11}	4.245	X_{22}	1.923
X_{12}	4.228	X_{24}	1.893
X_{15}	3.941		
X_{16}	3.918		
X_{23}	4.550		
X_2	3.917		

2. 结果分析

采用问卷调查的方法综合 123 名对于非核心企业参与分布式创新网络的风险比较熟悉的企业中层及以上管理人员的打分意见，首先采用因子分析法对定性综合分析的结果进行了验证，并将 24 个一般风险指标归为 3 类，据此构建了分布式创新网络一般风险指标体系。鉴于非核心企业网络位置的特殊性和自身能力的不足，采用模糊德尔菲法按照问卷调查的数据进行进一步的指标筛选，最终确定出 14 个非核心企业的网络显著风险。

据此，将因子分析法的归类结果和模糊德尔菲法的筛选结果进行交叉结合，完成了非核心企业参与分布式创新网络的风险识别，并在此基础上构建 3 类 14 个风险组成的非核心企业网络显著风险指标体系，如表 7-11 所示。

表 7-11　非核心企业参与分布式创新网络显著风险指标体系

一级指标	二级指标
绩效风险	知识外溢风险 X_5
	占用性风险 X_{12}
	需求风险 X_{23}
	成本超支风险 X_{15}
	专用性风险 X_{16}
运营风险	投入不对等风险 X_4
	淘汰风险 X_8
	知识破损风险 X_2

续表

一级指标	二级指标
关系风险	知识产权风险 X_6
	搭便车风险 X_7
	理性不合作风险 X_{10}
	内部竞争风险 X_{11}
	信用风险 X_1
	非理性不合作风险 X_9

7.2.4　风险识别的从定性到定量的综合集成

专家咨询小组根据自己的经验和知识，将定量分析结果与最初提出的经验判断进行综合集成，进而判断定量分析结果是否可信。专家咨询小组经过讨论后给出了实证分析结果可信的结论，不需重复上述综合集成识别过程的结论。据此，可以得出非核心企业参与分布式创新网络显著风险指标体系，见表 7-12。

表 7-12　非核心企业参与分布式创新网络显著风险

一级指标	二级指标
绩效风险	知识外溢风险
	占用性风险
	需求风险
	成本超支风险
	专用性风险
运营风险	投入不对等风险
	淘汰风险
	知识破损风险
关系风险	知识产权风险
	搭便车风险
	理性不合作风险
	内部竞争风险
	信用风险
	非理性不合作风险

(1) 绩效风险是指在分布式创新网络主体之间的合作关系令人满意的基础上，仍存在一些破坏成功的因素使非核心企业无法达到预期目标的风险(Das and

Teng，2001)。这些因素包括知识的外溢、收益被占用、成本超出预期、资产专用化及外部环境变动导致的市场需求的波动。

(2) 运营风险强调的是网络运营存在的问题，主要是指分布式创新网络内部治理不当引发的非核心企业利益或积极性受损的风险。组织治理不当主要表现在主体间投入比例的失衡、知识传递出现的破损、被淘汰。

(3) 关系风险是指分布式创新网络中合作伙伴未遵守合作协议的可能性，或者是主体间未达到合作满意的可能性和结果(Das and Teng，2001)。主要产生的结果有知识产权被侵占、被搭便车、合作伙伴的理性或非理性的不合作、内部恶性竞争及主体信用缺失。

7.3　非核心企业参与分布式创新网络风险评价模型

7.3.1　非核心企业参与分布式创新网络风险评价方法选择

1. 常见的风险评价方法

在非核心企业参与分布式创新网络风险的评价方法上，国内外学者提供了多种选择。此处评价是一项综合评价，即对多属性体系结构进行系统的、完整的评价(王宗军，1998)。因此，在构建评价模型前，先对目前主流综合评价方法及其优劣进行简单梳理，以找出适合非核心企业参与分布式创新风险评价的方法。

对于综合评价方法具有较多的选择，其中陈衍泰等(2004)认为综合评价的方法主要有以下九类，分别是系统工程分析方法、定性评价方法、对话式评价方法、技术经济分析方法、多属性决策方法、运筹学方法、统计方法、模糊数学方法和智能化评价方法，这是一种把学科的类别作为参照系的分类方法；白雪梅和赵松山(2000)的分类依据则简单得多，其是按照时间顺序分类的，即把所有综合评价的方法简单区别为传统和现代两大类。在借鉴这两种分类方法的基础上将综合评价分为定性评价方法、定量评价方法及综合集成评价方法三类，并简单介绍其使用规则和优缺点，如表 7-13 所示。

表 7-13　风险评价方法总结

<table>
<tr><th>类别</th><th>评价方法</th><th>使用规则</th><th>优点</th><th>缺点</th></tr>
<tr><td rowspan="3">定性评价方法</td><td>专家会议法</td><td>组织专家进行会议讨论，以形成评价结论</td><td rowspan="2">程序简单，借用专家知识，结论易用</td><td rowspan="2">主观性强，易受权威专家影响，难以形成一致结论</td></tr>
<tr><td>德尔菲法</td><td>通过几轮背对背通信来征询专家意见，并汇总形成结论</td></tr>
<tr><td>情境分析法</td><td>通过模拟风险演化过程和情境进行评价</td><td>评价结果直观，可以描述对象发生态势</td><td>易受关键因素变动影响</td></tr>
</table>

续表

<table>
<tr><th>类别</th><th>评价方法</th><th>使用规则</th><th>优点</th><th>缺点</th></tr>
<tr><td rowspan="4">定量评价方法</td><td>主成分分析法</td><td>针对原始变量之间内部相互关系进行研究和统计，找出能够代表全部变量的几个综合性变量</td><td rowspan="2">评价较为全面，相对客观</td><td rowspan="2">不适用于指标间相关性不强的评价对象，需要大量数据，不能反映客观发展水平</td></tr>
<tr><td>因子分析法</td><td>把变量间的相关性或者共变性作为依据将所有变量进行归类降维</td></tr>
<tr><td>聚类分析法</td><td>计算对象或指标间距离，或者相似系数，进行系统聚类</td><td rowspan="2">适用于因素间相关程度大的评价对象</td><td rowspan="2">需要大量数据，不能反映客观发展水平</td></tr>
<tr><td>判别分析法</td><td>计算指标间距离，判断所归属的主体</td></tr>
<tr><td rowspan="4">综合集成评价方法</td><td>关联矩阵法</td><td>根据权重来赋予评价对象以价值量</td><td>程序简单，易于理解</td><td>仅针对静态评价</td></tr>
<tr><td>层次分析法</td><td>通过指标间两两比较，按照指标的层级从低到高层层推进分析</td><td>可靠程度高，误差相对较小</td><td>只能评价相对大小，且评价指标不能过多(九个为上限)</td></tr>
<tr><td>模糊综合评价</td><td>适用于定性指标的定量化处理。通过风险在各个区间可能性的比较确定风险的大小</td><td>降低了主观性影响，克服“唯一解”弊端</td><td>难以解决指标间相关性造成的信息重复</td></tr>
<tr><td>基于 BP(back propagation)人工神经网络评价</td><td>模拟人脑智能化处理过程的人工神经网络技术，通过 BP 算法，学习或训练获取知识，并存储在神经元的权值中，通过联想把相关信息复现。能够揣摩、提炼、评价对象本身的客观规律，进行对相同属性评价对象的评价</td><td>将对象与算法一体化，误差较小</td><td>精度差，需要大量训练样本</td></tr>
</table>

2. 非核心企业参与分布式创新网络风险的模糊性

非核心企业参与分布式创新网络风险的因素具有模糊性，对于模糊性的忽略会造成所构建评价模型不可信。针对类似的风险评价，不同学者结合相应的知识构建了多样化的风险模糊评价模型，如 McCauley-Bell 和 Badiru(1996)指出了模糊集合理论对于揭示风险属性、衡量风险水平具有现实意义。Krcmar 等(2001)研究发现模糊不确定决策中使用模糊集合理论明显优于概率统计的方法。结合以上学者的观点，本书选取模糊集合理论构建非核心企业参与分布式创新网络风险评价模型。

7.3.2 非核心企业参与分布式创新网络风险评价模型

考虑到非核心企业参与分布式创新网络风险评价的复杂性，在模糊群体决策的环境下，应用模糊集合理论从发生的可能性程度和发生的严重性程度两个维度构建了非核心企业参与分布式创新网络风险的分析矩阵，继而借助模糊多指标决策建立相应的风险评估模型。因此，非核心企业参与分布式创新网络风险评价步骤如下。

步骤一：语意变量的定义。将发生的可能性程度和发生的严重性程度两个维度作为评价非核心企业参与分布式创新网络过程中所面临的各风险指标水平的标准，使用语意变量作为评价值，取代明确的数值。例如，“非理性不合作风险”可能性程度以“非常不可能”、“比较不可能”、“一般可能”、“比较可能”及“非常可能”五个语意值表示，而风险发生的严重性也是以“非常不严重”到“非常严重”五个语意值表示。通过这种类似于语言的表达方式则更加贴近专家真实感受，也更适用于所要评价的内容。

步骤二：确定语意变量的模糊权重、隶属度函数(图 7-4)。在对专家进行问卷调查时，对于风险因素发生的可能性程度和严重性程度均赋予相应的语义变量，并按照五级标准赋值，邀请专家更直观地进行评价。同时，风险权重同样需要模糊数表示，专家分别对指标 $A_i(i=1,2,3)$ 的重要性权重，以及对于技术创新风险分项目 $A_{ij}\left[j=1,2,\cdots,f(i),\ f(i)\text{代表一级指标}A_i\text{所包括的二级指标个数}\right]$ 的权重加以评估。n 位专家 $(B_1,B_2,\cdots,B_n)$ 对合作创新风险的权重、发生的可能性程度、发生的严重性程度等赋予模糊数，如表 7-14 所示。

$C_1=(0.0, 0.1, 0.3)$ =非常不可能(或非常不严重；权重非常小)

$C_2=(0.1, 0.3, 0.5)$ =比较不可能(或比较严重；权重比较小)

$C_3=(0.3, 0.5, 0.7)$ =一般可能(或一般严重；权重中等)

$C_4=(0.5, 0.7, 0.9)$ =比较可能(或比较严重；权重比较大)

$C_5=(07, 0.9, 1.0)$ =非常可能(或非常严重；权重非常大)

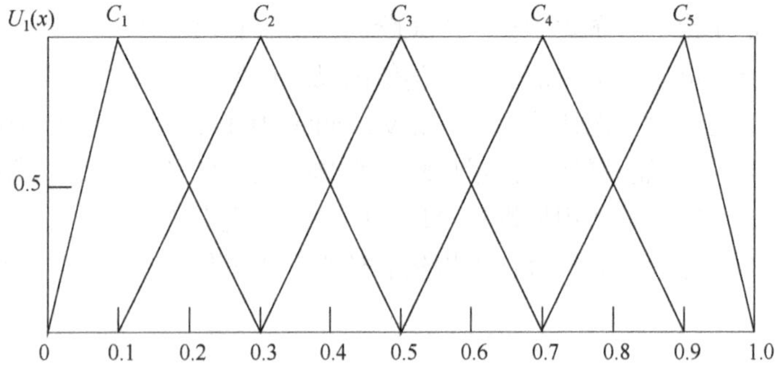

图 7-4 “发生的可能性”和“发生的严重性程度”的模糊数

表 7-14 专家对合作创新风险的权重、发生的可能性程度和发生的严重性程度等赋予的模糊数

一级指标/二级指标	一级指标权重/二级指标权重	可能性程度	严重性程度
绩效风险 A_1	$W_{2(1,2)},\cdots,W_{2(n,2)}$		
知识外溢风险 A_{11}	$W_{1(1,1,1)},\cdots,W_{1(n,1,1)}$	$R_{1(1,1,1)},\cdots,R_{1(n,1,1)}$	$I_{1(1,1,1)},\cdots,I_{1(n,1,1)}$
占用性风险 A_{12}	$W_{1(1,1,2)},\cdots,W_{1(n,1,2)}$	$R_{1(1,1,2)},\cdots,R_{1(n,1,2)}$	$I_{1(1,1,2)},\cdots,I_{1(n,1,2)}$
需求风险 A_{13}	$W_{1(1,1,3)},\cdots,W_{1(n,1,3)}$	$R_{1(1,1,3)},\cdots,R_{1(n,1,3)}$	$I_{1(1,1,3)},\cdots,I_{1(n,1,3)}$
成本超支风险 A_{14}	$W_{1(1,1,4)},\cdots,W_{1(n,1,4)}$	$R_{1(1,1,4)},\cdots,R_{1(n,1,4)}$	$I_{1(1,1,4)},\cdots,I_{1(n,1,4)}$
专用性风险 A_{15}	$W_{1(1,1,5)},\cdots,W_{1(n,1,5)}$	$R_{1(1,1,5)},\cdots,R_{1(n,1,5)}$	$I_{1(1,1,5)},\cdots,I_{1(n,1,5)}$
运营风险 A_2	$W_{2(1,2)},\cdots,W_{2(n,2)}$		
投入不对等风险 A_{21}	$W_{1(1,2,1)},\cdots,W_{1(n,2,1)}$	$R_{1(1,2,1)},\cdots,R_{1(n,2,1)}$	$I_{1(1,2,1)},\cdots,I_{1(n,2,1)}$
淘汰风险 A_{22}	$W_{1(1,2,2)},\cdots,W_{1(n,2,2)}$	$R_{1(1,2,2)},\cdots,R_{1(n,2,2)}$	$I_{1(1,2,2)},\cdots,I_{1(n,2,2)}$
知识破损风险 A_{23}	$W_{1(1,2,3)},\cdots,W_{1(n,2,3)}$	$R_{1(1,2,3)},\cdots,R_{1(n,2,3)}$	$I_{1(1,2,3)},\cdots,I_{1(n,2,3)}$
关系风险 A_3	$W_{2(1,3)},\cdots,W_{2(n,3)}$		
知识产权风险 A_{31}	$W_{1(1,3,1)},\cdots,W_{1(n,3,1)}$	$R_{1(1,3,1)},\cdots,R_{1(n,3,1)}$	$I_{1(1,3,1)},\cdots,I_{1(n,3,1)}$
搭便车风险 A_{32}	$W_{1(1,3,2)},\cdots,W_{1(n,3,2)}$	$R_{1(1,3,2)},\cdots,R_{1(n,3,2)}$	$I_{1(1,3,2)},\cdots,I_{1(n,3,2)}$
理性不合作风险 A_{33}	$W_{1(1,3,3)},\cdots,W_{1(n,3,3)}$	$R_{1(1,3,3)},\cdots,R_{1(n,3,3)}$	$I_{1(1,3,3)},\cdots,I_{1(n,3,3)}$
内部竞争风险 A_{34}	$W_{1(1,3,4)},\cdots,W_{1(n,3,4)}$	$R_{1(1,3,4)},\cdots,R_{1(n,3,4)}$	$I_{1(1,3,4)},\cdots,I_{1(n,3,4)}$
信用风险 A_{35}	$W_{1(1,3,5)},\cdots,W_{1(n,3,5)}$	$R_{1(1,3,5)},\cdots,R_{1(n,3,5)}$	$I_{1(1,3,5)},\cdots,I_{1(n,3,5)}$
非理性不合作风险 A_{36}	$W_{1(1,3,6)},\cdots,W_{1(n,3,6)}$	$R_{1(1,3,6)},\cdots,R_{1(n,3,6)}$	$I_{1(1,3,6)},\cdots,I_{1(n,3,6)}$

表 7-14 中，$W_{2(k,i)}$ $(k=1,2,\cdots,n)$表示专家 B_k 对一级指标 A_i 的相对重要度的评价；$W_{1(k,i,j)}$ 表示专家 B_k 对二级指标 A_{ij} 评价的权重。$R_{1(k,i,j)}$ 和 $I_{1(k,i,j)}$ 分别代表风险发生的可能性程度和严重性程度.

步骤三：计算平均可能性程度及平均严重性程度。n 位专家便对应了 n 个可能性程度、严重性程度的模糊数，为更好整合专家的意见，这里使用算术平均数，结果见表 7-15，一级指标平均权重为 $AW_{2(i)}$、二级指标平均权重为 $AW_{1(i,j)}$、平均可能性程度为 $AR_{1(i,j)}$、严重性程度为 $AI_{1(i,j)}$。同时，Bauer(1967)提出将平均可能性程度和平均严重性程度相乘来计算总体风险值的方式，借鉴这一思路衡量非核心企业参与分布式创新网络风险值 $G_{(i,j)}$，$G_{(i,j)}$代表二级指标 A_{ij} 的平均风险模糊数。计算方式如下：

$$P(2)=W(A_{2,j})\cdot G_{(2,j)}=(0.417,0.304,0.279)\cdot\begin{pmatrix}0.746\\0.198\\0.051\end{pmatrix}=0.386 \tag{7-6}$$

$$\mathrm{AW}_{1(i,j)}=\frac{\sum_{k=1}^{n}D\left[W_{2(k,i,j)}\right]}{n},\quad \left[i=1,2,3;j=1,2,\cdots,f(i)\right] \tag{7-7}$$

$$\mathrm{AR}_{1(i,j)}=\frac{\sum_{k=1}^{n}D\left[R_{1(k,i,j)}\right]}{n},\quad \left[i=1,2,3;j=1,2,\cdots,f(i)\right] \tag{7-8}$$

$$\mathrm{AI}_{1(i,j)}=\frac{\sum_{k=1}^{n}D\left[I_{1(k,i,j)}\right]}{n},\quad \left[i=1,2,3;j=1,2,\cdots,f(i)\right] \tag{7-9}$$

$$G_{(i,j)}=\mathrm{AR}_{(i,j)}\cdot\mathrm{AI}_{(i,j)},\quad \left[i=1,2,3;j=1,2,\cdots,f(i)\right] \tag{7-10}$$

表 7-15　平均权重值、平均可能性程度和平均严重性程度风险值

一级指标/二级指标	一级/二级指标平均权重	平均可能性程度	平均严重性程度	二级指标平均风险模糊隶属度
A_1	$\mathrm{AW}_{2(1)}$			
A_{11}	$\mathrm{AW}_{1(1,1)}$	$\mathrm{AR}_{1(1,1)}$	$\mathrm{AI}_{1(1,1)}$	$G_{(1,1)}$
A_{12}	$\mathrm{AW}_{1(1,2)}$	$\mathrm{AR}_{1(1,2)}$	$\mathrm{AI}_{1(1,2)}$	$G_{(1,2)}$
A_{13}	$\mathrm{AW}_{1(1,3)}$	$\mathrm{AR}_{1(1,3)}$	$\mathrm{AI}_{1(1,3)}$	$G_{(1,3)}$
A_{14}	$\mathrm{AW}_{1(1,4)}$	$\mathrm{AR}_{1(1,4)}$	$\mathrm{AI}_{1(1,4)}$	$G_{(1,4)}$
A_{15}	$\mathrm{AW}_{1(1,5)}$	$\mathrm{AR}_{1(1,5)}$	$\mathrm{AI}_{1(1,5)}$	$G_{(1,5)}$
A_2	$\mathrm{AW}_{2(2)}$			
A_{21}	$\mathrm{AW}_{1(2,1)}$	$\mathrm{AR}_{1(2,1)}$	$\mathrm{AI}_{1(2,1)}$	$G_{(2,1)}$
A_{22}	$\mathrm{AW}_{1(2,2)}$	$\mathrm{AR}_{1(2,2)}$	$\mathrm{AI}_{1(2,2)}$	$G_{(2,2)}$
A_{23}	$\mathrm{AW}_{1(2,3)}$	$\mathrm{AR}_{1(2,3)}$	$\mathrm{AI}_{1(2,3)}$	$G_{(2,3)}$
A_3	$\mathrm{AW}_{2(3)}$			
A_{31}	$\mathrm{AW}_{1(3,1)}$	$\mathrm{AR}_{1(3,1)}$	$\mathrm{AI}_{1(3,1)}$	$G_{(3,1)}$
A_{32}	$\mathrm{AW}_{1(3,2)}$	$\mathrm{AR}_{1(3,2)}$	$\mathrm{AI}_{1(3,2)}$	$G_{(3,2)}$
A_{33}	$\mathrm{AW}_{1(3,3)}$	$\mathrm{AR}_{1(3,3)}$	$\mathrm{AI}_{1(3,3)}$	$G_{(3,3)}$
A_{34}	$\mathrm{AW}_{1(3,4)}$	$\mathrm{AR}_{1(3,4)}$	$\mathrm{AI}_{1(3,4)}$	$G_{(3,4)}$
A_{35}	$\mathrm{AW}_{1(3,5)}$	$\mathrm{AR}_{1(3,5)}$	$\mathrm{AI}_{1(3,5)}$	$G_{(3,5)}$
A_{36}	$\mathrm{AW}_{1(3,6)}$	$\mathrm{AR}_{1(3,6)}$	$\mathrm{AI}_{1(3,6)}$	$G_{(3,6)}$

步骤四：标准化一级指标、二级指标的权重值。一级指标的权重值 $\mathrm{AW}_{2(i)}$ 标准化的计算公式：

$$W(A_i)=\frac{\mathrm{AW}_{2(i)}}{\sum_{i=1}^{3}\mathrm{AW}_{2(i)}},\quad \sum_{i=1}^{3}W(A_i)=1 \tag{7-11}$$

风险项目的权重值 $\mathrm{AW}_{1(i,j)}$ 标准化的计算公式：

$$W(A_{ij})=\frac{\mathrm{AW}_{1(i,j)}}{\sum_{i=1}^{f(i)}\mathrm{AW}_{1(i,j)}},\quad \sum_{i=1}^{f(i)}W(A_{ij})=1 \tag{7-12}$$

步骤五：综合风险。风险指标的隶属度如式(7-13)所示：

$$P(i)=W(A_{ij})\cdot G_{(i,j)},\quad i=1,2,3 \tag{7-13}$$

经过运算，便可以判断出专家小组认为哪些风险指标具有更高的发生可能性和严重性。最后将专家的初步意见进行更系统的整合：用风险指标权重乘以其对应的风险指标隶属度以确定专家对非核心企业参与分布式创新网络的综合感知风险值 RIK：

$$\mathrm{RIK}=W(A_i)\cdot P(i),\quad i=1,2,3 \tag{7-14}$$

7.3.3　武汉奥新科技有限公司参与分布式创新网络风险评价

鉴于非核心企业参与分布式创新网络风险为感知风险，现以武汉奥新科技有限公司作为样本，结合风险评估模型，对分布式创新网络中非核心企业的风险进行评价。

武汉奥新科技有限公司坐落于湖北省武汉市“中国光谷”——武汉东湖新技术开发区，是一家主要从事光纤通信、光电子器件、模块及光电子系统制造的股份制企业。该企业 2018 年有员工 500 人，厂房面积 2 万平方米。按照工业和信息化部企业划分标准，武汉奥新科技有限公司属于中型企业。该公司先后参与多个通信行业分布式创新网络，其中与烽火通信、中国电信集团有限公司等大型企业主导的“100G 宽带主干线”创新网络联系最为密切，限于技术和规模原因在网络中处于次要节点，满足非核心企业界定标准。因此，本书以“100G 宽带主干线”创新网络为背景，从武汉奥新科技有限公司的视角对其参与创新网络所面临的风险进行系统的评价。

1. 非核心企业参与分布式创新网络风险评价层级架构

为方便进行风险评价，本书结合非核心企业参与分布式创新网络显著风险指标体系构建了非核心企业参与分布式创新网络风险评价层级架构，如图 7-5 所示。

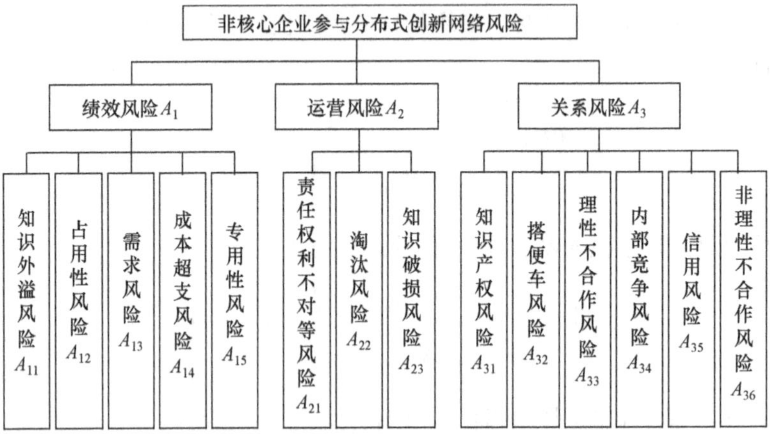

图 7-5　非核心企业参与分布式创新网络风险层级架构图

2. 非核心企业参与分布式创新网络风险评价

为保证评价的科学性和准确性，本书邀请武汉奥新科技有限公司两名创新主管协同三名博士组成专家评价小组就风险发生的可能性程度和严重性程度及每个风险指标权重进行模糊打分。

1) 专家评估

用非常不可能、比较不可能、一般不可能、比较可能、非常可能五个语意值表示可能性程度，而严重性程度则对应的以非常不严重、比较不严重、一般严重、比较严重、非常严重五个语意值表示，同时风险一级、二级指标的权重的打分也采用模糊数。

2) 计算结果

计算出每个风险指标的标准化权重、平均可能性程度 $AR_{1(i,j)}$、平均严重性程度 $AI_{1(i,j)}$、平均风险的隶属值 $G_{(i,j)}$。计算结果如表 7-16 所示。

表 7-16　平均权重值、平均可能性程度和平均严重性程度隶属度

一级指标/二级指标	一级指标/二级指标标准化权重	平均可能性程度	平均严重性程度	二级指标平均风险模糊隶属度
A_1	0.401			
A_{11}	0.277	0.877	0.841	0.738
A_{12}	0.293	0.902	0.911	0.822
A_{13}	0.152	0.885	0.425	0.376
A_{14}	0.123	0.555	0.412	0.229
A_{15}	0.155	0.864	0.502	0.434
A_2	0.294			

续表

一级指标/二级指标	一级指标/二级指标标准化权重	平均可能性程度	平均严重性程度	二级指标平均风险模糊隶属度
A_{21}	0.417	0.962	0.775	0.746
A_{22}	0.304	0.354	0.558	0.198
A_{23}	0.279	0.211	0.244	0.051
A_3	0.305			
A_{31}	0.211	0.925	0.913	0.845
A_{32}	0.203	0.911	0.874	0.796
A_{33}	0.165	0.776	0.886	0.688
A_{34}	0.071	0.235	0.775	0.182
A_{35}	0.189	0.856	0.906	0.776
A_{36}	0.161	0.715	0.719	0.514

3) 综合风险

根据表 7-16 得出的二级指标标准化权重和平均风险模糊隶属度，利用本章步骤五中式(7-13)和式(7-14)可以求出各风险一级指标的隶属度 $P(i)$和综合感知风险值 RIK，计算结果如下：

$$P(1)=W(A_{1,j})\cdot G_{(1,j)}=(0.277,0.293,0.152,0.123,0.155)\cdot\begin{pmatrix}0.738\\0.822\\0.376\\0.229\\0.434\end{pmatrix}=0.598$$

$$P(2)=W(A_{2,j})\cdot G_{(2,j)}=(0.417,0.304,0.279)\cdot\begin{pmatrix}0.746\\0.198\\0.051\end{pmatrix}=0.386$$

$$P(3)=W(A_{3,j})\cdot G_{(3,j)}=(0.211,0.203,0.165,0.071,0.189,0.161)\cdot\begin{pmatrix}0.845\\0.796\\0.688\\0.182\\0.776\\0.514\end{pmatrix}=0.696$$

$$\text{RIK}=W(A_i)\cdot P(i)=(0.401,0.294,0.305)\cdot\begin{pmatrix}0.604\\0.386\\0.697\end{pmatrix}=0.568$$

4) 风险阈值

阈值的确定通常根据有无历史数据来确定，在有大量历史数据可循的基础上，可采取波动原则法，即对评价指标的历史数据进行波动分析；没有历史数据可循的情况下一般采用专家征询法，即专家根据个人理解和企业实际进行风险阈值的判断。

步骤一：确定专家组成员组成风险评价阈值咨询小组。

步骤二：采取匿名的方式邀请专家对风险阈值进行评分。

步骤三：专家打分结果处理方式采用算术平均法，继而得出原始阈值。

步骤四：就初步确定的阈值征求专家意见，并根据意见进行折中修改，反复几轮直至专家意见相统一。

鉴于评价对象武汉奥新科技有限公司无可参考历史数据，因此采取专家征询法，邀请模糊打分专家组对风险阈值进行两轮打分，最终确定风险阈值量表(表 7-17)，需强调的是该风险阈值仅适用于武汉奥新科技有限公司的风险评价。

表 7-17　风险阈值量表

风险阈值	风险程度
(0, 0.28]	轻度风险，可放心参与分布式创新网络
(0.28, 0.5]	一般风险，可以参与分布式创新网络，需重视风险防范
(0.5, 0.72]	较高风险，谨慎参与分布式创新网络，加强风险控制
(0.72, 1)	严重风险，参与创新网络弊大于利，风险难以控制

3. 评价结果分析

(1) 综合感知风险。经过计算可知武汉奥新科技有限公司以非核心企业的身份参与由烽火通信、中国电信集团有限公司主导的创新网络面临的综合感知风险值 RIK=0.568，认为武汉奥新科技有限公司在该创新网络中面临较高风险。因此应慎重参与该创新网络，并在合作创新的过程中注意风险的防范。

(2) 风险指标隶属度。可知风险指标隶属度 $P(1)$、$P(2)$、$P(3)$的值分别为 0.598、0.386、0.696，$P(3)>P(1)>P(2)$，即专家对于武汉奥新科技有限公司参与创新网络所面临最严重和影响最大的风险依次是关系风险、绩效风险和运营风险。这反映出创新网络中各主体间的竞争合作关系是风险产生的主要源泉，同时，创新网络的最终绩效也对武汉奥新科技有限公司参与网络的成败起着关键作用，而运营风险则相对较小，说明专家认为武汉奥新科技有限公司所处网络的运营管理相对成熟，其所面临的风险也较小。

(3) 风险评价矩阵构建。构建武汉奥新科技有限公司参与分布式创新网络的风险坐标体系，首先以平均可能性程度的隶属度为横坐标，以平均严重性程度的隶属度为纵坐标。其次将其中的第一象限分割为Ⅰ、Ⅱ、Ⅲ、Ⅳ一共四个子区域，Ⅰ区是高风险区，表示风险发生的可能性较高、影响较严重；Ⅱ区是中高风险区，代表风险发生的可能性较高，影响较弱；Ⅲ区是低风险区，代表风险发生的可能性较小，影响较弱；Ⅳ区是中高风险区，代表风险发生的可能性较小，但是影响较严重。

通过图 7-6 可以看出，Ⅰ区域中包括知识外溢风险、占用性风险、专用性风险、投入不对等风险、知识产权风险、搭便车风险、理性不合作风险、信用风险和非理性不合作风险，其中知识产权风险和占用性风险是专家最关注的风险，武汉奥新科技有限公司应建立完备的知识产权保护和利益分配机制，以保障自身权益；Ⅱ区域中包括需求风险、成本超支风险，这些风险有较高的发生概率，但是对于武汉奥新科技有限公司来说影响处于可控范围内；Ⅳ区域包括淘汰风险和内部竞争风险，两项风险虽发生概率较低，但是一旦出现，武汉奥新科技有限公司将受到严重损失；Ⅲ区域包括知识破损风险，对于武汉奥新科技有限公司来说网络知识传递过程中的知识不完整发生概率较低，而且对其影响较小。

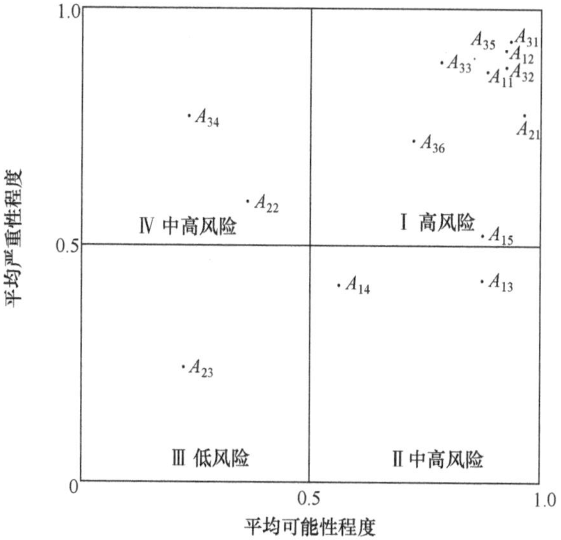

图 7-6　风险分析矩阵

7.4　本 章 小 结

分布式创新网络中的成员按照角色可以分为核心企业和非核心企业。非核心企业是指具备一定的技术创新能力和知识储备，在一定的制度安排下依靠创新网络实现自身价值，并处于被支配地位的企业。对于非核心企业来说参与分布式创新网络机遇与风险并存。本章首先确立了分布式创新网络一般风险/分布式创新网络显著风险的分析框架(分布式创新网络显著风险包含于分布式创新网络一般风险之中)。其次，在文献研究的基础上，建立了非核心企业参与分布式创新网络的分布式创新网络一般风险及分布式创新网络显著风险的诱发因素模型。根据这些模型，进一步综合利用定性与定量相结合的方法识别出了非核心企业参与分布式创新网络的一般风险和分布式创新网络显著风险，形成了非核心企业参与分布式创新网络的风险评价指标体系。其中，分布式创新网络一般风险指标体系包含 3 个一级指标和 24 个二级指标；分布式创新网络显著风险指标体系包含 3 个一级指标和 14 个二级指标。进一步，利用评价指标体系和模糊综合评价法建立了非核心企业参与分布式创新网络风险的评价模型，并以武汉奥新科技有限公司为例进行了实证分析。最后，提出了非核心企业参与分布式创新网络的风险控制模型及对策。

第8章　分布式创新网络中多核心企业间协同效能的测评设计及应用

8.1　多核心企业间协同效能内涵及维度

协同效应用数学公式表达就是“2+2=5”，它表达了这样一种理念：公司整体价值大于公司各独立组成部分价值的总和(Ansoff，1965)。Dyer 和 Singh(1998)提出了关系租金的概念，将关系租金定义为一种超额利润，这种利润是由一种交换关系产生的，而不是由单个企业产生的。在特定联盟中，只有合作者的特质可以创造这种利润。企业的竞争优势主要来源于组织间关系专属资产、知识分享惯例、互补性资源及能力和有效治理机制。Pyka(2002)在研究企业参与创新网络的动机时指出，企业间协同创新能够产生互补效应、协同效应和学习效应。本书将分布式创新网络中多核心企业间协同效能定义为多个核心企业间通过创新过程中的协作获得超额收益的程度。

根据分布式创新网络中多核心企业间协同效能产生的机理，本书将多核心企业间的协同效能分为四个维度：互补效能、融合效能、学习效能和社会效能。

8.1.1　互补效能

资源依赖理论和战略行为理论均指出，战略联盟、创新网络等是企业获得所需资源的一种手段，其基本假设是在不确定的市场中，战略联盟能够确保企业获得稳定的资源供给，并有利于企业利用新实现资源互补的市场机会(Das and Teng，2001)。从企业加入创新网络的动机来看，创新网络有助于降低风险、形成规模经济、获取市场进入机会，实现产品多样化及获得技术协同的作用，从而促进产品或过程创新、合作研发活动与信息交换等。在联盟形成的过程中，企业的资源禀赋起到了关键的作用(Stuart，2000)。

企业通常会寻求拥有自己所需资源的企业作为它们的合作伙伴(Gulati et al.，2000)。企业也会与拥有特殊资产(其他企业不具备的资产)的企业建立联盟关系。企业间不同且又互补的资源，不但能够使企业获得范围经济，而且能够使企业开发出新的资源和技能(Hitt et al.，2001)。Madhok 和 Tallman(1998)进一步证实，当创新网络中企业间能够整合具有互补性的资源并达到协同作用的时候，这种网络最有可能创造新的价值。同时，对于处于高度不确定环境中的联盟来说，资源互补尤其重要。研究表明，企业通常会与资源互补的企业建立战略联盟，以降低环境的波动(Gulati et al.，2000)，并稳定其价值创造过程。

在分布式创新网络中，多个核心企业通过整合、利用彼此的互补性资产和能力，可以形成强大的技术创新能力，从而提升技术创新的效率。

8.1.2　融合效能

技术融合源自技术改变和新技术的出现，它的主要驱动力包括规则瓦解、增加产品绑定机会和将多个产品整合成系统的集成技术。Lei(2000)从发生形式上将技术融合分为技术替代(technology substitution)和技术互补(technology complementarity)两类。Greenstein 和 Khanna(1997)提出了类似分类，但使用技术集成(technology integration)来描述创新中包含的多种技术的互补协作现象。当创新产品(服务)与当前产品(服务)相比属性类似但具有更高性价比时，它们之间具有稳定的互换性，从而为技术融合奠定了基础，多数情况下技术替代所依赖的创新从其他产业的技术突破中获取，进而引发多个独立产业间技术集合的冗余和当前产业领域企业核心竞争力、价值链的破坏，最终形成产业融合。此外，多个产品(服务)通过技术互补乃至形成大型平台或系统，达到提高生产率、缩减用户成本、提高便利性和丰富产品特征的目的，但技术互补的重要作用不仅在于从组合中实现更高层次的集成功能及相应的价值增生，还在于它促进了多种技术的协同演化，研发公司开始从多种产品视角去学习新的方法、技术和流程，用以发展集成产品，一旦集成产品的性价比达到客户接受度的临界值，它将可能完成对相关独立产品的替换。

Hacklin(2007)指出基于持续性创新的技术融合是产生破坏性创新的重要来源，他依据参与融合的持续性技术的新颖程度，将技术融合分为应用融合、横向融合、潜在融合三类。应用融合所导致的破坏性源自创新者将已知技术合并后形成的附加值；横向融合中，当一个(多个)现有技术与一个(多个)新技术融合时，新技术通过提升现有技术将突破性特征赋予当前解决方案，破坏性通过新旧技术成熟期的交接来实现；潜在融合所包含的新技术本身并不具备破坏性，但它们的整合可以产生突破性技术方案，从市场角度来说，该类融合的成功依赖于新技术在性能上的较大提升。

在分布式创新网络中，拥有异质性技术资源的多个核心企业间通过技术互动与交流，能够打破路径依赖的限制，实现技术融合，从而提升创新产出数量和质量，即融合效能。

8.1.3　学习效能

组织学习理论认为企业是由不同知识构成的知识系统，通过组织学习获取和创造知识是企业竞争优势的源泉(Grant，1996)。在全球化背景下，组织学习已经超越了组织自身范畴(Gilley and Maycunich，2000)。面对复杂多变的外部环境，组织间学习成为企业获取知识和技能的重要途径。组织间学习是学习型组织由单个组织向网络组织进化的结果。Knight(2002)将组织间学习描述为企业与其他组织双边和多边的相互学习过程，不同组织在组织间环境中通过这一过程实现各自的目标。Dyer 和 Nobeoka(2000)则将其定义为特定网络环境中的知识发展和获取，通过网络层次上的知识寻求机制来发现、创造网络中的知识行为。何亚琼等(2006)提出组织间学习是在特定的网络环境中，各行为主体通过特定的知识共享和传播机制，为提高组织绩效而采取双边或多边的互动学习行为。

在分布式创新网络中，多个核心企业间协同创新为企业间学习提供了平台。通过技术转移、分享，以及近距离的观察、模仿等方式，核心企业间能够快速吸收彼此的知识，尤其是复杂的、隐性的知识。这些知识的学习有利于提升企业的技术能力，优化管理流程，拓展企业的技术领域等。此外，通过核心企业间协同，核心企业还能积累外部协同方面的知识和经验，提升协同能力。协同能力日益成为决定企业竞争优势的关键因素(Shuman and Twombly，2010)。综上所述，将多核心企业间协同的学习效能定义为分布式创新网络中多个核心企业间通过组织间学习而导致各自知识和能力提升的程度。

8.1.4　社会效能

企业间的商业往来有利于企业社会资本的形成。关于企业社会资本，Burt(1992)最早将企业内部和企业与企业间的关系定义为社会资本。Leenders 和 Gabbay(1999)正式提出企业社会资本的概念并对其进行系统分析，认为企业社会资本是企业通过社会关系网络获得能够对企业目标实现起到促进作用的有形或无形资源，这一研究扩大了企业社会资本的研究内涵。Nahapiet 和 Ghoshal(1998)将企业社会资本定义为存在于企业内部和外部的社会关系网络中，能够被企业利用的现实和潜在的资源的集合。Bruderl 和 Preisendörfer(1998)指出，组织社会资本是组织关系网络衍生出的各种资源集合，该关系网络具有相互认可性和相对持久性。其中组织关系包括企业与地方政府、银行金融机构及上下游企业等多方关系。按照 Adler 和 Kwon(2000)的标准，可将组织社会资本进一步划分为两类：一类是由信任和组织内部关联构成的组织内部社会资本；另一类是组织外部社会资本，组织间连带关系和组织中关键人员的个人关系网络都能形成组织外部社会资本。

在分布式创新网络中，核心企业及企业的员工之间经过深度的合作与互动，有利于建立稳固而持久的商业关系和人际关系，增进信任，并提高声誉等，即多个核心企业间协同能够促进企业社会资本的形成。

8.2 测量指标选定

本书认为，分布式创新网络中多核心企业间协同效能主要体现在多核心企业协同创新与独自创新时所获得的收益的差值，因此评价指标体系由通过对比所得到的相对指标构成。根据 8.1 节的分析，分布式创新网络中多核心企业间协同效能包括互补效能、融合效能、学习效能和社会效能。在此基础上，本书共设计了包含 4 个一级指标和 18 个二级指标的综合评价指标体系，如表 8-1 所示。

表 8-1 多核心企业间协同效能评价指标体系

第一层因素集		第二层因素集	
X_1	互补效能	x_{11}	通过与合作伙伴协同创新，缩短了新产品、新工艺的研发周期
		x_{12}	通过与合作伙伴协同创新，产品、工艺创新的成本大幅降低
		x_{13}	通过与合作伙伴协同创新，降低了产品、工艺创新过程中的技术风险
		x_{14}	通过与合作伙伴协同创新，降低了产品、工艺创新过程中的市场风险
		x_{15}	通过与合作伙伴协同创新，提升了产品、工艺创新过程中资源的利用效率
X_2	融合效能	x_{21}	通过与合作伙伴协同创新，产品、工艺创新过程中涌现了更多的新概念、新想法、新观点
		x_{22}	通过与合作伙伴协同创新，产品、工艺创新过程中产生了更多的专利
		x_{23}	通过与合作伙伴协同创新，产品、工艺创新过程中产生了全新的技术
		x_{24}	通过与合作伙伴协同创新，新产品、新工艺融合了更多领域的技术成果
X_3	学习效能	x_{31}	通过与合作伙伴协同创新，提高了本公司与合作伙伴的协同能力
		x_{32}	通过与合作伙伴协同创新，提升了本公司与合作伙伴的技术能力
		x_{33}	通过与合作伙伴协同创新，优化了本公司与合作伙伴的管理流程
		x_{34}	通过与合作伙伴协同创新，拓展了本公司与合作伙伴的技术领域
		x_{35}	通过与合作伙伴协同创新，增加了本公司与合作伙伴的技术积累
X_4	社会效能	x_{41}	在与合作伙伴协同创新过程中，本公司和合作伙伴的员工之间建立了深厚的友谊
		x_{42}	通过与合作伙伴协同创新，极大地提升了本公司和合作伙伴之间的声誉
		x_{43}	通过与合作伙伴协同创新，增进了本公司与合作伙伴之间的信任
		x_{44}	通过与合作伙伴协同创新，本公司与合作伙伴之间在很多方面形成了共识

8.3　评价方法选择

8.3.1　多核心企业间协同效能评价的模糊性

根据学者们对模糊性的定义，模糊性是指某些事物或概念的边界不清楚，导致这种边界模糊的原因往往不是人的主观认识达不到客观实际，而是事物的一种客观属性，是事物的差异之间存在着中间过渡过程的结果。从分布式创新网络中多核心企业间协同效能评价指标体系来看，分布式创新网络中多核心企业间协同效能评价是一个多层次、多目标的评价问题，评价涉及的内容较多，而且评价指标体系中定性指标居多、指标评价所需的信息不充分等因素，使得整个评价体系呈现显著的模糊特征。

评价体系的模糊性导致对因子的评价需要借助评价者的主观评价和判定，而主观评价又容易造成评价者知识水平、认知能力及个人偏好等人为因素造成的偏差，因此必须采用相应的数学方法尽可能降低这些偏差，使评价结果更加科学。纵观已有的各种评价方法，多级模糊层次综合评价方法在处理模糊评价体系方面具有较佳的适用性，因此采取多级模糊层次综合评价方法对分布式创新网络中多核心企业间协同效能评价体系进行研究。

8.3.2　多级模糊层次综合评价法的原理

如 8.3.1 小节所述，分布式创新网络中多核心企业间协同效能评价是一个模糊综合评价问题，多级模糊层次综合评价方法的基本原理是：基于评价过程的非线性特点利用模糊数学中的模糊运算法则，对非线性的评价论域进行量化综合，从而得到可比的量化评价结果。

多级模糊层次综合评价方法中包含两类模糊集：一类是反映因素集 X 中各要素重要程度的度量，表现为因素集 X 上的模糊权重向量 $W=(w_1, w_2, w_3, w_4)$；另一类是因素集 X 和评语集 G 上的模糊关系，表现为 $m\cdot n$ 的模糊矩阵 R。这两类模糊集通常都是人们价值观念或偏好结构的反映。进一步对这两个模糊集进行模糊运算，便能得到 G 上的一个模糊子集 $B=(b_1, b_2,\cdots, b_n)$，其中 b_k 表示被评价对象具有评语 g_k 的程度，即 g_k 对模糊集 B 的隶属度。

由表 8-1 可知，分布式创新网络中多核心企业间协同效能评价指标体系包括两层因素集，因此对该指标体系的评价同时是一个多级模糊综合评价问题。多级模糊综合评价首先通过对第二层因素集进行模糊综合评价求得 B_i，从而得到第二层的模糊关系综合评价矩阵 R，然后在此基础上与第一层因素集的模糊权重向量 W 进行模糊运算，求得综合评价 B。

本书拟采用层次分析法进行因素集模糊权重向量确定，因此整个评价模型又称为多级模糊层次综合评价法。多级模糊层次综合评价法是模糊综合评价和层次分析相结合的数学方法，指在模糊评价方法过程中运用层次分析法确定因素集的权重向量进行综合评价。下面将具体介绍该方法的应用步骤。

8.3.3 多级模糊层次综合评价法的步骤

步骤一：确定评价的对象集 $O=\{o_1, o_2,\cdots, o_t\}$；确定因素集 $X=\{X_1, X_2,\cdots, X_m\}$，其中 $X_i \cap X_j=\varnothing$，对于二级模糊综合评价体系，设 $X_i=\{x_{i1}, x_{i2},\cdots, x_{ipi}\}$，于是 $X=\{x_{11},\cdots, x_{1p1},\cdots, x_{mk1},\cdots, x_{mpm}\}$；确定评语集 $G=\{g_1, g_2,\cdots, g_n\}$。

步骤二：应用层次分析法确定第 1 层因素集的权重向量 $W=(w_1, w_2,\cdots, w_m)$，以及第 2 层因素集的权重向量 $W_i=(w_{i1},w_{i2},\cdots,w_{ipi})(i=1, 2,\cdots,m)$。层次分析法计算权重向量的步骤如下(以对数最小二乘法及加权算术平均法计算多人单准则下的权重向量为例)。

(1) 根据专家咨询表建立判断矩阵群 $A^{(k)}=[a_{ij}]_{n\cdot n}$，其中 $a_{ij}>0$，$a_{ii}=1$ 且 $a_{ij}=1/a_{ji}$；$k=1, 2,\cdots, h$，h 为专家数。

$$A=\begin{pmatrix} 1 & \cdots & a_{1k} & \cdots & a_{1n} \\ \vdots & & \vdots & & \vdots \\ a_{k1} & \cdots & 1 & \cdots & a_{kn} \\ \vdots & & \vdots & & \vdots \\ a_{n1} & \cdots & a_{nk} & \cdots & 1 \end{pmatrix} \tag{8-1}$$

(2) 应用对数最小二乘法的权重计算，如式(8-2)所示。

$$w_i=\left(\prod_{i}^{n} a_{ij}\right)^{\frac{1}{n}} \Big/ \sum\nolimits_{k=1}^{n}\left(\prod_{i=1}^{n} a_{kj}\right)^{\frac{1}{n}} \qquad (i=1, 2, 3, \ \cdots, n) \tag{8-2}$$

则判断矩阵的权重向量可以表示为

$$W^{(k)}=(w_1, w_2, \cdots, w_n) \tag{8-3}$$

(3) 判断矩阵的一致性检验。单个判断矩阵的一致性检验判别式(CR)的算法如式(8-4)所示。

$$\mathrm{CR}=\mathrm{CI}/\mathrm{RI} \tag{8-4}$$

$$\mathrm{CI}=(\lambda_{\max}-n)/(n-1) \tag{8-5}$$

$$\lambda_{\max}=\sum_{i=1}^{n}(\mathrm{AW})_i/nw_i \tag{8-6}$$

随机一致性指标均值(RI)可以通过查询获取，表 8-2 给出了矩阵阶数为 3～9 的随机矩阵的 RI 值。如 CR<0.1，则检验通过；否则需要对判断矩阵进行调整。

表 8-2　矩阵阶数为 3～9 的 RI 值

矩阵阶数(n)	3	4	5	6	7	8	9
CI 样本均值(RI)	0.5149	0.8931	1.1185	1.2494	1.3450	1.4200	1.4616

(4) 多人单准则下综合权重向量的计算。以加权算术平均法为例，通过对 m 个权重向量的相应分量进行加权算术平均可得

$$w_i' = \sum_{j=1}^{s} \lambda_j w_i^{(j)} \quad (i=1, 2, \cdots, n;\ \lambda \in \Omega) \tag{8-7}$$

进行归一化处理得

$$w_i = w_i' \Big/ \sum_{k=1}^{n} w_k' \quad (i=1, 2, \cdots, n) \tag{8-8}$$

因此，权重向量

$$W = (w_1, w_2, \cdots, w_n) \tag{8-9}$$

步骤三：对第 2 层因素集的第 $i(i=1,2,\cdots,m)$组因素 $X_i=\{x_{i1}, x_{i2},\cdots, x_{ipi}\}$进行单因素评价，建立模糊映射 $f_i: X_i \to F(G)$，于是可求得因素集 X_i 中的 pi 个指标对评语集的隶属度矩阵：

$$R_i = \begin{pmatrix} R_{i1} \\ R_{i2} \\ \vdots \\ R_{ipi} \end{pmatrix} = \begin{pmatrix} r_{i11} & r_{i12} & \cdots & r_{i1n} \\ r_{i21} & r_{i22} & \cdots & r_{i2n} \\ \vdots & \vdots & & \vdots \\ r_{ipi1} & r_{ipi2} & \cdots & r_{ipin} \end{pmatrix} \tag{8-10}$$

在 X_i 中给出根据步骤二确定的权重向量 $W_i=(w_{i1}, w_{i2},\cdots, w_{ipi})$，求得因素 X_i 的综合评价结果 $B_i = W_i$。$R \in F(G)$(其中 $i=1, 2,\cdots, m$)，并对向量 B_i 进行归一化处理。从而可以得到评价对象关于第 1 层因素集的第 i 个指标对评语集的隶属度矩阵。

$$R=\begin{pmatrix} B_1 \\ B_2 \\ \vdots \\ B_m \end{pmatrix} = \begin{pmatrix} b_{11} & b_{12} & b_{13} & b_{14} \\ b_{21} & b_{22} & b_{23} & b_{24} \\ \vdots & \vdots & \vdots & \vdots \\ b_{m1} & b_{m2} & b_{m3} & b_{m4} \end{pmatrix} \tag{8-11}$$

步骤四：在 X 中给出根据步骤二确定的权重向量 $W=(w_1, w_2,\cdots, w_m)$，求得因素 X 的综合评价结果 $B=W$。$R \in F(G)$，然后对向量 B 进行归一化处理。

步骤五：根据不同评价等级的分数重心，计算评价对象的综合得分。

8.4 烽火通信和 SMC LLC 协同创新的案例应用及分析

8.4.1 案例简介

烽火通信是中国优秀的通信设备制造业上市企业。烽火通信长期专注于通信网络从核心层到接入层整体解决方案的研发，掌握了大批光通信领域核心技术，其科研基础和实力、科研成果转化率和效益居国内同行业之首，参与制定国家标准和行业标准 200 多项，涵盖光通信各个领域。美国 SMC LLC 是全球高性能服务器技术和创新的供应商，在互联网数据中心(Internet Data Center，IDC)、云计算、企业 IT、大数据、高性能服务器、嵌入式市场和端到终端绿色计算具有领先的行业地位。

信息与通信技术产业的蓬勃发展，已成为信息经济培育壮大、创新优势逐步夯实的重要保障和动力。而服务器、存储系统是信息与通信技术基础设施的核心，是未来信息社会的重要基石。随着云计算、大数据等技术的迅猛发展，市场对于未来网络重构和其对社会运作的颠覆性影响已有充分认识与判断。而 IDC 的兴起与运营商网络柔性化势必引发对基于英特尔公司新一代芯片的服务器产品需求与日俱增。烽火通信向大信息与通信技术市场延伸势必需要掌握 IT 基础架构的核心技术，通过与 SMC LLC 成立合资公司，有利于其迅速掌握最新的服务器产品核心技术，并通过对技术消化、积累，形成自主、可控的具有竞争力的核心技术，加快公司实现“云、网、端”战略转型。

在这样的背景下，烽火通信与 SMC LLC 于 2016 年 12 月正式成立了合资公司，致力于成为信息与通信技术核心基础设施制造企业，为政府、企业和社会提供强大的产品和技术服务。其中，烽火通信出资 2333 万美元占股 70%，SMC LLC 出资 1000 万美元占股 30%，出资款均一次性缴纳。根据双方的合作协议，SMC LLC 承诺向合资公司持续提供技术支持和培训，视合资公司需求派遣资深技术人员，协助合资公司具备开发产品的能力；公司协助进行人员招聘培养。合资公司研发取得的成果，归合资公司所有。合资期限自合资公司营业执照签发之日起 20 年。合资公司成立后烽火通信将尽快消化 SMC LLC 授权的技术，在较短时间内开发出适应国内客户要求的新产品。在成立初期，合资公司产品可使用烽火品牌对外销售，SMC LLC 同时承诺会协助合资公司尽快提升品牌影响力。

烽火通信与 SMC LLC 力图把握网络全面转型的重大机遇，加强服务器产品的开发实力。通过布局云方向，与原有的光网络设备形成优势互补，向着“云、网、端”方向全面推进战略转型。

8.4.2　实证分析

1. 确定因素集和评语集

根据前文设计的评价指标体系，分布式创新网络中多核心企业间协同效能的因素集如下。

X=(互补效能 X_1，融合效能 X_2，学习效能 X_3，社会效能 X_4)，其中：X_1=(x_{11}研发周期缩短，x_{12}创新成本降低，x_{13}技术风险降低，x_{14}市场风险降低，x_{15}资源利用率提升)；X_2=(x_{21}专利产生，x_{22}新想法、新观点形成，x_{23}全新技术产生，x_{24}技术成果整合)；X_3= (x_{31}协同能力提升，x_{32}技术能力提升，x_{33}管理流程优化，x_{34}技术领域拓展，x_{35}技术积累)；X_4= (x_{41}友谊建立，x_{42}声誉增进，x_{43}信任提升，x_{44}共识形成)。

对分布式创新网络中多核心企业间协同效能评价，拟决定采用四个评价等级，分别为：十分明显、比较明显、不太明显和不明显，构成评语集 G= {十分明显 g_1，比较明显 g_2，不太明显 g_3，不明显 g_4}。

2. 确定各级指标权重

针对分布式创新网络中多核心企业间协同效能评价体系，设因素集 X 的权重向量 W= (w_1, w_2, w_3, w_4)，因素集 X_1、X_2、X_3、X_4 的权重向量分别为：W_1= ($w_{11}, w_{12}, w_{13}, w_{14}, w_{15}$)，$W_2$= ($w_{21}, w_{22}, w_{23}, w_{24}$)，$W_3$= ($w_{31}, w_{32}, w_{33}, w_{34}, w_{35}$)，$W_4$= ($w_{41}, w_{42}, w_{43}, w_{44}$)。以下将利用层次分析法确定各因素集的权重向量。

本书将通过专家咨询建立分层判断矩阵群。在设计的专家咨询表中，拟采用表 8-3 作为元素间重要性等级的判定。专家咨询表设计完成后，接下来选聘相关领域的资深专家发放专家咨询表。共发出专家咨询表 10 份，回收 7 份，回收率为 70%，并对专家咨询结果进行汇总。以下将根据专家咨询结果对各因素的权重向量进行计算和分析。

表 8-3　元素间重要性等级及其赋值

序号	重要性等级	a_{ij} 赋值
1	元素 i 与元素 j 同样重要	1
2	元素 i 比元素 j 稍重要	3
3	元素 i 比元素 j 明显重要	5
4	元素 i 比元素 j 强烈重要	7
5	元素 i 比元素 j 极端重要	9
6	元素 i 比元素 j 稍不重要	1/3
7	元素 i 比元素 j 明显不重要	1/5

续表

序号	重要性等级	a_{ij} 赋值
8	元素 i 比元素 j 强烈不重要	1/7
9	元素 i 比元素 j 极端不重要	1/9

注：a_{ij}= {2, 4, 6, 8, 1/2, 1/4, 1/6, 1/8}表示重要性等级介于 a_{ij}= {1, 3, 5, 7, 9, 1/3, 1/5, 1/7, 1/9}相应值之间时的赋值

以单个专家的咨询结果为例，其判断矩阵 $A^{(1)}$如表 8-4 所示，按照单人单准则下的对数最小二乘法计算得到判断矩阵 $A^{(1)}$权重向量：

$$W^{(1)}= (0.444, 0.115, 0.373, 0.068)$$

表 8-4 判断矩阵 $A^{(1)}$

因素集	X_1	X_2	X_3	X_4
X_1	1	5	1	6
X_2	1/5	1	1/3	2
X_3	1	3	1	5
X_4	1/6	1/2	1/5	1

判断矩阵 $A^{(1)}$的一致性检验过程如下：

$$\lambda_{\max} = \sum_{i=1}^{n} (A^{(1)}W^{(1)})_i / nw_i^{(1)} = 4.037$$

$$\mathrm{CI} = (\lambda_{\max} - n)/(n-1) = 0.012$$

$$\mathrm{CR} = \mathrm{CI}/\mathrm{RI} = 0.012/0.893 = 0.013$$

CR<0.1，通过一致性检验。

采用相同的计算过程，计算得到其余 6 个判断矩阵的权重向量分别为

$$W^{(2)}= (0.567, 0.107, 0.265, 0.061)$$
$$W^{(3)}= (0.472, 0.117, 0.316, 0.095)$$
$$W^{(4)}= (0.583, 0.085, 0.240, 0.093)$$
$$W^{(5)}= (0.643, 0.079, 0.214, 0.064)$$
$$W^{(6)}= (0.417, 0.083, 0.417, 0.083)$$
$$W^{(7)}= (0.428, 0.066, 0.409, 0.097)$$

利用加权算术平均法计算可得权重向量 W= (0.508, 0.093, 0.319, 0.080)，其中令 λ_j=1/7 (j=1, 2, 3, 4, 5, 6, 7)。同样的方式可以计算得到因素集 X_1、X_2、X_3、X_4的权重向量分别为

$$W_1= (0.461, 0.345, 0.128, 0.066, 0.144)$$
$$W_2= (0.328, 0.425, 0.247, 0.452)$$

W_3= (0.482, 0.265, 0.098, 0.098, 0.793)

W_4= (0.417, 0.583, 0.057, 0.642)

8.4.3 计算模糊综合评价结果

根据模糊综合评价的计算步骤，对第 2 层因素集进行单因素综合评价，为此需建立模糊映射 $f_i:X_i \to F(G)$，即因素集的隶属度函数。根据专家的意见，按照模糊分布法，正指标 u_{ij} 的四个评价等级隶属函数分别设定为

$$g_4\left[x_{ij}^{(k)}\right]=\begin{cases}1, & x_{ij}^{(k)} \leqslant 1 \\ 2-x_{ij}^{(k)}, & x_{ij}^{(k)} \in [1,2] \\ 0, & \text{其他}\end{cases}$$

$$g_3\left[x_{ij}^{(k)}\right]=\begin{cases}x_{ij}^{(k)}/2, & x_{ij}^{(k)} \in [0,2] \\ \left(4-x_{ij}^{(k)}\right)/2, & x_{ij}^{(k)} \in [2,4] \\ 0, & \text{其他}\end{cases}$$

$$g_2\left[x_{ij}^{(k)}\right]=\begin{cases}x_{ij}^{(k)}/3, & x_{ij}^{(k)} \in [0,3] \\ \left(6-x_{ij}^{(k)}\right)/3, & x_{ij}^{(k)} \in [3,6] \\ 0, & \text{其他}\end{cases}$$

$$g_1\left[x_{ij}^{(k)}\right]=\begin{cases}1, & x_{ij}^{(k)} \geqslant 4 \\ x_{ij}^{(k)}/4, & x_{ij}^{(k)} \in [0,4] \\ 0, & \text{其他}\end{cases}$$

式中，$x_{ij}^{(k)}$ 为第 k 个专家的对指标 x_{ij} 的评分值。它们的图形如图 8-1 所示。

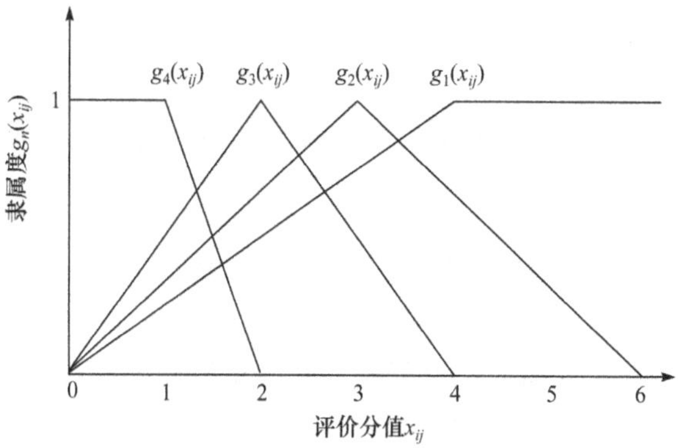

图 8-1 指标 x_{ij} 的隶属度函数图

在本书研究过程中，共邀请六位行业资深专家对合资公司的各项指标进行评分，汇总评价结果如表 8-5 所示。

表 8-5 专家评分表

因素集		评分					
X_1	x_{11}	3.0	3.5	4.0	3.5	3.5	4.0
	x_{12}	4.0	3.5	3.0	4.0	3.5	3.5
	x_{13}	2.0	2.0	2.5	2.5	3.0	2.5
	x_{14}	2.0	2.0	2.5	2.0	1.0	2.5
	x_{15}	3.0	3.5	2.0	2.5	2.0	3.0
X_2	x_{21}	2.0	1.5	2.0	1.5	1.5	2.5
	x_{22}	3.5	3.0	3.0	2.0	3.5	3.0
	x_{23}	1.5	1.0	1.5	2.0	1.0	3.0
	x_{24}	3.5	2.0	2.5	3.0	2.5	3.0
X_3	x_{31}	3.5	4.0	3.5	3.5	4.0	4.0
	x_{32}	1.0	1.5	2.0	3.0	2.5	4.0
	x_{33}	3.0	3.0	3.5	3.5	2.5	3.0
	x_{34}	3.5	4.0	3.5	3.0	4.0	3.5
	x_{35}	1.5	2.0	2.5	2.0	1.5	2.5
X_4	x_{41}	2.0	2.5	2.0	2.0	1.5	2.0
	x_{42}	2.0	2.5	1.5	2.0	2.5	2.5
	x_{43}	3.5	2.5	2.0	2.0	2.5	3.0
	x_{44}	2.5	3.0	1.5	2.0	2.5	3.0

综合多位专家意见，得到关于指标 x_{ij} 对评价等级 x_n 的隶属度之和为 $\sum_{k=1}^{6} g_n\left[x_{ij}^{(k)}\right]$。

则指标 x_{ij} 对评价等级 g_n 的隶属度 $r_{ijn}=\sum_{k=1}^{6} g_n\left[x_{ij}^{(k)}\right]\sum_{n=1}^{4}\sum_{k=1}^{6} g_n\left[x_{ij}^{(k)}\right]$。

通过运算得到因素集 X_1、X_2、X_3、X_4 中各指标对评语集的隶属度矩阵如下所示：

$$R_1=\begin{pmatrix} R_{11} \\ R_{12} \\ R_{13} \\ R_{14} \\ R_{15} \end{pmatrix}=\begin{pmatrix} 0.517 & 0.414 & 0.069 & 0.000 \\ 0.280 & 0.320 & 0.280 & 0.120 \\ 0.359 & 0.427 & 0.214 & 0.000 \\ 0.469 & 0.422 & 0.109 & 0.000 \\ 0.231 & 0.308 & 0.385 & 0.076 \end{pmatrix}$$

$$R_2=\begin{pmatrix}R_{21}\\R_{22}\\R_{23}\\R_{24}\end{pmatrix}=\begin{pmatrix}0.399&0.472&0.109&0.000\\0.229&0.422&0.219&0.110\\0.274&0.366&0.360&0.000\\0.231&0.308&0.385&0.077\end{pmatrix}$$

$$R_3=\begin{pmatrix}R_{31}\\R_{32}\\R_{33}\\R_{34}\\R_{35}\end{pmatrix}=\begin{pmatrix}0.469&0.422&0.109&0.000\\0.222&0.296&0.405&0.077\\0.351&0.416&0.234&0.000\\0.250&0.333&0.417&0.000\\0.240&0.319&0.403&0.038\end{pmatrix}$$

$$R_4=\begin{pmatrix}R_{41}\\R_{42}\\R_{43}\\R_{44}\end{pmatrix}=\begin{pmatrix}0.359&0.427&0.214&0.000\\0.342&0.430&0.228&0.000\\0.283&0.377&0.340&0.000\\0.176&0.235&0.353&0.235\end{pmatrix}$$

根据通过层次分析法确定的指标权重，并按照模糊综合评价法的步骤三和步骤五进行运算，得到综合评价结果：

$$B_1= W_1\cdot R_1=(0.428, 0.407, 0.159, 0.005)$$

$$B_2= W_2\cdot R_2= (0.267, 0.334, 0.303, 0.096)$$

$$B_3= W_3\cdot R_3= (0.418, 0.385, 0.161, 0.036)$$

$$B_4= W_4\cdot R_4= (0.241, 0.321, 0.399, 0.038)$$

$$B= W\cdot R=(0.395, 0.386, 0.192, 0.027)$$

式中，$R=(B_1^{\mathrm{T}},B_2^{\mathrm{T}},B_3^{\mathrm{T}},B_4^{\mathrm{T}})^{\mathrm{T}}$。

评价等级 g_1、g_2、g_3、g_4 的分数重心分别为 4、3、2、1，则一级综合指标得分如表 8-6 所示。

表 8-6　一级综合指标得分

一级指标	综合得分				
	X	X_1	X_2	X_3	X_4
协同效能	3.15	3.26	2.77	3.18	2.77

二级综合指标得分如表 8-7 所示。

表 8-7　二级综合指标得分

因素集		协同效能
X_1	x_{11}	3.36
	x_{12}	3.36
	x_{13}	2.91
	x_{14}	2.69
	x_{15}	3.05
X_2	x_{21}	2.59
	x_{22}	3.12
	x_{23}	2.42
	x_{24}	3.42
X_3	x_{31}	3.45
	x_{32}	2.76
	x_{33}	3.15
	x_{34}	3.36
	x_{35}	2.69
X_4	x_{41}	2.73
	x_{42}	2.79
	x_{43}	3.06
	x_{44}	2.95

8.5　本 章 小 结

测量分布式创新网络中多核心企业间协同效能是多核心企业间协同管理的前提。分布式创新网络中多核心企业间协同效能是指多个核心企业间通过创新过程中的协作获得超额收益的程度。根据协同效能产生的机理，本章将多核心企业间的协同效能分为 4 个维度：互补效能、融合效能、学习效能和社会效能。在此基础上，设计了包含 4 个一级指标和 18 个二级指标的分布式创新网络中多核心企业间协同效能的评价指标体系。进一步，运用多级模糊层次综合评价法构建了多核心企业间协同效能的测评模型。最后，利用测评模型对烽火通信与 SMC LLC 间的协同效能进行了测评和分析。

第9章　分布式创新网络中多核心企业间协同路径及管理

9.1　分布式创新网络中多核心企业间协同路径

9.1.1　协同路径设计总体思路

1. 协同路径设计过程中应考虑企业产业特性

路径设计过程中应该充分考虑协同企业所属行业地位、产业属性是技术密集型还是资金密集型或者知识密集型，不同的产业特性、不同企业规模和所处产品生命周期都会影响路径的设计，同时在选择协同伙伴的时候，企业也应该根据协同伙伴的产业特性选择路径后设计具体的实现途径。对于知识密集型和技术密集型的产业链而言，对基于供应链上的技术创新进行协同的要求越来越迫切。尤其是对于像汽车、机械、石化、半导体和IT等最终产品或生产工艺的复杂程度较高的产业而言，随着整个供应链的技术复杂性和专业分工环节的增加，对企业之间的集成技术创新行为进行协同和整合的要求将不可避免。

2. 协同路径设计过程中服从企业协同目标

企业在创新活动过程中进行协同创新的目的通常可以总结为以下几点：分担研究开发成本，分散风险，获得研究与开发的规模优势，促进企业间知识的流动，获得企业范围以外的技术专长，协同企业间的优势互补，快速获得新技术或市场。企业有着不同的协作目的，所以有不同的协同路径。

3. 协同路径设计以协同客体为导向

在分布式创新网络中，创新资源的分布式状态，使得核心企业进行技术创新的时候采取的创新模式偏向于分布式创新，在决定进行协同之前，核心企业应该要以协同客体为导向，是以一项新技术为协同客体还是以新产品为协同客体直接影响着协同路径的设计。

9.1.2　多核心企业间协同路径概念模型

在分布式创新网络中，协同创新效果的实现通常和协同程度的高低有密切关系，本书设计了五种协同路径实现协同程度的提高，如图 9-1 所示。分布式创新网络中的协同主要是通过核心企业间的技术知识的共享和技术知识的转移，最终达到核心企业间技术知识的创造和增值的目的。

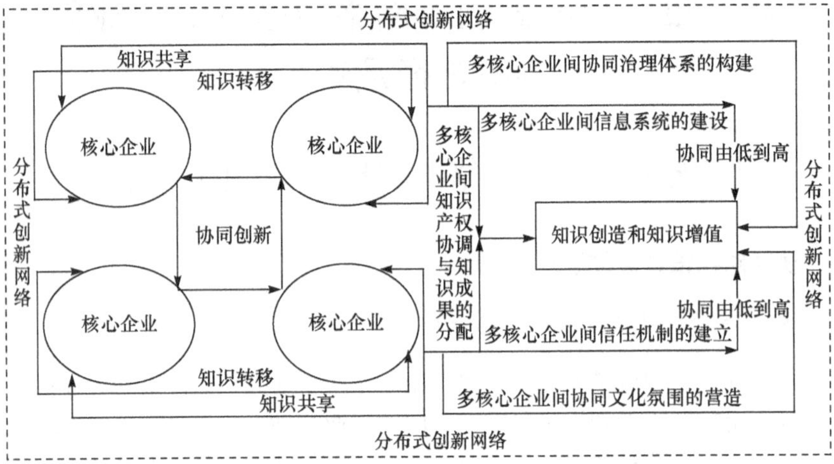

图 9-1　分布式创新网络中多核心企业间协同路径模型图

这五种路径主要是针对如何有效实现知识共享和知识转移并最终达到知识创造和增值提出的管理措施。

9.2　多核心企业间信息系统的建设

最早提出与核心企业间信息系统相关概念的是 Kaufman(1966)，他在《哈佛商业评论》中提出了“跨越核心企业边界的数据系统”。Barrett 和 Konsynski(1982)认为核心企业间信息共享系统是指涉及两个或多个核心企业间的信息资源得到共享的系统，这个系统包括硬件、软件、传输设备、规则与程序、数据与数据库，以及专业知识等。Malone 等(1987)探讨核心企业间信息系统的底层机制时，认为跨企业的信息系统普遍应用于商业交易的活动中，因此跨核心企业的信息系统应当是“一种具有影响核心企业之间交易活动的信息科技(信息技术)”。梅姝娥和仲伟俊(1997)指出核心企业间信息系统就是指跨越核心企业边界的由两个或多个核心企业所共享的信息系统，是信息技术发展的必然。

根据已有文献，本书认为多核心企业间信息系统是指以信息和通信技术为基础，嵌入两个或者两个以上核心企业之内，能够支持核心企业间产业研发和技术研发协同关系的信息系统。这里所指的多核心企业间的信息系统主要是基于互联网作为数据交换平台的信息系统，分布式创新网络中核心企业间的协同通常是跨组织、跨地域的一种协同，所以在分布式创新网络中核心企业间的协同需要通过互联网通信技术进行知识交换、知识共享、知识转移。

在当今经济走向一体化的大潮中，任何企业都面临着前所未有的冲击，企业要走向国际化，必须实现信息化，这是未来生存的需要也是发展的必然。多核心企业间协同走信息化协同路径，建立多核心企业间的信息系统平台，企业间信息系统化的建设能够提高信息和知识交换的自动化水平和通信水平，从而降低协同过程中的信息传递成本和协调成本，同时由于核心企业间信息系统化建设过程的前期需要大量资金和人力资本的投入，这种大额的投入能够稳定和提升核心企业间协同关系。在企业协同研发过程中，信息和知识共享行为尤其需要良好的协同沟通水平，企业间建立合适和有效的信息系统平台，有利于促进信息共享和知识共享。通过图 9-2 可以看出多核心企业间信息系统化建设路径的必要性和可行性。

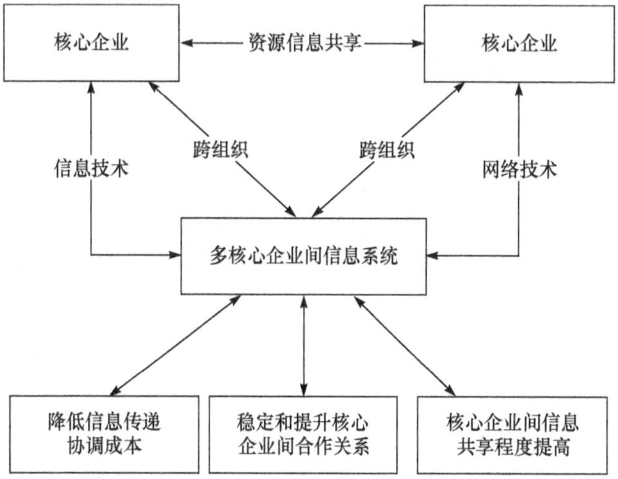

图 9-2　多核心企业间信息系统化建设路径

多核心企业间信息化系统(核心企业间信息系统)建设过程中需要从软件系统(操作系统、支撑软件、数据库软件、平台软件、应用软件、管理软件)、计算机硬件系统(核心企业间信息系统中对信息进行收集、存储、加工、使用和传输等处理过程中所使用的物理设备或装置)着手，这里的软件系统和硬件系统还包含网络和通信设施。多核心企业间信息系统跨越核心企业边界，还有可能跨越地域嵌入核心企业之间，因此其中网络和通信设施的重要作用不容忽视。只有在信息资源(成员核心企业的数据库、数据仓库)、用户(人、信息系统培训、信息化人才队伍建设)、网络和通信设施、规则、标准等方面进行管理和建设才能保证协同效应实现。同时信息系统建设后运行过程中，信息系统安全建设对信息化的管理尤其重要，这也关乎核心企业间协同的可持续性。

9.2.1 多核心企业间信息系统的规划和开发

多核心企业间因协同研发的需要，首先必须规划和开发企业间的信息系统，有效可行的企业间信息系统才能为企业协同研发提供第一步的可能性，在规划和开发过程中，需要注意以下几点。

第一，在规划和开发过程中用模型驱动的思想指导，模型驱动就是为了实现系统的目标，将系统划分为若干层级，在每一个层级上对相关对象进行建模并建立各层模型之间的映射关系，采用人工或计算机软件按照映射规则完成信息从一个层级向另一个层级之间的转换，最终获得系统的目标结果。在信息系统构建过程中，模型是一个不可缺少的工具。信息系统包括数据处理、事务管理和决策支持，实质上，信息系统可以看成是由一系列有序的模型构成的，这些有序模型通常为功能模型、信息模型、数据模型、控制模型和决策模型，有序是指这些模型上分别是在系统的不同开发阶段、不同开发层次上建立的。

第二，在企业间信息系统开发过程中要特别注意信息系统的兼容性。信息系统兼容性是指信息系统支持数据格式类型的能力，系统兼容性有助于方便、快速、动态配置系统功能，以支持不同企业用户间的交互模式的变化，满足不同业务过程的需求，提供管理非结构化任务的方案。在应用实际上，使用者的 IT 水平，以及 IT 本身处理数据转换问题成本很高，甚至无法完成，所以在 IT 实施过程中，必须解决系统兼容性问题。

第三，重视信息系统的集成度。信息的性质与业务流程的特性密切相关，不同文档之间的信息交换能力决定了核心企业间的数据集成程度。增加数据转化类型和格式有利于企业获取交易伙伴的相关信息，从而促进企业间的业务活动。具有可扩展功能的集成 IT 是一个开放的系统，参与者能够共同管理产品的设计和制造，有效协调产品的上市。系统集成在促进交易伙伴的协调中起着重要的作用，信息系统是一个开放的系统，能够促进交易者间的显式协调，通过增加系统模块化程度，扩展了信息流的范围和来源。系统集成有助于快速动态配置系统功能，以支持企业间的交互模式的变化，满足应急业务过程的需求，提供管理非结构化任务的方案。

第四，重视信息系统智能性。系统智能特性主要包括信息系统的决策支持能力、评价能力和告警能力，以及能够对生产和库存能力的供给与需求进行多途径的匹配，使交易伙伴意识到现有供应链中的不足，促进双方建立面向改善的动机和协同。

9.2.2　多核心企业间信息系统通信网络基础设施的完善

多核心企业间信息系统平台的成功实施和有效运用离不开通信网络的完善和硬件设施的完善。信息系统的通信网络基础设施的完善一方面要加强对硬件的管理；另一方面要加强通信网络的维护和更新。

加强对基础设施的管理首先要防范硬件设施的物理风险，如自然灾害会对硬件和物质储存媒介产生坏的影响，其次要及时更新设备，防止储存媒介、传输媒介、计算机网络设备等老化，预防电力中断、静电、强磁场等的影响。

通信网络基础设施是信息化建设路径的基础，加强和完善通信网络基础设施是实现信息化路径的关键所在。多核心企业间的信息化建设应该采用最新的网络通信技术，实现最快、最稳定的网络服务。同时通信质量的保证对于信息系统的建设尤其重要，在通信质量方面需要购买品质优良的通信网络设备。多核心企业各方都需要重视通信质量，保证通信的及时性和有效性。

9.2.3　多核心企业间信息共享技术的有效运用

多核心企业间信息系统相比企业内部信息系统而言体系结构更加复杂，它具有很强的异构特性，这些异构现象使信息在系统成员之间的共享目标很难顺利实现。Pulkkinen 等(2007)认为，核心企业间关系中的伙伴并不总是强调通信信息技术是一种工具，而更应该致力于发展核心企业间紧密的关系，把通信信息技术看作一种协同战略，关注获得协同战略的策略方面，如通信质量策略、信任的信念策略。通信信息战略是一种战略集成机制，能够有效增强核心企业间的相互作用，是一种交互过程。通信信息技术为核心企业成员信息的交换提供了一种手段，在核心企业成员之间共享信息起着重要的作用，具有战略意义。

1. 网格技术的应用

网格根本的特征不是它的规模，而是如何消除信息孤岛和知识孤岛，实现信息资源和知识资源的智能共享，因此网格的根本特征就是资源共享，消除信息孤岛和资源孤岛。网格技术应用在核心企业间信息系统中，利用网格交换信息的能力，核心企业间信息系统成员企业之间可以异地协同，发挥局部优势，实现某些资源共享。这样的共享和协同包括硬件资源的协同共享、软件资源的协同共享、信息资源和知识的交流与共享及智力资源的协同等。对企业之间而言，网格技术有助于从根本上解决核心企业间信息系统协同化问题，使得成员企业之同的协同管理、协同工作、信息共享和知识的转移成为可能。

2. 本体技术的应用

本体原先是一个哲学的概念，近年来成为信息科学和知识系统研究的热点。本体就是对某一领域应用本体论的方法进行分析、建模的结果，就是将现实世界中的某个领域抽象为一组概念之间的关系。某个领域的本体就是关于该领域的一个公认的概念集，其中的概念有公认的语义，这些语义通过概念间的关联来体现。本体通过它的概念集及它所处的上下文来刻画概念的内涵。概而言之，本体模型提供了对于某一问题域普遍且共享的知识表征，并且这种知识能够通过在异构并且分布的信息系统中交流和理解。本体技术在多核心企业间信息系统中的应用主要体现在它能够使得拥有不同的技术结构、信息体系等的成员系统在语义层面上进行有效的通信和协同工作。本体模型能够提供一问题域的普遍且共享的知识，这些知识能够通过核心企业间信息系统中的成员系统进行交流和理解，建立企业本体模型并形成本体库，能够有效解决核心企业间信息系统中的数据标准和集成问题。

9.2.4　多核心企业间信息系统安全保障体系的建立

由于传输控制协议/互联网协议(Transmission Control Protocol/Internet Protocol，TCP/IP)缺乏足够的安全机制，互联网上充斥着如黑客攻击、信息窃取等众多安全隐患，基于互联网的多核心企业间信息系统及其成员企业系统就会面临安全威胁，必须采取相应的技术和措施来保证核心企业间信息系统的安全性要求。研究多核心企业间信息化协同路径的实现就必然要考虑保障核心企业间信息系统及成员系统不受攻击，企业机密不被泄露。要保障核心企业间信息化协同的安全，需要依靠多种技术手段进行安全维护和控制，同时必须从管理的角度对信息系统硬件和软件进行维护，最后就是要构建安全保障体系。

1. 中间件技术

根据核心企业间信息系统协同的特征，选取一种基于中间件技术的多核心企业间信息系统的安全保障体系，多核心企业间信息系统安全保障体系构架简化了成员企业之间的信息交换流程。同时通过接入中间件，在成员企业内、外系统之间进行必要的安全隔离，形成一道应用防火墙，即使某节点企业内部系统受到攻击，也能够将影响控制在有限范围内，不会扩散到核心企业间信息系统外的其他系统，从而提高整个协同系统的抗攻击能力。成员企业内部系统通过接入中间件的方式接入外部协同系统，保障成员企业内部系统与核心企业信息系统间交换的安全性、可靠性和高效性。

2. 多种其他技术

除了中间件技术还可以运用多种其他技术进行安全防范，如保护、监测、审计等覆盖网络基础设施和计算机环境，建立网络边界体系、用物理办法实现边界隔离，在系统内部进行界限划分，确定不同设备的防护等级，完善基础设施防御体系，提高网络骨干设备的安全性，保证远程管理的安全性，以技术手段建立防盗机制。对重点服务器加强维护和管理，对机房强化电子屏蔽设备，加强主干线路的安全防护，保护数据的安全性。建立信息系统安全保障体系需要坚持积极预防综合防范的原则，重点保障基础设施和应用系统的安全。采用密码加密、完整性校验和实体鉴别机制，实现核心企业间互联的安全性连接和通信。再者建立安全管理中心和提供认证、授权、实施访问控制设置等安全策略，设置互联互通密钥，建立信息安全防护和应急机制，定期进行系统测试和应急演练。

3. 安全管理培训

安全的保障不光要靠软件的使用和技术的防范，更需要对系统安全进行维护的管理人员，所以在多核心企业间信息系统安全保障体系建设方面，信息系统维护人员的招聘和培养及与其签订安全保密协议极其重要。

9.2.5　多核心企业间信息化人才队伍的建设

多核心企业间信息系统的使用者是成员核心企业内部那些与核心企业间信息系统发生直接接触的用户的统称，包括具体的操作人员、系统维护人员、系统管理员等。多核心企业间信息系统的使用者通过对核心企业间信息系统的利用提高核心企业的效率，在使用者操作过程中发挥核心企业间信息系统的协同效应。使用者具有的专业知识背景、协作的水平、态度和主观意愿等都会对核心企业间信息系统的发展和协同效应的发挥产生影响。对于核心企业间信息系统中一些特殊方面，如操作方法和安全要求等，需要针对成员核心企业内部不同的多核心企业间信息系统使用者进行专门的培训，围绕安全要求培训、知识产权法律法规培训、操作培训、维护和管理培训等诸多方面展开。

多核心企业间信息系统培训是正式化的人才队伍建设渠道，在正式培训的同时，协同内的企业可以鼓励信息系统设计、操作人员及系统管理人员进行非正式的经验和技术交流，实现信息系统使用者信息互通有无。

9.2.6　多核心企业间信息系统标准的制定

标准是多核心企业间信息系统的技术规范和管理规范，是多核心企业间相互作用的机制。规则是帮助用户使用和维护多核心企业间信息系统的一些说明材料，是多核心企业间信息系统正常运行的重要保证，这里的规则还包含了标准的内容。一般的信息系统的构成要素中不体现标准这个要素的重要性，而多核心企业间信息系统是特殊的大型信息系统，多核心企业间信息系统跨越两个或多个核心企业的边界，因此，就需要有一组计算机协同工作的标准协议，此外，多核心企业间信息系统还涉及行业标准、专用标准、国家标准和国际标准等。多核心企业信息系统的标准主要包括技术标准和管理标准：技术标准指的是操作系统、数据库、网络协议、数据描述语言、应用系统接口兼容、数据交换的标准化；管理标准指的是商品和服务编码、规格、流程、清单、条例、评价和制度的标准化。

多核心企业内信息交换标准化为了响应对更快、更好的信息交换的需求，核心企业对确定一些标准化的定义、协议及产品代码的兴趣迅速提高可为多核心企业间更快、更可靠的信息交换提供基础。过去一些标准是根据政府的管理规范建立的，而现在一些产业也建立了标准协议。这些标准强调信息内容及产品形成的一致性，使得建立多核心企业间信息系统变得非常容易。对多核心企业间的信息标准化首先要从核心信息分类标准编码入手，对多核心企业间需要交换和共享的知识进行分类编码，同时为信息交换建立统一的数据平台和数据接口交换标准，在规划和开发信息系统过程中制定信息系统设计开发的规范性，优化基础设施配置，实现信息建设的标准化。

9.2.7　多核心企业间信息资源库的搭建

多核心企业间的协同主要是通过知识的共享和转移实现知识增值和知识创造，所以信息化建设的核心在于知识特别是技术知识和产品知识的共享和转移，搭建多核心企业间的数据库和知识库主要是将共同研发所需要的知识和数据按照一定的数据结构进行组织并且长期储存为计算机的数据集合，建立数据库需要专门的数据库管理系统，所以建立数据库更需要数据库理论与技术的专业人才，数据库知识涉及分布处理技术、并行处理技术、面向对象技术、人工智能技术、多媒体技术、模糊技术等，所以企业间建立数据库的前提是数据库人才的引进和培养。数据库具有数据共享性高、冗余度低、易扩充，并且安全性高、完整性强，有利于多核心企业间协同的信息系统化建设。

9.2.8　多核心企业间信息系统的治理

1. 扁平化模式

多核心企业间信息系统不能像企业内的信息系统一样通过命令来部署和协

调，多核心企业间的信息系统是基于资源与能力互补的不同企业，通过计算机和现代通信技术相互连接以实现企业间的信息共享，借助于企业间关系治理结构的协调、相互协同以取得协作优势的企业网络系统。根据多核心企业间信息系统规划战略目标的具体要求，成员核心企业必须调整核心企业结构，传统的金字塔式的核心企业架构已经不能适应核心企业间信息系统环境及现代竞争的要求，成员核心企业应当实行扁平化的管理模式。

2. 制度化

同时多核心企业间的信息系统化，必须进行制度化管理，信息的制度化管理是核心企业间信息管理的保障，企业间信息管理制度，是由核心企业制定的，要求协同内核心企业共同遵守的流程和行为规范体系。

多核心企业间的信息系统化建设路径的实施主要从信息系统建设的软件和硬件设施方面进行规划和完善、利用多种技术实现信息和知识的共享、建立信息系统安全保障体系、对信息系统标准化、信息资源库的搭建、核心企业间信息系统的治理等六方面进行管理。

9.3　多核心企业间协同治理体系的构建

协同治理机制通常是指协同创新中企业为了指导双方更好地展开协同、激励与约束核心企业间协同行为而设置的控制机制。如图 9-3 所示，多核心企业间协同治理机制可以分为正式控制(契约治理机制)和非正式控制(非契约治理机制)。前者是指通过契约、政策和规则等显性的书面协议方式来实现企业所期望的行为，如契约、监督、专用性投资等行为；后者是指利用文化、规范、信任、价值观等相对隐性的约束力来实现企业所期望的行为，如关系规范、相互信任等。契约治理机制强调多核心企业间可以通过合同、正式规范和程序化的流程详细地确定协同创新中双方企业的权利、义务及对未来事务的处理方式，因此这是多核心企业间最常使用的治理方式。企业使用关系规范来治理核心企业间的行为则被称为关系治理。关系治理是指利用文化、社会规范、信任、价值观等相对隐性的约束力来实现企业所期望的行为，如关系规范、相互信任等。

良好的关系治理会促进正式合约的修正、完善和精练，而提高其科学性与合理性，更完善的合约则有助于和谐关系的构建。契约治理重在协同过程中的制度化规定，产权合约和组织间规章规定，非契约治理主要是指企业间关系治理，重在强调核心企业间协同关系的建立和维护，企业间协同文化的认同和协同价值观的融合及企业协同过程中信任关系的构建。本节主要是从多核心企业制度化和技

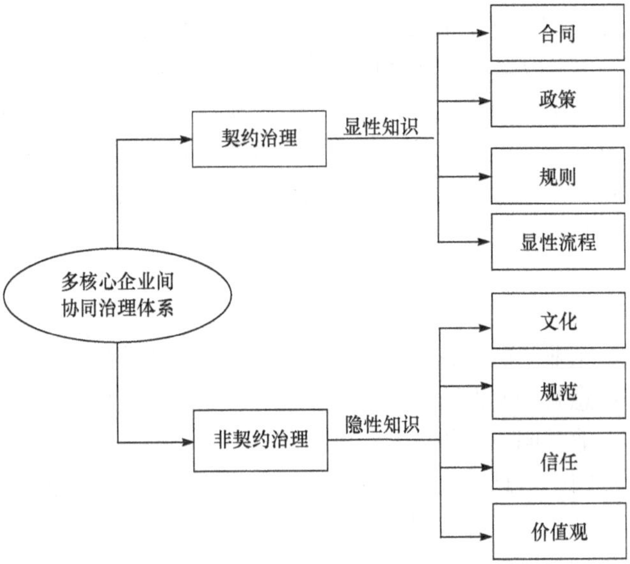

图 9-3 多核心企业间协同治理体系结构图

术流程标准化及协同过程标准化来实现多核心企业间的契约治理；从开发有效的沟通来实现非契约治理，也就是关系治理。这两个方面较完整地体现了多核心企业间协同治理体系管理的内在含义。

9.3.1 多核心企业间制度化

委托–代理理论认为，个体总是追求自身效用的最大化，而制度安排强调在满足个体理性的基础上，实现集体效用的最大化。在《辞海》里，制度的第一含义是指要求成员共同遵守的、按统一程序办事的规程。在中文里它的含义可以归纳为：以法令为主要表现形式的规则和以财产权让渡为内容的规定。制度学派开山大师凡勃伦(1964)将制度定义为一种自然习俗，由于被习惯化和被人广泛接受，这种习俗已经成为一种公理化和必不可少的东西。它在生理学中的对应物，类似于各种习惯性的上瘾。制度实质上就是个人或社会对有关某些关系或某些作用的一般思想习惯；今天的制度，也就是当前公认的某种生活方式。国内外学者对于制度的理解总结来看就是一种在集体活动中的行为规范，告诉集体活动者个人应该做什么、不应该做什么、必须做或者不做什么，形成的是一种约束力和控制力，强调对个人行动的治理。多核心企业间协同本身就是一种集体活动，核心企业就是个人行动的代表，所以协同过程作为集体活动需要对核心企业进行制度化、规范化管理。

1. 合同关系签订

多核心企业间的协同关系以合同或者条约的形式确定下来，确定明确的权利和义务，并且有固定的程序。多核心企业间为研究新产品和新技术，建立联盟或者进行技术协同，首先需要签订协同协议或者签订协同备忘录对协同关系进行确认。创新本身具有高风险性，而协同创新更具有很多不确定性，所以很难事前就协同创新的结果进行签约，也就是说协同协议通常是不完全的。所以多核心企业间的协同靠单方面签订合同也是不完全可行的。

2. 核心企业间规章化

多核心企业间协同过程中会形成正式的新组织或者非正式的合约关系，在形成组织后或者确认合约关系后，需要组织的管理者或者企业的管理者对协同过程中参与的员工和中层管理者制定规章制度，正如一个企业经营的成功离不开企业的规章制度一样，组织间也需要组织的规章制度来提高企业间协同效率和降低企业间的管理成本。

3. 建立激励与约束机制

契约必须满足企业的参与约束和激励相容约束，这时契约称为有效的协同性契约。激励，从一般意义上说，是指激发人的行为的心理过程。激励这个概念用于管理，是指激发员工的工作动机，也就是说用各种有效的方法去调动员工的积极性和创造性，使员工努力去完成组织的任务，实现组织的目标。美国心理学家弗鲁姆于 1964 年提出了期望理论。该理论认为，激发的力量来自效价与期望值的乘积，即激励的效用=期望值×效价。就是说，推动人们去实现目标的力量，是两个变量的乘积，如果其中有一个变量为零，激励的效用就等于零。效价是企业和团队的目标达到后，对个人有什么好处或价值，及其价值大小的主观估计。期望值是达到企业目标的可能性大小，以及企业目标达到后兑现个人要求可能性大小的主观估计。

激励分为正激励和负激励。正激励就是当一个人的行为符合组织的需要时，通过奖赏的方式来鼓励这种行为，以达到持续和发扬这种行为的目的。负激励就是当一个人的行为不符合组织的需要时，通过制裁的方式来抑制这种行为，以达到减少或消除这种行为的目的。多核心企业间的协同作为一种网络组织，在这个网络组织中不管是建立新的组织形态还是只是签订一种合约关系，如果一个核心企业在组织行为过程中做到了协同目标要求的活动，可以指定奖励措施进行正向激励，如协同利益的多额度分配或者更多技术知识的拥有；反之，倘若是一个核心企业在组织行为过程中不愿意为了协同目标而做出技术共享或者肆意破坏协同目标或者破坏其他核心企业进行技术共享，可以事先制定惩罚措施，如对核心企业进行现金惩罚或者对其进行技术封闭或者最坏的结果是将其淘汰出协同组织，这样一种惩罚措施形成了负向激励。正向和负向激励措施的制定，能够在协同组织内部形成一种激励惩罚机制，这种机制的形成能够对多核心企业间的协同关系形成一种约束力。

9.3.2 技术流程标准化和协同过程规范化

核心企业协同过程中，对一些技术上的规范和标准明确用条文和规定记录在册。规范化强调明确协同目标、期限、规则，并且按照事先确定的方式分担创新风险，分配创新收益。为保障协同企业之间技术知识的有效共享和转移，要求协同企业之间不仅重视外显知识的共享，还应当通过交流和协作共享隐性知识。共享技术知识的存在形式和知识转移渠道多种多样，常见的传输渠道有纸质文件传送、电子文档传输、会议交流和指导培训等。规范共享技术知识和疏通知识传输通道的目的就是尽可能消除影响协同伙伴间知识转移的各种障碍。规范共享技术知识主要包括确定共享知识范围和共享知识标准化两项工作。

由于网络的复杂性和活动结果的多样性，整个协同创新活动过程中有很多人做出不同甚至是相互矛盾的任务，员工不知道谁是正确的，应该听谁的。因此，不同团队或者员工的具体职能、责任和决策必须在项目的整个周期内都明确进行安排。

9.3.3 开发有效的沟通实现关系治理

知识特别是构成企业核心能力的知识具有内隐性，多潜藏于一个组织内部，存在于组织内个人的专业技能、团体的特殊关系之中，也存在于特别的规范、态度、信息处理及决策程序之中，这导致绝大部分知识是难以直接沟通的，只能通过不受约束的工作关系交流实现。在协同创新中，通过面对面的沟通交流，在工作中的互动能较好地达到学习的目的。技术开发中出现问题往往在于职能团队之间沟通不够，出现信息孤岛或信息黏滞，造成与产品相关的技术问题和与项目相关的协调问题。因此，有效的沟通有助于消除隔阂和误解，沟通是协同成功的必要因素，也是多核心企业间进行信息交换、产生创新的最佳方式。

沟通在核心企业管理中发挥着重要的作用，几乎可以把沟通视为整个管理活动的“瓶颈”，如果沟通这个瓶颈不顺畅，任何管理活动都无法正常实施，所以在构建协同治理体系中，沟通对于非契约或者关系治理极其重要，有效的沟通能够形成核心企业间的行为规范和有利于协同的价值观，同时能够增强企业间的信任关系。有效的沟通指的是在适合的场合用别人正确理解和执行的方式表达思想与感情的一种互动过程，要开展有效的沟通必须借助适当的沟通渠道，同时认清并排除沟通过程中的障碍。

1. 选择恰当的沟通方式

多核心企业协同过程中高层和中层技术人员需要进行战略和技术的交流，所以采取口头交流还是书面交流、采取哪种语言交流、采取哪种工具进行传输都需要慎重考虑，同时协同企业间应该建立平等对称的沟通关系，这样才有利于协同企业间进行技术和人员交流。

多核心企业间通过经常性的知识共享与交流沟通，不仅能提高企业自身的知识储备，而且能不断地提高整个网络核心企业间的知识系统化和社会化，创造出新知识和新技术，使核心企业快速获取协同创新所需的相关知识与资源。同时，协同管理中实施沟通机制可以促进核心企业内部信息循环更为畅通，有助于各核心企业各研发主体间的良好沟通，对企业间的研发协同具有重要影响。所以，多核心企业间协同过程要为核心企业成员提供不同核心企业文化双向沟通的机会，促进不同文化背景的员工之间的友谊与交往，进而在相互了解和沟通的过程中化解彼此的冲突。

2. 合理利用沟通渠道

多核心企业间的群体沟通行为通常需要借助一定的沟通渠道和媒介，一般来讲，沟通媒介主要有电话、传真、电子邮件、面对面、会议、备忘录、文件、正式报告等，不同的沟通渠道有不同的优势和劣势。在选择沟通渠道上需要注意充分了解各种渠道的优缺点，同时保持沟通渠道的自由顺畅。

3. 沟通制度化

首先，多核心企业间创新过程中是否有沟通意愿；其次，多核心企业间协同沟通是否有效率。对于沟通意愿的管理，需要在建立协同之前强调沟通的重要性，并对沟通进行制度化管理，制度化规定在某个时间段进行信息化交流。为提高沟通的效率，需要在沟通成本最小化的前提下达到沟通效果的最大化，这个时候需要建立分布式创新网络中多核心企业的协调委员会，负责协同研发和不同公司战略联盟的总体协调工作，并且对整个协同项目期间不同企业员工的职责进行明确的安排及明确技术研发周期和截止日期，减少协同过程中出现的分工不明确等冲突。在完善的信息沟通网络条件下协同创新活动还应该注重使沟通活动制度化，创新活动的制度化对于研发、营销和生产之间的沟通具有促进作用。

协同治理体系的建立有利于多核心企业间显性知识和隐性知识的共享和交换，有利于提高协同水平，从而有利于知识创造和增值，是一种有效的协同路径，同时也是一种有效的多核心企业间协同管理措施。

9.4　多核心企业间信任机制的建立

信任是对将来协同可能性的一种预期，并能够促进各方的协同关系。在多核心企业间协同创新过程中，充分的信任关系能够激发新技术的产生，促进新技术的交流和转移，使协同企业更主动参与创新。

知识作为企业的机密很难进行流动，要想实现知识在企业间流动，需要一个长期的信任建立过程。可以说凡是有协同的地方，都需要信任。信任是协同关系的基础。联盟成员基于信任通过核心企业间信息系统连接起来，成员间的信任度的大小将直接影响核心企业间信息系统的协同进程。自 20 世纪 50 年代以来，信任就在社会学、心理学、经济学、管理学等领域得到广泛的研究。Simmel(1978)曾经指出：没有人们相互间享有的普遍信任，社会本身将瓦解。

多核心企业间良好的信任关系的建立和巩固，对于多核心企业间协同创新来说是非常必要的，它是协同创新顺利开展的重要基础。信任关系具有简化、约束、协调、控制、治理及节约交易成本等功能，它的建立可以在很大程度上提高协同创新的效率。为此，探索在协同创新中企业间信任关系如何建立，以及信任机制如何形成和发挥有效作用等问题，就显得十分重要。

建立良好的多核心企业间信任机制是分布式创新网络中多核心企业协同的有效路径，良好的信任机制的建立有利于企业间知识的共享和转移，进而实现知识创造。机制的建立主要靠体制和制度，只有建立适当的体制和制度才能在实践上实现机制并通过机制实现协同目标。

多核心企业间的协同信任分为三个层次：一是协同开始前的初级信任，是基于能力的计算型信任；二是协同开始后的中级信任，是对于协同网络中的制度型信任；三是对于关系确认的协议信任，是协同后期的高级信任，主要是关系型信任，由于协同过程中人际情感的沟通和协同过程中合理的交流，多核心企业间产生了更高级的信任关系。良好的多核心企业信任机制的建立主要从信任的不同层次入手建立管理措施。分布式创新网络中多核心企业间信任模型如图 9-4 所示，在协同萌芽期阶段，主要靠第三方和信任评价打通彼此间的信任之门，在协同发展期，多核心企业间的信任需要的是完善的制度，包括确认协同关系的合约、知识产权分配协议、奖惩制度的确定、协同行为规范等。完善的管理制度有利于减少合作过程中的各类纠纷和避免机会主义的发生。在协同成熟期，依靠强化人际关系来建立企业间的信任机制。

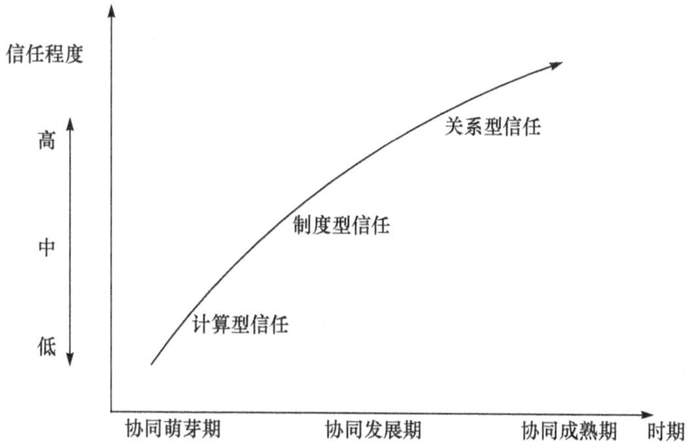

图 9-4　分布式创新网络中多核心企业间信任模型图

9.4.1　计算型信任机制

本书研究的核心企业主要是追求利益最大化的企业，核心企业作为追求利益的组织通常是极其理性的，所以在协同萌芽期，企业之间要想建立协同的信任关系并不是一件容易的事情，这样基于计算型的信任需要第三方的参与才能更加有效地建立起来，这种信任关系是较为低级的关系，需要靠第三方才能确立。

1. 第三方认证

很多时候，协同双方的信任是很难建立起来的，但是通过彼此信任的第三方，可以建立起初步的信任链条，从而建立起间接的信任关系，促进合约或者协同目标的实现，信任第三方能够降低协同关系的不确定性和机会主义带来的诱惑。作为公证的第三方是一个独立于协同目标的公司，在严格的规则和制度下，能够防止有任何商业色彩的外界力量影响第三方认证，保证了双方的协同关系。

2. 第三方担保

通过担保的方式建立用户的信任，担保作为一种获得交易对方信任的制度保障被广为采用。一些权威机构可以在电子商务中充当担保人的角色。他们可以通过一定的资质审查，如对电子商务的合法性、资金、人员、办公条件等进行审查，对于具备诚信发展的电子商务企业提供诚信担保，对于该核心企业所发生的违反诚信的行为提供赔偿义务。

3. 信任评价

第三方评比网站根据特定的网站评价方法和指标，以一定的商务网站为分析评价对象，为核心企业、被评价网站及其协同方提供相关的分析与评价结果。测评机构和评比网站是作为中立的第三方提供信息增值服务——网站测评、排名及其分析报告。

9.4.2 制度型信任机制

制度型信任是对于非人际的社会规则的信任。注重培育企业间的信任关系，要通过正式的制度安排保护各参与企业的权益。

1. 提高契约程度

基于制度的信任主要是由于制度和法律一样对企业行为具有约束力，明确规定了企业应该做什么，不应该做什么，协同关系确立之后，核心企业对合作的方式进行签约仪式、签订研发合同等，这些是具有法律效应和约束力的，在一定程度上能建立起核心企业间基于制度的信任关系，在签订合同时双方应该认真书写合同，提高合同的完备性，制定合同后应该认真履行合同规范，这样有利于在协同过程中加强企业间的信任关系，从而有利于协同过程中的知识共享和转移。

2. 制定激励约束措施保障信任关系

激励机制可以使研发人员正确地感知自身的地位，角色定位清晰的激励效果可以使研发整体目标保持较高的一致性。网络中的核心企业成员协同激励机制越是完善，即能够提出一套鼓励企业间协同进行研发的有效激励措施，协同创新主体越有动力去进行创新协同，从而也更能够促进企业实现创新协同效应。比如，在与供应商企业协同的过程中，对于一些协同经历良好的企业一般是通过增加订单和快速付款的方式来奖励；对于一些不太合格的供应商会降低他们的供应商级别，也主要是通过订单数量和货款的支付时间来实现，由于与每家供应商签订了严格规范的合同，如果因为供应商的问题造成公司较大的损失，可依据合同要求相应的经济赔偿。通过一系列的激励措施和惩罚措施来充分调动协同企业的积极性和保障自己的权益。公司定期对供应商进行打分，并将其分为 1～4 的等级，不同的等级对应不同的订单数量和货款支付时间，如果有供应商连续两次被评为最末等级就会遭受淘汰。公司的订单一向较大，因此对于每个供应商来说，一旦失去订单将会是不小的打击，因此该激励制度取得的效果一直非常明显，大部分核心供应商和公司的协同都会非常顺利。有合同的保障，公平合理的激励措施使得其他协同伙伴感到来自协同公司的尊重与信任，进而信守诺言，努力协同，并促进联盟的稳定发展。

9.4.3　关系型信任机制

关系型信任主要强调的是人际关系的培养，建立有利于培养共同文化和共同交流的环境，增进各参与方之间的情感交流和信任，可通过举办交流会、联谊会、培训会、参观访问等形式加强分布式创新各参与方的情感联系和互动频率。多核心企业间的关系，主要体现在企业家的人际关系培养和技术员工的人际关系培养，人际关系培养后形成了关系型信任关系，有利于技术研发协同的沟通和技术知识的交换，但同时由于理性人假设的成立，需要警惕过于信任而产生的机会主义和投机主义风险。

1. 多核心企业间企业家人际感情培养

多核心企业间的高层领导需要保持密切的接触，且这种联系需要有持续性。首先，在协同创新过程中，核心企业的高层领导和决策者的战略意识即企业家精神是协同创新的内部推动力，是否协同及采取何种方式协同对企业的技术创新能力的增强有着至关重要的作用，所以在建立多核心企业间信任机制过程中，对于多核心企业间信任关系的建立，高层领导间信任关系的建立是第一步也是极其关键的一步。多核心企业协同过程中需要用制度化的规定和规范的流程化进行协同，但双方的协同需要一个信任的支持，企业间关系说到底也是企业中人与人的关系，特别是企业家或者说企业决策者之间的关系，所以双方人际关系的投入特别重要，双方需要对感情投资。定期举行正式的产品及时交流会和非正式的联谊会对个人情感的培养很重要。决策者之间良好关系的确立有利于今后协同问题的解决和今后进一步协同。感情的培养首先需要建立一个信念对称的平等协同关系，只有平等才能相互尊重和相互沟通，并进一步建立信任关系。

2. 多核心企业间技术员工的交流

在分布式创新网络中多核心企业间的协同，主要是对于新产品研发和新技术研发的协同。所以多核心企业间的协同中，协同各方的技术工作人员之间的关系关系到协同是否顺畅。技术员工的交流主要是针对协同过程中的技术操作和技术规范进行确认，同时在克服技术困难中，涉及较多的是隐性知识的共享，隐性知识的交流主要还是靠建立技术员工信任和了解为切入点，定期组织技术员工联谊和交流会，搭建一个技术员工和中层干部生活交流的渠道和平台，增进彼此间的信任和默契。

3. 警惕关系信任风险

情感的交流建立起来的人际关系毕竟属于感性的情感，有限理性人假设其实也是说明人是理性的，企业作为人格化的人还是追求效益最大化的，追求经济价值的最大化，即使关系型信任关系建立起来了，但也要警惕关系信任建立后协同对方基于彼此的过于信任做出一些投机和机会主义行为。

9.5 多核心企业间知识产权协调与知识成果的分配

核心企业都具备个体理性，所以在协同创新过程中，协同企业往往从自身利益出发，保护自有知识产权和专利技术，维护专有资源和产品的个性，为了实现更好的协同，多核心企业间的知识产权协调与知识成果的分配是一种有效的协同路径，只有协调好知识产权和分配好知识成果，才能在协同中维持协同关系的同时增进知识共享和转移，促进知识增值。多核心企业间协同过程中知识共享和知识转移涉及较多的是知识产权归属和知识保护。协同过程中主要是知识共享和知识转移，最后达到知识创造，知识产权排他性、独占性的基本属性与协同过程中知识共享和协同具有一定的冲突性。这种冲突性表现在各利益主体间的知识产权归属问题和各创新主体出于对知识产权保护会隐瞒一部分核心技术、知识和信息。多核心企业间知识产权与协同创新冲突政策体系，如图 9-5 所示。

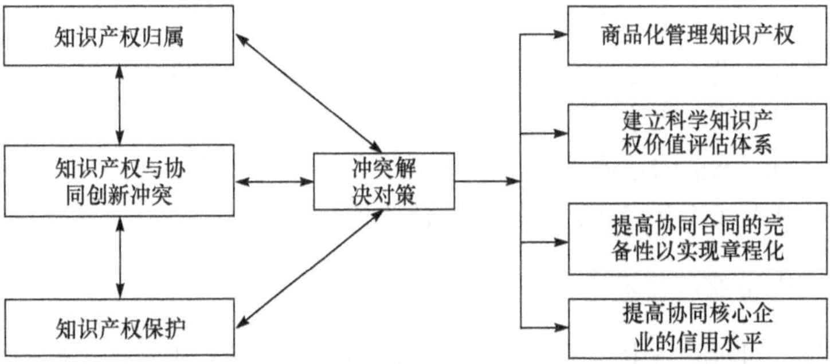

图 9-5 多核心企业间知识产权与协同创新冲突政策体系

9.5.1 商品化管理知识产权

知识产权具有财产属性、商品属性和交易属性等经济属性，在协同创新模式中，知识产权权利者应充分意识到知识产权的经济属性，将其作为普通商品进行最大程度的综合运用，在对已有知识产权进行保护的基础上，积极从他人利用自己的知识产权中获取收益，并从自己利用他人的知识产权中提升自己的创新能力和核心竞争力。在协同创新过程中，创新主体要确定自己拥有的知识产权的等级和共享范围。对级别低、易获取的知识产权可以免费共享，而对级别高的知识产权则要求协同方或相关部门进行付费。将知识产权作为普通商品进行管理，积极进行知识产权许可、转让和购买、受让，这样可以与其他创新主体充分沟通知识、技术，保证协同创新顺利开展。

9.5.2 科学评估协同中的知识产权价值

在协同创新过程中，协同主体因投入已有的知识产权而能够获得经济补偿时，需要对知识产权价值进行评估。如果由协同创新主体共同拥有协同创新产生的知识产权，实施知识产权所获得的收益需要根据协同主体贡献大小进行分配。在协同关系确立初期，需要建立科学的评估体系对知识成果价值进行合理的评估，并且明确规定如何进行贡献大小划分。

9.5.3 提高协同中合同完备性实现章程化管理

鉴于采取“契约式”模式规制知识产权权属无法应对协同创新核心企业日益复杂化的创新活动，知识产权成果归属宜采取“章程化”做法，仿效公司法中类似于公司章程的规定，在形成协同创新联盟平台的基础上，将知识产权权属问题固化为加入协同创新核心企业所必须认同的章程条款，或者就知识产权成果归属及权益分配问题制定一整套规约，形成协同创新核心企业各成员单位共同遵守的“内部宪章”，弥补法律政策规定的空白，改变多主体、多协议的低效与权益失衡问题。知识产权“章程化”是为了在协同创新核心企业内部建设稳定的知识产权“生态系统”，通过相对不变的“章程”实现创新成果利益分配的可预期性与稳定性，进而达到提升知识成果共享程度和知识转移效率、降低创新风险的目的。

9.5.4 提高多核心企业间的信用水平

提升协同创新主体的信用水平是一种很有效的知识产权保护方式。通过提升协同创新主体的信用水平，可以增强彼此间的信任，一方面，协同创新主体可以减轻或消除对其他协同创新主体的顾虑，主动将核心技术等知识产权运用到协同创新过程中；另一方面，也可以提高协同创新主体对知识产权的尊重和保护，减少模仿和盗用行为的发生。在协同创新过程中不断灌输“守信获利、失信失利”的思想，营造良好的信用氛围，提升协同创新主体的信用水平，使创新主体守信誉，相互信任，这样，协同创新主体在协同创新活动中会主动运用自己的知识、关键技术和技能等，潜力也能得到充分发挥，并化解知识产权与协同创新的冲突。

9.5.5 合理分配知识产权和知识创造成果

协同创新的各成员企业都是独立的利益主体，所以协同利益的公平分配问题，是协同各方之间引发冲突的实质性问题，也是影响协同创新成败的关键因素和核心问题。从物质利益激励的角度看，参与协同创新的组织或者是个人之间，如果存在着协同利益分配不公平的问题，会影响协同创新的积极性，进而影响着协同创新的结果。也就是说，协同收益的分配，如果不能充分体现出公平合理的原则，出现各成员企业(不同的利益主体)承担的风险与获得的收益不匹配情况，就会导致协同伙伴的积极性降低，失败的可能性增加，从而可能影响整个协同创新的成败和取得的效果。

企业间协同创新利益分配就是将一定时期内，由于企业间开展协同创新所创造和实现的利益按照一定的原则在各协同企业之间进行分配和分割的过程。核心企业间协同创新利益分配不仅指核心企业间产品协同创新带来的利润等显性收益在各企业之间的分配，还包括在协同创新过程中所产生的隐性收益，如专利权、知识产权等在企业之间的分配。隐性收益可以通过联合专利等方式，使各成员企业共同拥有创新成果。

虽然核心企业间协同创新强调的是团队理性，但企业在协同中由于个体理性的存在，难免由于利益冲突而引发种种矛盾，如何能保持稳定的、长期的协同关系，如何公平、公正、公开地进行利益分配，使各企业愿意奉献各自最大的努力来取得整体及个体利益的最大化,这就涉及企业间协同创新的利益分配机制问题。博弈理论是分析多核心企业间协同创新利益分配问题的基本理论。

9.6　多核心企业间协同文化氛围的营造

多核心企业间顺利实现协同并且低协同到高协同必须重视各企业的组织文化差异和营造利于协同的文化氛围。多核心企业间协同涉及跨组织的文化，是对跨组织进行的管理，主要包括核心企业的经营理念、企业管理制度、企业价值观等。有些企业形成的是积极进取、开拓创新、努力扩张的经营理念，另外一些企业形成的是相对小心谨慎、固守成规的经营理念；一些企业在管理制度上遵循的是中央集权式的，企业领导者拥有绝对的支配权，员工只能服从和遵守，另外一些企业在管理制度上较开放，企业员工拥有对公司经营的建议权和具体业务操作的质疑权；在企业的价值观上，一些企业员工视公司的工作和公司的未来发展为己命，能够把职业理想和企业理想结合，具有强烈的企业公民意识，另外一些企业员工只是把工作当作生活的手段，只是做好本职工作，在企业面临危机时会选择退缩。这些差异性的客观存在对企业间进行协同具有重要的影响作用，多核心企业间的协同应营造一种兼容并包、开放创新、积极协同的良好文化氛围，良好的组织间文化对组织间管理具有促进作用。营造良好的文化氛围，首先要正确认识多核心企业间文化差异，正确处理协同不同阶段的组织间文化差异。同时要多渠道为营造良好文化氛围提供客观的条件，如制定面对面沟通的措施、各企业提高企业内部兼容性。

9.6.1 正确认识多核心企业间文化差异

共同的文化是在联盟各方相互适应、相互妥协的过程中慢慢地建立起来的。联盟的企业文化是深层次的，是联盟长期稳定发展最坚实的基础，是联盟全体成员企业共同认可和遵守的价值观念、道德标准、企业哲学、经营观念、行为规范、管理方式、规章制度等的总和。由于网络核心企业文化的多样性，即分布式创新网络内同时存在两种或两种以上不同的核心企业文化，不同核心企业之间的文化存在差异。这种文化差异很可能导致协同企业中人群之间的心理和行为对抗，从而产生核心企业文化冲突，损害网络协同的协同企业关系，影响知识联盟运行的稳定性，甚至导致协同关系解体。所以，对于分布式创新网络中的文化协同管理的研究具有重要意义。

随着经济和社会的发展，核心企业文化日渐成为企业生存和发展的重要支柱，文化作为维持企业竞争优势的源泉之一，对企业协同创新绩效具有重要影响。核心企业间协同需要注意协同过程中文化融合策略，需要从三个阶段进行文化管理。

1. 协同开始阶段观察文化差异

第一阶段是观察期，观察文化差异和文化冲突。这样有助于减轻不稳定因素和潜在的危险性带来的压力，同时全面倾听外籍员工的诉求，充分了解文化冲突的症结。

2. 协同运行阶段调和文化差异

第二阶段是微调期，指企业协同运行进入正轨之后的一段时期内，文化冲突的各种弊端日益显著，要调和文化差异，但只能在技术层和管理层小范围进行调整。步步为营的文化调整战略可以给双方适应的过程，避免突然变化引起的不适，而这种文化不再是两种文化的大杂烩，必须对两种文化“取其精华，去其糟粕”。

3. 多核心企业间文化双向传播

第三阶段是文化融合创新期，开始依靠文化传播新建一种吸收双方优点的独特的、全方位的企业文化，即第二阶段措施的扩大化，将范围扩展到企业的各个角落。新建的文化是将两种文化的优势相结合得到的最优组合。而推广这种文化的前提是多核心企业间企业文化的双向传播，传播文化中值得借鉴的理念，同时对员工进行培训，让他们尽早适应并融入协同方文化中优秀的方面。通过长期的文化传播，协同员工之间能加强理解和沟通，并更利于新的协同文化被接受和认可。

9.6.2 多渠道营造良好协同文化

1. 制定面对面交流的措施

在高层交流方面，多核心企业间的各公司规定首席执行官必须对协同方公司进行经常性的访问，主要的管理人员具体到每个月或者某一个规定的时间进行业务交流和事务性交流，以及对协同近况和未来发展进行讨论，加强核心企业间的情感沟通和组织控制。同时双方核心企业组织管理培训，召开会议加强技术交流和技术技能的提升。例如，康宁公司的首席执行官经常访问韩国，而且管理人每隔六周去韩国参观工厂，并且和三星电子公司的管理人员就合资公司的运营情况和未来的计划进行交流，三星电子公司的员工也经常到康宁公司进行管理培训和召开会议。这些明确的规定性访问和参观培训能够为核心企业进行技术知识共享和管理沟通创造面对面的交流机会。面对面的交流可以减少文化差异带来的冲突，频繁的情感交流也有利于达到协同的默契度，提高协同的持续性和有效性。

2. 各核心企业提高企业内部兼容性

核心企业的协同最终落实到员工的协同，员工作为行为人来自不同的文化层次和不同的区域，多元化的工作团队增加了工作的复杂性，为了减少复杂度和提高管理的效率，核心企业可以在各自公司进行协同文化心理预期建设，简单点来说就是在彼此公司可以聘请对方公司文化相似者进行管理，这样可以减少语言和文化不同带来的冲突。比如，康宁公司总部任命了一位韩裔美国人分管文化、语言和管理联络。在面临组织文化差异的时候，康宁公司表现出的积极主动融合性和内部兼容性，对于影响协同的文化氛围有积极的作用。也因此，双方协同能够长达几十年，并且双方在这几十年的协同中收获良多。

9.7 本章小结

分布式创新网络中多核心企业间协同路径及管理的研究是理论研究向应用研究的延伸，是确保项目研究完整性和现实价值的关键。本章首先确立了多核心企业间协同路径设计的思路，并运用概念模型描绘了多核心企业的协同路径。多核心企业间的协同路径包括：多核心企业间信息系统的建设、多核心企业间协同治理体系的构建、多核心企业间信任机制的建立、多核心企业间知识产权协调与知识成果的分配、多核心企业间协同文化氛围的营造。针对这五条协同路径，本章分别详细地提出了实施方案和对策。

第10章　分布式创新网络中多核心企业间协同的案例分析

10.1　华为和徕卡在手机摄像领域的协同创新

10.1.1　协同创新的背景

从世界上第一张摄影作品诞生以来至今的近200年时间里，摄像技术不断进化，特别是智能手机市场的爆炸式增长，拍照实现了彻底的技术普惠，成长为一项全民式功能。得益于智能手机的便携性、功能的丰富性及随时随地的社交分享性，用户使用智能手机拍照的频率已经远超相机等设备。早在2014年，用户使用智能手机拍照的比例就超过用户使用相机这类专业设备，中国IT研究中心发布的《2014年Q1中国手机摄影美化软件市场监测报告》显示，有78.5%的人通过手机拍照，超过了相机拍照的比例(65%)。今日头条发布的2016年年度智能手机报告数据也显示，大多数用户都将拍照视为智能手机的首要功能点，拍照是否清晰是用户购机时最为看重的体验之一。全球每年有数十亿张照片来自智能手机拍摄。

随着拍照日渐成为消费者最为重视的智能手机体验功能之一，手机制造商不断加大手机摄像方面的创新力度。同时，各大厂商对于手机拍照的定位追求发生了较为明显的变化，开始从挑战专业器材的像素竞争转向提供更好的拍照体验与拍照趣味性的方向发展。

智能手机拍照效果俨然已经成为智能手机之间竞争的极为关键因素，目前全球智能手机增长趋于平缓，新的智能技术、影像技术都将成为增长的有效驱动力，如何有效提升智能手机的拍照效果已经成为各大手机制造商亟待解决的难题。

10.1.2　协同创新的历程

如图10-1所示，华为与徕卡的协同创新历程大致包括以下四个重要节点。

(1) 2016年2月26日，徕卡与华为正式宣布牵手，建立长期战略合作关系，希望借此改写手机摄像的格局，开启视觉世界的文艺复兴时代。在未来双方将会在技术研发、设计、工艺、用户体验、市场营销和零售渠道上展开深入的合作。

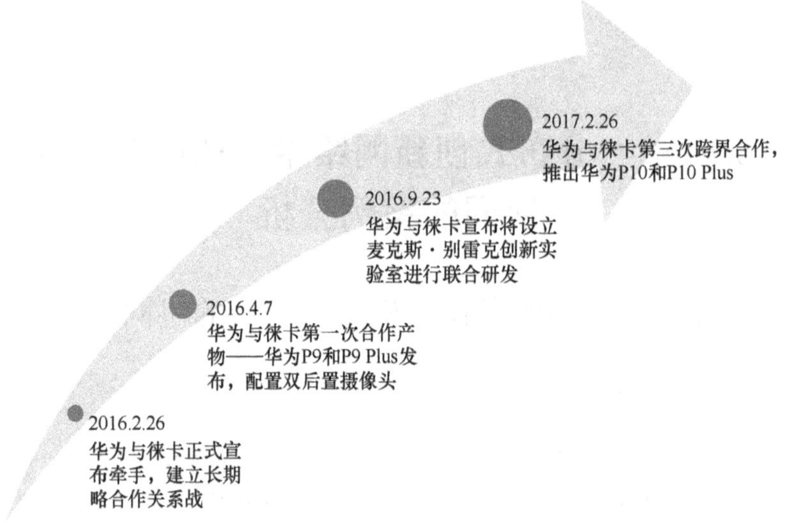

图 10-1　华为与徕卡的协同创新历程

(2) 2016 年 4 月 7 日，华为在英国伦敦正式发布高端旗舰机 P9 和 P9 Plus。华为和徕卡进行了合作，为发布的两部手机带来双后置摄像头。

(3) 2016 年 9 月 23 日，华为与徕卡宣布了更进一步的战略合作计划——双方设立麦克斯·别雷克创新实验室进行联合研发。该创新实验室将在新光学系统、计算成像、虚拟现实(virtual reality，VR)和增强现实(augmented reality，AR)领域开展联合研发。根据双方公布的战略合作计划，除了集合两家公司的研发资源外，华为和徕卡还计划与国际大学及研究机构展开合作。华为将通过联合实验室集合优势资源，引领能够改变智能手机行业格局的科学技术和创新潮流。

(4) 2017 年 2 月 26 日，华为终端在巴塞罗那举行的 2017 世界移动通信大会上发布了全新华为 P 系列智能手机——华为 P10 和 P10 Plus。与华为 P9 相比，华为 P10 摄像头最大的变化是加入了光学防抖功能，并且支持 2 倍无损变焦。华为 P10 采用了 1300 万像素和 2000 万像素的黑白+彩色双摄像头，通过双摄像头切换的方式来实现无损变焦功能。除此之外，双摄像头还为 P10 带来了大光圈拍摄、黑白模式等诸多玩法。

10.1.3　协同创新效益

1. 技术创新

一直以来，手机摄像的技术研发，多局限在降低摄像门槛、提升成像质量的小圈子里，或者“技术不够、美颜来凑”。华为对于摄像有着更深层次的探索和思考，希望通过与徕卡的合作，实现真正意义上摄像技术的创新与摄像质量的提升。通过这次合作，徕卡将自己的影响力进一步延伸到智能手机领域。作为全球科技行业领导者的华为，拥有顶尖的研发实力，深知科技的进步来源于巨大的时间和资源投入。同为技术见长的徕卡有着百年光学技术的积累，这正是华为所渴求的。

1) 华为 P9

华为 P9 首次采用了徕卡认证的彩色+黑白双 1200 万像素摄像头，主镜头负责捕捉色彩，而黑白镜头负责捕捉光线。兼顾色彩的同时，让画质细节更清晰。

2) 华为 P10 和 P10 Plus

徕卡双摄旗舰 P10 配备了一个 2000 万像素的黑白镜头和一个 1200 万像素的彩色镜头。其中黑白镜头负责捕捉画面细节，另一个彩色镜头负责还原真实色彩，二者协同配合可谓相得益彰，拍照表现令人期待。此外，华为 P10 新加入了手机人像摄影功能，通过 3D(three dimension，三维)人脸检测、智能补光、肤质增强等算法，能够展现更立体的五官和亮丽的肤质。P10 Plus 搭载了徕卡 Summilux 高端镜头，更大的 F1.8 光圈使得低光拍摄性能和拍摄画面整体锐利程度大幅提升。

2. 品牌协同溢价

尽管智能手机在拍照能力上有了巨大的提升且对不少卡片机造成威胁，但是相较于高端的单反机仍有着极大的差距。然而，使用高端专业相机的人毕竟只是少数。对于大多数消费者来说，智能手机的拍摄性能已经足够了。而且智能手机在照片的后期处理上有着天然的优势，简单易上手。对于徕卡这样高贵的品牌而言，单独出售拍照配件显然不现实，推出认证镜头是更好的方法，这既打响了名号，又增加了营收。

华为在全球终端市场的地位也在逐渐提高。然而，华为的产品在消费者心中的印象富有科技感，缺少人文情怀与历史沉淀。徕卡则不同，昂贵的价格是徕卡的品牌标志，注定了只能属于少部分人。徕卡与华为的合作既改善了它们的品牌形象，也提高了品牌认知度。

10.2　微软公司和英特尔公司的创新协同案例

10.2.1　Wintel 联盟形成背景

20 世纪 70 年代初，IBM 公司占有大型计算机市场 80%以上的份额，苹果主导 PC 市场并恪守技术垄断原则和不兼容政策。1979 年，IBM 公司在佛罗里达波克镇成立研究小组研发个人计算机。为降低成本，IBM 公司决定直接采用市场上现有的微处理器和操作系统。经过谈判，IBM 公司最终采用了英特尔公司开发的

8088 处理器和微软公司基于初学者通用符号指令代码(beginners' all-purpose symbolic instruction code，BASIC)语言开发的磁盘操作系统(disk operating system，DOS)。在此之前，微软公司的 BASIC 语言已经成为操作系统领域的产业标准。1981 年，IBM 公司推出搭载 8088 处理器和 DOS 的 PC，同年销售量仅为 1 万台，1982 年销量即增长到 20 万台。1983 年 IBM 公司 PC 销量达到 60 万台，与先前行业领袖苹果公司平分秋色。1984 年，IBM 公司推出了采用英特尔 80286 处理器的第二代 PC(IBM5170PC AT)，单个产品销售额占 PC 市场销售总额 70%以上。由于采用开放的设计架构，加上处于绝对优势并不断提高的市场占有率，IBM 公司 PC 逐渐成为行业的事实标准。凭借 IBM 公司在 PC 市场的优势，微软公司和英特尔公司也顺势成为操作系统和处理器领域的领导者。

1985 年，为避免 PC 业务对大型商用计算机业务构成威胁，IBM 公司停止对 PC 产品的进一步开发并拒绝采用由英特尔公司研发的新一代 80386 处理器。以生产兼容机发家的康柏公司甘冒市场竞争风险，采用英特尔 80386 处理器并于 1986 年率先推出第一代 386 电脑，而后宏碁集团和 ALR 等厂商迅速跟进，导致了 PC 市场出现第一次非 IBM 公司领导下的技术升级。1990 年，微软公司与 IBM 公司在图形界面系统上的分歧，最终导致联盟关系破裂。

微软公司与英特尔公司的合作开始于 1978 年 4 月。微软公司基于 8086 处理器开发了 BASIC 编译语言，而后 BASIC 编译语言成为微软公司的主导产品。随着 IBM 公司 PC 市场占有率的不断提高，微软公司的操作系统和英特尔公司处理器(X86 架构)成为 PC 行业的事实标准，最终形成主导整个行业近 30 年的 Wintel 联盟。英特尔公司的 386、486、奔腾、奔腾 Pro、奔腾 MMX、奔腾二代系列中央处理器(central processing unit，CPU)所向披靡，而微软公司基于英特尔芯片的 DOS、Windows 3.0、Windows 3.1、Windows 3.2、Windows 95、Windows 98 操作系统则确定了软件产业的工业秩序。英特尔公司的 X86 架构和微软公司的 Windows 操作系统通过竞争互补的关系，形成了 PC 市场的双寡头垄断格局，牢牢控制着 PC 行业 CPU 和操作系统标准。

10.2.2 协同创新的领域与方式

Wintel 联盟自形成之初，就一直在产品创新、技术改进等方面开展着广泛、密切的合作。虽然双方的联系更多的是一种非契约的关系，但是并不影响英特尔公司和微软公司在创新过程中的协同。

双方的创新协同领域和方式主要有以下几种。

1. 高层定期会晤

自1978年4月第一次合作后，微软公司与英特尔公司领导人保持着每四个月会晤一次的惯例，会议在微软公司与英特尔公司的总部轮流举行，双方主要讨论企业的经营策略和产品策略。

2. 信息共享

酷睿i系列微处理器开发的早期，英特尔公司就将涉及操作系统的处理器设计细节和微软公司共享；同样微软公司在开发Windows 7的初期也将涉及处理器的操作系统细节和英特尔公司共享。因此，英特尔酷睿产品系列配合微软公司Windows 7操作系统会给用户带来更好的体验。

在整个Windows 7的开发周期中，英特尔公司和微软公司的合作达到了前所未有的密切程度，共有数百名工程师为之努力。两家公司都看到使Windows 7和英特尔技术密切配合的机会，双方的合作着重在基于英特尔处理器如何改进Windows 7的性能、能效、启动、关机、休眠重启速度、图形和多媒体、虚拟化、安全性等方面，通过软硬件的协作创新，带来英特尔处理器和微软操作系统的共同优化。

3. 技术协同与支援

Windows Server 2008 R2操作系统将标准服务器的可靠性提高到了空前的高度，这主要得益于软硬件平台的多项技术，包括Windows硬件故障架构、多Bit内存故障恢复、机器检查架构制度(machine check architecture recovery)等，结合来自英特尔至强平台的跨处理器动态负载调度、内存RAS(reliability，availability and scalability，可靠性、可用性和可扩展性)功能、处理器RAS功能、英特尔QuickPath、Interconnect RAS特性。这些都是数据中心稳定运营的安全保证。

Edge/IE浏览器的JavaScript引擎叫作“Chakra”，2012年起英特尔公司就开始不断贡献其在Web运行时开发、即时编译(just in time compiler，JIT)代码生成方面的经验(当时主要是基于Windows 8.1操作系统)，更是为Edge浏览器献出了大规模的代码库，尤其是在图形与性能优化方面。

微软公司表示，英特尔公司直接参与了Chakra JIT编译器的改进，包括更好的指令选取和调度，还帮助微软公司消除了大量冗余指令，减轻了指令过载，近而减小了整体代码体积、改进了特定环境下的性能。

尤其是在Windows 10、Edge平台上，英特尔公司更是与微软公司紧密合作，帮助部署单指令多数据流(single instruction multiple data，SIMD)(已列入ECMAScript标准化脚本语言提议)，可利用特定的SIMD硬件指令(如今几乎任何架构都支持它)，提升数据级别的并行执行。SIMD 指令集可以同时操作多个值，因此在处理矢量数据的时候，代码执行会更快。

4. 制定行业标准

SMB(server message block)通信协议是微软公司和英特尔公司在 1987 年制定的协议，主要是作为微软网络的通信协议。SMB 是在会话层(session layer)和表示层(presentation layer)及小部分应用层(application layer)的协议。

SMB 直接访问[SMB over remote direct memory access (RDMA)]：支持使用具有直接访问功能且可全速运行的网络适配器，其中延迟非常低且 CPU 利用率极少。对于 Hyper-V 虚拟系统管理程序或 Microsoft SQL Server 关系数据库管理系统等实现工作负载，这让远程服务器如同本地存储一般。

5. 项目合作

2016 年 12 月 8 日，微软公司在中国深圳举行了 Windows 硬件工程产业创新峰会(Windows Hardware Engineering Community，WinHEC)，宣布微软公司和英特尔公司将在高级安全功能、人工智能和微软小娜、混合现实及游戏等方面，提供全新的设备方案。通过这一合作，未来设备的创新特性将包括以下几个方面。

(1) 远场语音交互，让用户能够在房间另一端向微软小娜提问或者让它播放一首歌。

(2) 最新的安全功能可以保护设备免受恶意软件和黑客的威胁，改进后的 Windows Hello 生物特征识别功能，拥有来自微软公司的智能安全图谱的深入洞察，以及来自英特尔公司的世界级安全智能与分析。

(3) 通过经济实惠的 PC 设备，以及其他任何平台都无法实现的混合物理环境与虚拟现实相结合的头戴式显示设备(head-mounted display，HMDs)，为所有人提供混合现实体验。

(4) 游戏体验上的创新包括电子竞技、游戏直播，以及对 4K 高清显示技术、高动态光照渲染(high-dynamic range，HDR)、广色域(wide color gamut，WCG)、立体声及 Xbox 手柄原生蓝牙的支持。

6. 产学研合作

2008 年，微软公司和英特尔公司在加利福尼亚大学伯克利分校及伊利诺伊州立大学投资了 2000 万美元建立新的研究设施。这些研究中心将专注于并行编程的努力，包括能够利用多核处理器的各种应用和操作系统。

7. 开放式论坛和一致性专题研究小组

英特尔公司每次经过努力，为 PC 平台创建一种新的体系结构接口技术[如外设部件互连标准(peripheral component interconnect，PCI)总线、通用串行总线(universal serial bus，USB)接口]之后，就会开展较大规模的公共论坛活动，对接口技术展开讨论。其中包括两个重要的论坛，即开发者论坛和实施者论坛。论坛主要由桌面产品要员会(Desktop Products Group，DPG)的成员组织(包括微软公司)，通过论坛将数千个独立软件供应商和独立硬件供应商聚集到一起，对新标准进行广泛讨论。借助论坛，一方面为新标准的发展奠定基础，另一方面在标准正式推广以前尽可能地发现规范中可能存在的问题。

英特尔公司还依赖另外一种类型的研讨会来对特定领域核心标准进行改进，同时帮助各个公司开发产品模型，这种研讨会就是一致性专题研究小组会议，即互连测试大会专题小组会议。会议每 3 个月举行 1 次，参会公司在 100～200 家。每个公司派遣 2～3 位该技术领域最优秀的工程师参加。与会公司可以试用正在设计当中的产品模型来测试它们各自的产品协同工作的能力，同时还可以使用这些产品模型测试它们的设备与最新发展的标准的兼容性。

10.2.3　协同的效果

1. 产品的快速更新和迭代

通过产品研发和技术创新各个环节的协同，微软公司和英特尔公司在保持各自产品优势的同时，保证了彼此产品之间的良好兼容性和互补性，产品不断更新，引领着桌面 PC 市场的技术更新方向和节奏。

一方面，微软公司的产品保持着快速的更新频率，Windows 系统作为桌面 PC 市场应用最广的操作系统，一直被公认为最稳定、兼容性最好的系统。

另一方面，在 Wintel 联盟的支持下，英特尔公司遵循了摩尔定律所揭示的规律，使 CPU 性能平均每 18～24 个月提升 1 倍，CPU 芯片制造工艺和架构按照 Tick-Tock 原则每年更新一代。

与此同时，通过创新过程中的协同，微软公司和英特尔公司各自产品的性能优势被进一步强化，两家公司产品更新迭代的步伐也表现出高度的同步，如表 10-1。从 Windows Vista 开始，微软公司和英特尔公司在操作系统中针对处理器设计了相应调节的机制，使 CPU 在特定情况下会降低转速、降低功率从而达到好的节能的特性。在 Windows Server 2008 里面微软公司结合服务器整合，从虚拟化角度把原来要分散在不同的物理硬件平台上来完成的任务，整合在一个功能更强大的平台基础之上，降低系统运行能耗，达到节能的效果。通过软硬件手段相结合，英特尔公司45纳米产品在保证了性能较上一代提高了30%的情况下，功耗与上一代产品保持了一致。

表 10-1　截止 2017 年微软操作系统与英特尔处理器产品更新迭代情况

Windows 操作系统版本	旗舰产品发布年份	英特尔处理器产品
Windows 1.0	1985	386 微处理器
Windows 2.0	1987	—
—	1989	486 DX CPU 微处理器
Windows 3.0	1990	—
Windows 3.1	1992	
Windows NT 3.1	1993	奔腾(Pentium)处理器
Windows 3.2	1994	—
Windows 95	1995	高能奔腾(Pentium Pro)处理器
Windows NT 3.5		
Windows NT 4.0	1996	—
Windows 95 OSR2		
—	1997	奔腾Ⅱ(Pentium Ⅱ)处理器
Windows 98	1998	奔腾Ⅱ至强(Pentium Ⅱ Xeon)处理器
Windows 98 SE	1999	赛扬(Celeron)处理器/奔腾Ⅲ(Pentium Ⅲ)处理器/奔腾Ⅲ至强(Pentium Ⅲ Xeon)处理器
Windows 2000	2000	奔腾 4(Pentium 4)处理器
Windows ME		
Windows XP	2001	至强(Xeon)处理器/安腾(Itanium)处理器
—	2002	安腾 2(Itanium 2)处理器、英特尔 Pentium 4 /Hyper Threading 处理器
Windows Server 2003	2003	奔腾 M(Pentium M)/赛扬 M(Celeron M)处理器
Windows Vista	2005	奔腾 D(Pentium D)处理器/英特尔 Core 处理器
—	2006	酷睿 2(Core2)/赛扬 Duo 处理器
Windows Home Server	2007	四核心服务器用处理器/英特尔 QX9770 四核至强 45 纳米处理器
Windows Server 2008	2008	Atom 凌动处理器/TerraFlops 80 核处理器/Core i7 处理器

续表

Windows 操作系统版本	旗舰产品发布年份	英特尔处理器产品
Windows 7	2009	Clarkdale 芯片(32 纳米芯片)/Core i5 处理器
Windows Server 2008 R2		
—	2010	至强处理器 7500 系列(8 核)
Windows Home Server 2011	2011	Core i3(Sandy Bridge 架构)处理器/英特尔 Core i5 四核(Sandy Bridge 架构)处理器
Windows Thin PC		
Windows 8	2012	Haswell 微架构(22 纳米)
Windows Server 2012		
Windows 8.1	2013	Broadwell 微架构处理器(14 纳米)
Windows Server 2012 R2		
Windows 8.1 with Update	2014	Skylake 架构处理器(14 纳米)
Windows 10	2015	Haswell-Refresh/Skylake 架构下的六代 Core i7 处理器
Windows10 Update 1		
Windows10 Redstone	2016	Skylakemont 架构处理器(10 纳米)
Windows10 Creators Update(Build 15063)	2017	Kaby Lake 架构 Core i7 处理器/Core i9 处理器(18 核)

2. 稳定的市场占有率

PC 产业中，Wintel 联盟的本质不仅是指它们占据了 PC 市场 90%以上的份额，更是指英特尔公司的芯片(硬件)与微软公司的 Windows 系统及应用(软件)两者进行最佳结合、协同更新，最终拉动了整个产业的技术进步和产品迭代。

通过广泛的创新协同，微软公司和英特尔公司建立了牢固的竞争互补关系，形成了桌面 PC 市场的双寡头垄断格局。

3. 超强的市场议价能力

微软公司和英特尔公司双寡头垄断格局的存在，导致 Wintel 联盟的市场议价能力十分强大。

按照部分电脑原始设备制造商(original equipment manufacturer，OEM)的说法，“卖一台电脑能赚 100 元，其中英特尔拿去了 70 元，微软拿去了 40 元”。联想集团前总裁柳传志也曾经说过：我们生产一台电脑也就是一把大葱的利润。在强大的 Wintel 联盟面前，任何一个电脑厂商都只能做一个打工者。

10.3 企业内部协同创新——三星电子公司的案例

10.3.1 案例背景

三星集团是韩国最大的企业集团，包括 44 个下属公司及其他若干法人机构，业务涉及电子、金融、机械、化学等众多领域。三星集团旗下包含三星电子公司、三星电机公司、三星康宁公司、三星网络(事业部)、三星证券公司、三星物产公司、三星重工公司、三星航空公司和三星生命保险公司等子公司。其中，三星电子公司是三星集团旗下最大的子公司，成立于 1969 年，已成长为全球最大手机生产商，近 20 种产品(如半导体、显示屏等)市场占有率居全球企业之首。凭借在电子领域的业务成功，三星电子公司已被公认为全球技术领先企业，现居全球十强品牌之列，在世界 500 强、《商业周刊》IT 百强等排名中位列前茅，这彰显出了三星电子公司的雄厚实力。

三星电子公司成长为世界顶级科技型企业，与其在技术创新领域的努力密不可分。2016 年，三星电子公司专利申请数量位于全球第二。

在保持创新优势和企业核心竞争力上，各部门的协同创新极大促进了三星电子公司内部的技术进步，使之在激烈的市场竞争中立于不败之地。

10.3.2 三星电子公司内部协同创新的实现路径

1. 建立统一标准

技术创新涉及由创意、研究、开发、试制、制造到首次商业化的全过程，一项创新目标的完成往往需要跨地域、跨部门的协作。在分布式创新网络中实现协同创新，建立统一标准尤为重要，在标准化过程中有助于更好、更快、更准确地达成协同创新目标。三星电子公司通过在技术、流程、管理三方面建立统一标准以实现公司内部协同创新。

第一，技术标准化。三星电子公司在技术上建立了统一的标准，如技术规格的统一、编码的统一、图纸的统一等，使研发部门之间、研发部门与其他部门之间的协同效率更高。

第二，流程标准化。确立创新目标后，三星电子公司通过制定标准流程，使多个部门共同完成创新目标。例如，统一研发流程有助于缩短研发周期；规定流程各阶段进度有助于达成短期目标：流程标准化举措使三星电子公司的协同创新效果更佳。

第三，管理标准化。跨部门、跨地域协同创新过程中，为了减少或避免低效率、多头领导等问题，一定程度的标准化管理尤为必要。三星电子公司旗下分公司众多，遍及全球，通过制定标准化的统一管理，降低了各部门沟通与协作难度，提高了整个公司的管理效率。

2. 规范相应制度

在规范相应制度方面，三星电子公司建立了严格规范的制度体系，主要从反馈制度、权责划分、研发支持三方面为企业内部协同创新减少阻力。

第一，建立闭环管理制度。协同创新过程是一个连续不断的过程，研发、生产、测试、品质是过程中的不同阶段。三星电子公司建立了“决策—控制—反馈”的闭环管理制度，通过三种管理手段的相互依存、相互制约，公司协同创新阶段依次交替、循环往复，从而形成了连续不断的持续协同创新过程。面对变化的客观实际，该管理制度可以进行灵敏、正确有力的信息反馈，并做出相应变革，使矛盾和问题得到及时解决，在循环积累和相互依存、相互制约中不断提高，促进公司协同创新的不断发展。

第二，建立权责分明的管理制度。三星电子公司旗下子公司和业务众多，基于此其实行了战略方向总部统一领导，战术方向各分部责任人统一管理的格局，使公司内部权责分明，处理问题公平高效。

第三，为研发提供人才与技术支持制度。三星电子公司制度建设尤其注重人才培养与研发机构的设立，通过人力资源整合及技术的革新提高公司的整体管理水平。三星电子公司设立三星技术研究院，在每个事业部中设置细分产品研发机构，同时，通过人员海外交流、进修，公司内部人才、技术处于领先水平，带动公司整体创新水平的提升。

3. 搭建知识共享平台

知识共享平台是三星电子公司实现技术共享和产品协同创新的重要载体。其中，Teamcenter 系统和产品生命周期管理(product lifecycle management，PLM)系统是最主要的知识共享平台。三星电子公司通过引进、运营上述平台及平台间的作用反馈机制，促进信息资源的优化和整合，提升新产品研发工作效率，降低研发成本，缩短新产品研发周期，推陈出新，以满足复杂化、多元化的市场需求。

1) 平台简介及基本操作

Teamcenter 系统作为公司数据管理系统，集项目管理、数据管理、产品结构管理、变更管理等功能为一体，为企业提供了跨专业、跨项目阶段，以及计划集成化、全方位数字化的生命周期管理解决方案。该平台主要为不同部门研发人员进行协同创新提供服务。公司研发人员具有 Teamcenter 的使用权限，不同部门的研发人员将其所在部门的技术数据上传至 Teamcenter 平台，由此形成了数据的集合。数据上传后，研发人员可以“取出”“修改”数据，将更新后的数据或内容重新上传到平台上。在 Teamcenter 平台上，登陆者的员工编号、登陆时间、数据版本与内容的更新，都会有所记录，以便更好地管理数据信息，为研发人员提供具有时效性的内容与数据。其主要功能模块如图 10-2 所示。

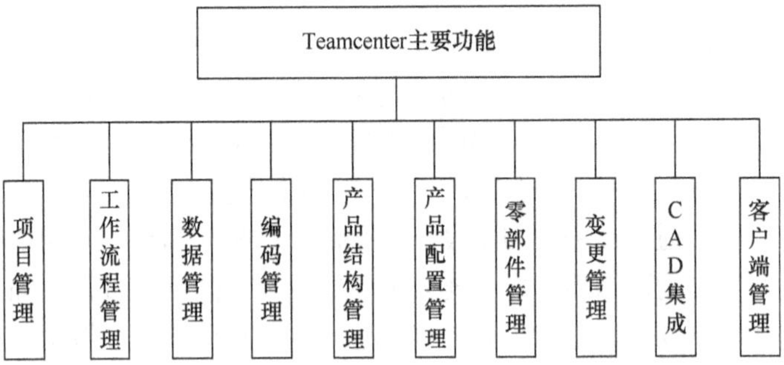

图 10-2　Teamcenter 主要功能模块

CAD 为计算机辅助设计(computer aided design)

PLM 系统是一种企业信息化的商业战略。它实施一整套的业务解决方案，把人、过程和信息有效地集成在一起，作用于整个企业，遍历产品从概念到报废的全生命周期，支持与产品相关原理示意的协作研发、管理、分发和使用产品定义信息，即不仅针对研发过程中的产品数据进行管理，也包括产品数据在生产、营销、采购、服务、维修等部门的应用，如图 10-3 所示。该平台为公司所有部门共

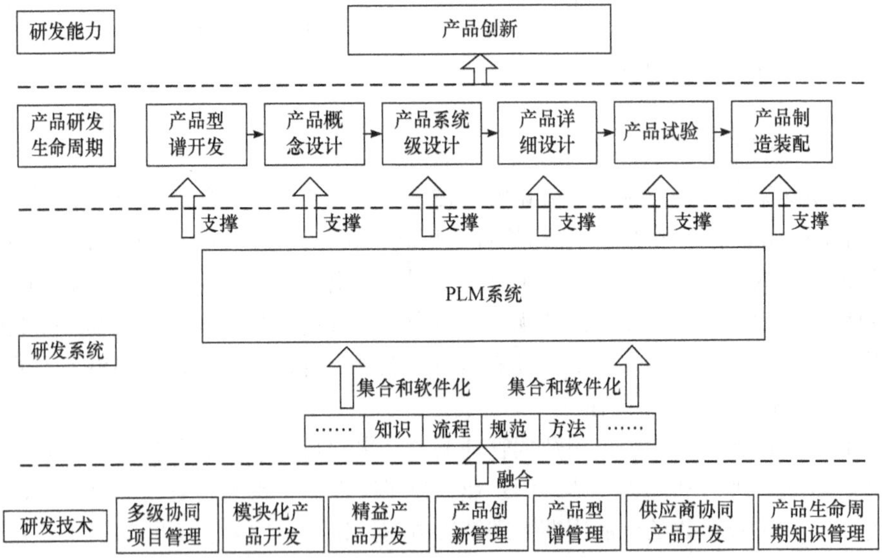

图 10-3　PLM 系统平台主要功能

同协同创新提供服务。公司全体员工均具有 PLM 系统的使用权限，不同部门的员工根据 PLM 系统平台上的数据，运用到产品开发中，观测研发过程是否与预期产生偏差，若与预期不符，则在 PLM 系统平台上记录问题。针对所提问题，由相应研发人员提出解决方案，更新 Teamcenter 平台上的技术数据，重新发布到 PLM 系统平台上，如此重复，直至产品通过测试、完成研发。PLM 系统平台与各部门之间的联系如图 10-4 所示。

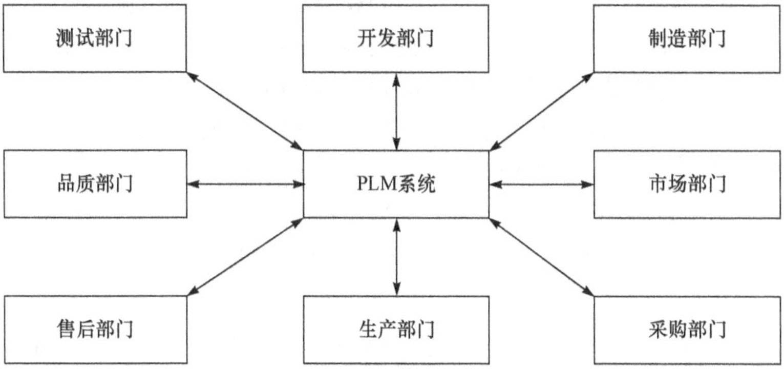

图 10-4　PLM 系统平台与各部门之间的联系

2) 平台知识共享中的借用及权限问题

平台上所共享的知识与技术内容涉及借用和权限问题，三星电子公司的技术共享以是否在同一公司为界，授予使用权限。如图 10-5 所示，在同一公司，研发

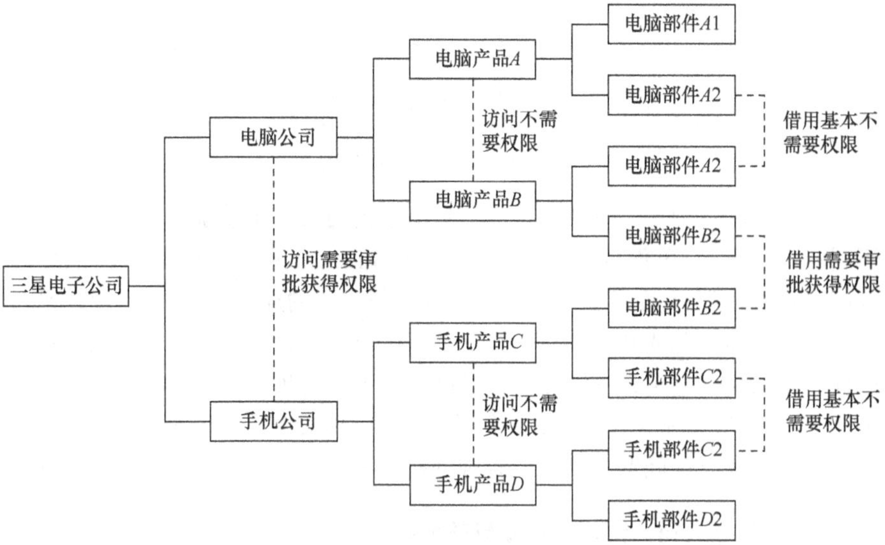

图 10-5　协同研发中产品的权限

内部访问和借用基本不需要权限；不同公司，研发之间访问和借用需要审批获得权限。例如，电脑公司中不同产品之间进行访问不需要权限，可直接访问；若电脑公司与手机公司之间进行访问，则需要通过审批获得访问权限。

3) 平台协同研发流程及其管理

三星电子公司的技术研发协同是一个开发与验证反馈的过程。首先，研发部门在各自的开发软件上进行产品设计和建模。例如，结构部门用的开发软件平台 NX 系统，回路部门用的开发软件平台 POWERPCB 系统等。随后，研发部门把在软件上开发的完整数据上传到 Teamcenter 系统平台。最后，全公司各个部门把开发完的产品进行测试和检查，各个部门把各自测试和检查出来的产品问题反馈到 PLM 系统平台，问题是开放(open)状态，各责任部门针对 PLM 系统上的问题给出问题原因和解决方案。当所有 PLM 系统上的问题都处于封闭(closed)状态，才能进行重要节点的会议(全公司各个部门的相关人员需参加)。会议通过，才能进入到下一开发阶段，如图 10-6 所示的协同研发流程，直到开发结束。

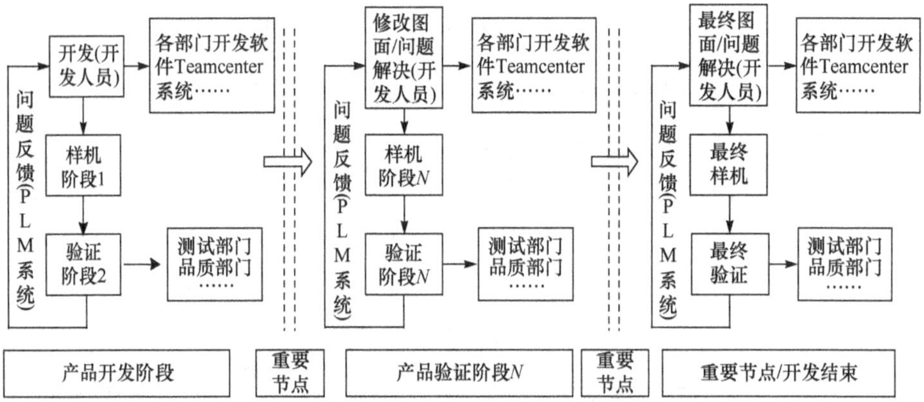

图 10-6　协同研发流程图

针对平台的管理、运营和维护，三星电子公司设立了系统平台管理部门。根据不同的系统平台，下设具体管理部门，如 Teamcenter 系统成立管理部门 *A*，PLM 系统成立管理部门 *B*。系统平台既是管理部门与用户的连接中介，也是反馈平台。当平台上发布新功能或新内容时，管理部门会以邮件形式通知相关部门人员并组织培训，以保证信息传达的时效性和准确性。平台管理者的 ID(identification，身份)都显示在平台系统的首页，使用者可以通过在线交流、E-mail 及在问题解决中心登记三种方式反馈问题。其平台管理部门和使用者之间的关系如图 10-7 所示。

10.3.3　三星电子公司内部协同创新成效分析

通过协同创新，与其他公司的“少而精”截然相反，三星电子公司产品种类

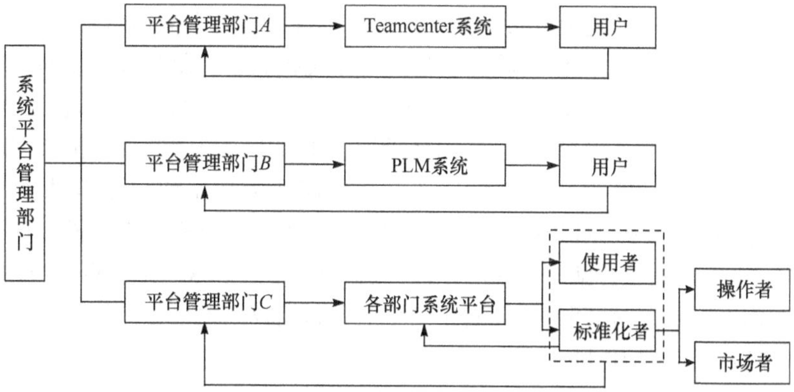

图 10-7　平台管理部门和使用者之间的关系

繁多。从核心部件到整体产品，从各种家电到数码相机、摄像机、打印机、笔记本电脑、手机等，三星电子公司的电子产品线几乎是全球最完整的，而且善于针对不同的市场采取差异化战略，各产品线开发出的品类非常丰富，充分满足从高端到低端不同层次消费者的需求。三星电子公司在上游供应链方面拥有极强的研发和垂直整合能力，其不仅有产品，还生产各种零部件，如半导体、芯片、内存、镜头、电池、屏幕、硬盘、光驱等，仅靠内部资源整合，即可完成大部分产品的生产。

三星电子公司构筑起了技术、成本、速度相协调的优势。运用标准化的系统平台，以及多部门、多专业、跨地域、统一合作的多方位协同研发，三星电子公司能快速研发出新产品并抢占市场。通过研发部门与制造部门始终保持密切的配合，三星电子公司内部打破了产品技术与工艺流程技术之间的隔阂，缩短项目研制周期，更快地将产品推出市场；通过研发部门与各地的研究所紧密配合，运用最先进和最有影响力的技术，开发具有世界前瞻的产品。据统计，三星电子公司相对于其他同类别的公司，产品研发速度高 20%左右，成本低 10%～15%，以至三星电子公司的许多产品像手机、电视、芯片、半导体、电视、面板、内存等市场占有率长期处于世界第一的位置。

10.4　B787 项目中波音与全球供应伙伴间的协同

B787 是波音 21 世纪初期推出的一款中型双发长航程民用飞机，也是自 1990 年 B777 项目以来的首款全新机型。B787 运用了众多的创新技术，如大量使用复合材料制造机身、卫星通信系统等，使得 B787 具备更高的燃油效率、更低的维修成本及更舒适的乘坐环境等，B787 也因此被称为“梦想飞机”(Dreamliner)。

B787 的创新过程是由分布于全球各地的几百家创新机构共同完成的，包括波音、23 个一级供应商、28 个研发中心、10 家飞机制造厂及为数众多的次级供应商和大学等。在整个创新网络中，波音和 23 个一级供应商处于核心地位，共同构成了一个核心子网络。这个核心子网络承担了 B787 项目中的关键价值创造活动并对整个网络进行管理。波音称这些一级供应商为战略伙伴或全球供应伙伴(global supply partners，GSP)，因为这些供应商在参与的过程中需要投入资金和资源完成工程开发和整合活动(Elahi et al.，2014)。作为 B787 创新网络中的核心企业，波音和其供应伙伴间的协同对于网络的创新绩效至关重要。以下本书将对波音和其供应伙伴间的协同展开深入分析。

10.4.1 波音和其全球供应伙伴间协同的背景

1. 外包战略在民用飞机制造业中的深入应用

外包(outsourcing)指将原本内部完成的流程和活动转交于外部主体执行(Ellram and Billington，2001)。外包于 20 世纪 80 年代开始大量兴起，并先后经历了 Hätönen 和 Eriksson(2009)划分的三个时期：大爆炸时期(big bang，20 世纪 80 年代)、盛行时期(bandwagon，20 世纪 90 年代)和无边界组织时期(barrierless organizations，21 世纪初至今)。外包实践的演化实质上是外包战略逐渐深入应用的过程，越来越多的战略性职能和流程被外包。在无边界组织时期，研发、设计等这些价值链上的核心环节也成为外包的主要内容之一。制造商正日益让供应商介入它们的产品和工艺开发过程中，以降低开发成本和缩短开发时间，提升产品质量和价值(Wynstra et al.，1999)。外包在民用飞机制造业中的应用尤其明显。民用飞机属于大型复杂产品，包含成千上万个零部件，这些零部件由飞机制造商及其供应商提供，最后由制造商进行总装。在民用飞机的发展过程中，制造业务的外包比例呈逐渐扩大的趋势，制造商甚至将某个机身分段的制造和集成工作全部外包给供应商。同时，由于民用飞机具有模块化特征，可以进行模块化设计，飞机制造商逐渐将一些零部件和机身分段的设计工作交给供应商完成。

2. 来自空客的巨大竞争压力

自开发全球第一款喷气式客机 B707 获得巨大成功以来，波音长期在民用飞机市场上处于主导地位，这一地位在 1997 年完成对麦克唐纳–道格拉斯公司的收购后达到巅峰。但是好景不长，由于波音的松懈和主要竞争对手空中客车公司(以下简称空客)的强势发展，民用客机制造产业逐渐形成了双寡头格局。如图 10-8 所示，进入 21 世纪，空客和波音在每年的飞机净订单及交付数量上的差距不断缩小，空客于 2001 年首次在净订单数量上超过波音。此外，空客在各个细分市场上对波音形成了全方面的挑战：在低端市场上，空客推出 A320 与波音 B737 竞争；在中型飞机市场上，空客推出 A330 夺取波音 B757 和 B767 的市场份额；在远程大型客机市场上，空客推出 A340 与波音的 B777 相抗衡；在超大型远程客机市场，空客更是雄心勃勃地推出了 A380“空中巨无霸”挑战 B747 的长期垄断地位。在空客的竞争压力下，波音先后提出了三项应对方案，分别是 747-500X/600X、音速巡航者计划和 B787，并最终确定了 B787 项目。

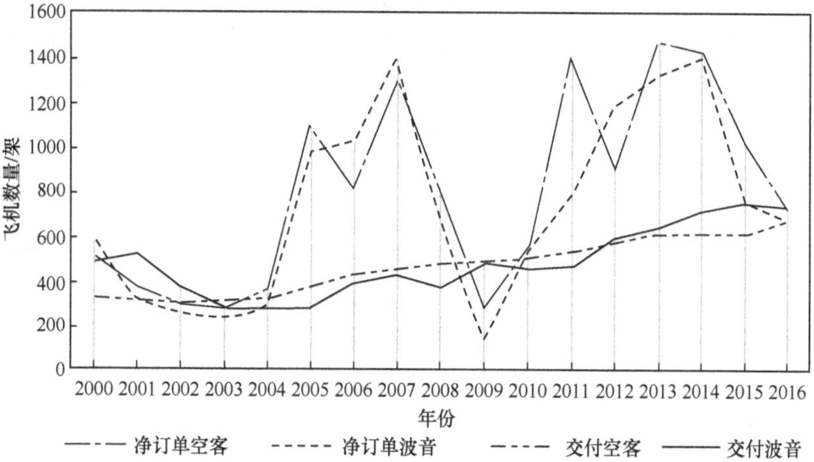

图 10-8　2000～2016 年波音与空客公司民用飞机的净订单与交付量

3. 巨大的产品开发预算和风险

民用飞机制造业是一个高投入、高风险的行业。B787 项目最初的研发预算估计为 100 亿美元左右，执行项目会给波音造成沉重的财务负担。高昂的开发费用同时会导致巨大的投资风险。同时，技术和市场的不确定性进一步增加了项目的风险。巨大的产品开发预算和风险让波音的董事会对 B787 项目犹豫不决。为了让 B787 项目得到董事会的支持，时任波音民用飞机集团总裁兼首席执行官的艾伦・穆拉利决定通过减少先期投资及将风险部分转移给供应商的方式来降低财务风险，其合作伙伴分担 40 亿美元投资。

在上述背景下，波音决定与其全球供应伙伴协同研发、设计及制造 B787。

10.4.2　波音与其供应伙伴间的协同创新关系及协同管理

1. 波音与其供应伙伴间的协同创新关系

在 B787 项目中，波音采用了一种全新的、激进的外包战略。波音不但将占总建造价值 70%(后增至 90%)的制造业务外包给 23 个供应伙伴，并且首次将机身分段的设计和集成工作交给它们，波音和供应伙伴在 B787 开发项目中的大体分工如表 10-2 所示。由表 10-2 可知，在设计阶段，波音首先和供应伙伴共同进行飞机的整体设计，并由波音进行高层次的界面定义，然后分段和界面的细节设计工作由其供应伙伴完成。在制造阶段，波音只负责生产尾翼及最终的总装工作，而各分段的集成和制造则由相应的供应伙伴完成。这预示着波音传统的“按图生产”(build-to-print)的买卖关系模式已成为历史，取而代之的是全新的在各个层次上的“设计并生产”(彭剑锋，2013)。为了完成各自的分工，波音和其供应伙伴均需要进行相应的投资并承担投资风险。例如，为了 B787 的制造，川崎重工业株式会社、株式会社 SUBARU 和三菱重工业株式会社在东京西南名古屋建设新工厂和扩建旧厂。协同创新产生的收益，包括知识产权和经济利润等，通过特殊的契约安排由波音和其供应伙伴共享。

表 10-2　波音和其一级供应商在 B787 开发项目中的分工

企业	设计阶段	制造阶段
波音	主导整体设计； 高层次的界面定义； 尾翼设计等	生产尾翼及最终的总装工作
精灵航空系统公司	参与整体设计； 机头 41 段和前机身的设计等	机头和前机身的制造； 安装驾驶舱、前起落架、通用计算机系统及布线、液压和控制器等其他功能部件等
全球航空工业公司	参与整体设计； 机身 47 段和 48 段部分的设计等	机身 47 段和 48 段部分的对接装配
川崎重工业株式会社	参与整体设计； 主起落架轮舱 45 段、主机翼固定后缘装置、机身 43 段的设计等	制造机翼之前的部分机身，同时提供主机翼固定后缘装置等
株式会社 SUBARU	参与整体设计； 中央翼盒、起落架设计等	制造中央翼盒； 中央翼盒与主起落架轮舱的集成； 位于机身中部下侧用来连接机翼与起落架的强化结构等
三菱重工业株式会社	参与整体设计； 机身两侧翼盒设计等	机身两侧翼盒制造； 总装机翼等
大韩航空公司	参与整体设计； 翼尖和尾椎设计等	翼尖和尾椎制造等
阿莱尼亚航空公司	参与整体设计； 水平安定面、机身 44 段和 46 段设计等	水平安定面、机身 44 段和 46 段制造等

续表

企业	设计阶段	制造阶段
沃特飞机工业公司	参与整体设计； 机身 47 段设计等	机身 47 段制造等
通用电气公司	参与整体设计； GENx 发动机的研制等	GENx 发动机的制造与集成
罗尔斯·罗伊斯公司	参与整体设计； 参与瑞达 1000 发动机的研制等	瑞达 1000 发动机的制造与集成
…	…	…

2. 波音与其供应伙伴间的协同管理

波音与其供应伙伴的协同创新看起来很完美，但是这种跨组织的协同创新也带来了一系列管理挑战，如沟通、控制和协调问题。为了克服挑战，使彼此之间能以协同的方式运行，波音和其供应伙伴进行了一系列的制度安排和管理活动。

第一，在 B787 项目中，波音和其供应伙伴协定了风险共担条款，即直到飞机交付给客户供应伙伴才能获得相应的回报。同时，波音和其供应伙伴之间采用长期的契约安排，有的长达 30 年。这种契约安排旨在增进彼此间的承诺，激励合作，促进协调。

第二，波音与其供应伙伴共同制定项目里程碑、计划等，这项管理举措有利于增进彼此间的协调，同时增进认同和承诺。

第三，对供应商所提供的组件及系统，波音给予它们知识产权。这种知识产权分配制度能够极大地激励供应伙伴进行研发，同时增进供应伙伴的公平感知及对波音的信任、承诺等。

第四，跨组织团队建设。考虑到跨公司团队将承担项目进程中的许多工作，波音和其供应伙伴间在团队建设和关系发展方面进行了大量的投资。

第五，冲突解决机制设计。对于项目进程中出现的任何冲突，波音都要出面进行裁决。

第六，信息工具的应用。为了支持跨地域、跨组织及跨文化的分布式研发和制造，B787 项目过程中采用了一系列信息工具，如 EDI(electronic data interchange)系统、供应商门户网站信息系统、PLM 应用软件等。其中最核心的是达索公司开发的 V5 PLM 应用软件。PLM 为产品全生命周期的每一个阶段提供数字化工具和强有力的信息协同平台。借助该平台，项目管理人员和工程师不但能够更高效地完成设计工作，而且能够相互交流。

10.4.3　波音与其供应伙伴协同创新的效果

总体来说，波音与其供应伙伴间的协同创新并未取得预期的成效。B787 先后多次延期，直到 2011 年 9 月第一架飞机才交付给全日空航空公司，超出预定日期近三年，成为波音史上延迟时间最长的机型。项目大幅度的延期给波音和供应伙伴造成巨大的经济和声誉损失。此外，B787 交付之后还经历了电池故障等技术问题导致的停飞。这主要是由协同关系设计上的缺陷，波音和其供应伙伴协同管理能力和经验欠缺，对协同创新所需的信息处理和协调估计不足，以及不可预见的紧固件短缺和大规模罢工等导致的。

在意识到问题并深入分析原因的基础上，波音和其供应伙伴采取了一系列应对措施，使 B787 项目的状况得到了缓解并逐步走上正轨。截至 2016 年，B787 在全球市场的订单已经达到 1203 架。如图 10-9 所示，自 2011 年起，B787 的交付量逐年递增，至 2016 年累计交付量也达到 500 架。B787 家族的最新型号 B787-10 也于 2017 年 3 月底在波音位于南卡罗来纳州北查尔斯顿市的工厂首飞。

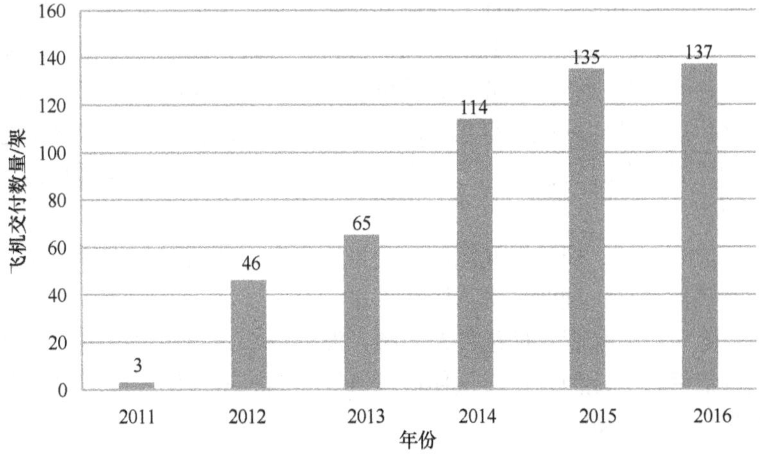

图 10-9　2011～2016 年 B787 的交付量

根据上述可知，尽管波音与其供应伙伴间的协同过程并非一帆风顺，也未取得预期的效果，但并不能就此全盘否定波音与其供应伙伴间的协同创新模式；相反，波音和其供应伙伴间的协同取得了许多正面的成效。

第一，通过协同创新，B787 项目的开发时间由过去的 6 年缩短至 4 年，至于项目的延期主要发生在生产阶段。

第二，波音和其供应伙伴间的协同极大地增进了 B787 的技术创新水平。B787 整合了一系列的技术创新成果，这些成果很大程度得益于这种协同创新模式，如大规模使用复合材料制造机身的建议就源于其供应伙伴。

第三，通过协同创新，B787 获得了大量的资源，在避免重复性投资的同时也节省了投资所需的时间，提高了整体的资源配置效率。

第四，从波音的角度来看，波音通过协同创新减轻了项目初期的财务负担并降低了投资风险；从供应商的角度来看，与波音协作获得了波音在飞机设计方面的知识和技巧，并且作为波音的供应伙伴提高了自身的声誉。

第五，波音与其供应伙伴在协同创新过程中加深了对协同创新模式的认识，积累了协同管理的经验，提升了协同管理能力，而协同管理能力被许多学者和产业观察家视为决定未来企业竞争能力的关键。

10.5 本章小结

本章精心甄选了四个国内外来自不同行业的典型协同创新案例进行分析，旨在对全文的研究进行进一步的补充和验证。这四个案例分别是华为与徕卡在手机摄像头领域的协同创新、微软公司和英特尔公司的 Wintel 联盟、三星电子公司内部协同创新，以及波音与其全球供应伙伴协同研制 B787。案例分析的主要内容包括协同的背景、协同的行为及过程、协同管理机制及措施、协同的效益等。

参 考 文 献

白贵玉，罗润东. 2016. 知识型员工福利激励与创新绩效关系研究[J]. 山东社会科学，(5): 174-179.

白雪梅，赵松山. 2000. 多种综合评价方法的优劣判断研究[J]. 统计研究，(7): 45-48.

包凤耐，彭正银. 2015. 网络能力视角下企业关系资本对知识转移的影响研究[J]. 南开管理评论，18(3): 95-101.

波特 M. 2002. 国家竞争优势[M]. 李明轩，邱如美译. 北京：中信出版社.

布罗姆利 D W. 1996. 经济利益与经济制度:公共政策的理论基础[M]. 陈郁,郭宇峰,汪春译. 上海：格致出版社，上海三联书店，上海人民出版社.

蔡珍红. 2012. 知识位势、隐性知识分享与科研团队激励[J]. 科研管理，33(4): 108-115.

曹虹剑. 2010. 网络经济时代模块化组织治理机制研究[M]. 北京：经济科学出版社.

曹虹剑，张慧，刘茂松. 2010. 产权治理新范式：模块化网络组织产权治理[J]. 中国工业经济，(7): 84-93.

陈飞翔，张黎，胡靖. 2005. 知识扩散场的建立与实证分析[J]. 科学学研究，23(2): 253-257.

陈凤. 2015. 后发国家高新技术企业技术创新模式演化研究——以华为公司为例[D]. 南京信息工程大学硕士学位论文.

陈劲. 2013. 全球化背景下的开放式创新：理论构建和实证研究[M]. 北京：科学出版社: 64-72.

陈劲，阳银娟. 2012a. 协同创新的理论基础与内涵[J]. 科学学研究，30(2): 161-164.

陈劲，阳银娟. 2012b. 协同创新的驱动机理[J]. 技术经济，(8): 6-11, 25.

陈西川. 2015. 企业协同科技创新动力研究[J]. 郑州大学学报(哲学社会科学版)，(2): 81-83.

陈晓红，周源，苏竣. 2016. 分布式创新、知识共享与开源软件项目绩效的关系研究[J]. 科学学研究，(2): 228-235, 245.

陈衍泰，陈国宏，李美娟. 2004. 综合评价方法分类及研究进展[J]. 管理科学学报，(2): 69-79.

陈禹. 2001. 复杂适应系统(CAS)理论及其应用——由来、内容与启示[J]. 系统辩证学学报，(4): 35-39.

陈志军，王晓静，徐鹏. 2013. 集团研发管理机制与研发绩效关系研究[J]. 山东社会科学，(12): 115-120.

陈志军，王晓静，徐鹏. 2014a. 企业集团研发协同影响因素及其效果研究[J]. 科研管理，(3): 108-115.

陈志军，徐鹏，王晓静. 2014b. 集团研发战略一致性与研发协同关系研究——沟通机制的调节作用[J]. 财贸研究，(3): 125-131.

储节旺，吴川徽，徐咖. 2017. 社会化网络、情境因素与知识协同关系实证研究——基于安徽大学学生的样本调查[J]. 现代情报，(6): 72-79.

戴彬，屈锡华，李宏伟. 2011. 基于综合集成方法的产业技术创新战略联盟风险识别研究[J]. 科技进步与对策，(22): 54-57.

党洪莉. 2016. 图书馆联盟的知识协同研究——基于 SICA 模型视角[J]. 新世纪图书馆，(5): 66-69.

党兴华，王幼林. 2007. 技术创新网络中核心企业合作伙伴选择过程研究[J]. 科学学与科学技术管理，28(1): 139-144.
党兴华，张首魁. 2005. 模块化技术创新网络结点间耦合关系研究[J]. 中国工业经济，(12): 85-91.
德鲁克 P. 1989. 创新和企业家精神[M].《世界经济科技》周刊编辑室译. 北京：企业管理出版社.
德鲁克 P. 2008. 管理：任务、责任和实践[M]. 刘勃译. 北京：华夏出版社.
邓峰. 2015. 核心企业网络权力对产业集群创新绩效的影响——基于网络运行效率的中介作用[J]. 科技进步与对策，32(18): 58-63.
邓小翔，丘缅. 2016. 顾客导向视角下的组织学习与企业自主技术创新能力——华为公司的案例分析[J]. 科技管理研究，(3): 188-193, 199.
董进，柴跃廷，杨家本. 2000. 基于多代理系统的敏捷供需链协调运作及其优化[J]. 系统工程理论与实践，20(8): 7-11.
凡勃伦 T. 1964. 有闲阶级论[M]. 蔡受百译. 北京：商务印书馆.
福山 F. 2001. 信任：社会美德与创造经济繁荣[M]. 彭志华译. 海口：海南出版社.
傅家骥，仝允桓，高建，等. 1998. 技术创新学[M]. 北京：清华大学出版社.
郭锦. 2009. 基于多智能体的植被空间格局动态模拟[D]. 北京林业大学博士学位论文.
哈肯 H. 1988. 协同学：自然成功的奥秘[M]. 戴鸣钟译. 上海：上海科学普及出版社.
哈肯 H. 1995. 协同学：大自然构成的奥秘[M]. 凌复华译. 上海：上海译文出版社.
何瑞卿，黄瑞华，李研. 2007. 基于知识外溢的合作研发知识产权风险及其影响因素分析[J]. 科研管理，(4): 88-94, 99.
何亚琼，葛中锋，苏竣. 2006. 区域创新网络中组织间学习机制研究[J]. 学术交流，(2): 63-68.
洪银兴. 2013. 关于创新驱动和协同创新的若干重要概念[J]. 经济理论与经济管理，(5): 5-12.
胡燕祝，任玉. 2005. 信息资源共享与基于智能主体的系统模型[J]. 株洲工学院学报，(4): 58-61.
黄波，陈晖，黄伟. 2015. 引导基金模式下协同创新利益分配机制研究[J]. 中国管理科学，23(3): 66-75.
霍兰 J H. 2000. 隐秩序：适应性造就复杂性[M]. 周晓牧，韩晖译. 上海：上海科技教育出版社.
贾卫峰，党兴华. 2010. 技术创新网络核心企业知识流耦合控制研究[J]. 科研管理，(1): 56-63.
姜大源. 2008. 职业教育：情景与情境辨[J]. 中国职业技术教育，(25): 1, 8.
蒋军锋. 2010. 创新网络与核心企业共生演变研究进展[J]. 研究与发展管理，22(5): 1-13, 45.
蒋石梅，张爱国，孟宪礼，等. 2012. 产业集群产学研协同创新机制——基于保定市新能源及输变电产业集群的案例研究[J]. 科学学研究，30(2): 207-212.
李柏洲，董媛媛. 2009. 基于协同论的企业原始创新动力系统构建[J]. 科学学与科学技术管理，(1): 56-60.
李成彦. 2005. 组织文化对组织效能影响的实证研究[D]. 华东师范大学博士学位论文.
李国学. 2009. 资产专用性投资与全球生产网络的收益分配[J]. 世界经济，(8): 3-13.
李宏贵. 2007. 中国企业借鉴协同战略理论研究[J]. 现代经济(现代物业下半月刊)，6(1): 71-74.
李金生，张迪. 2018. 核心企业伦理型领导与合作创新绩效——心理距离的调节作用[J]. 科技进步与对策，35(18): 135-144.
李锦飞，向洪玉. 2011. 基于平衡计分卡的非核心企业供应链风险分析[J]. 科技与管理，13(5): 93-96.
李娟伟. 2016. 市场培育视角下科技协同创新模式的构建与完善[J]. 西部论坛，26(1): 45-53.
李莉. 2014. 汽车产业集群的跨企业协同行为信息管理研究[J]. 科技与企业，(5): 72-73.

李士勇，田新华. 2006. 非线性科学与复杂性科学[M]. 哈尔滨：哈尔滨工业大学出版社.
李随成，杨功庆. 2008. IT 能力及信息共享对企业间研发合作的影响研究[J]. 科研管理，29 (4): 55-63.
李贞. 2017. 创新驱动：引领发展第一动力[EB/OL]. http://cpc.people.com.cn/19th/n1/2017/1021/c414305-29599871.html[2017-10-21].
廖守亿，戴金海. 2004. 复杂适应系统及基于 Agent 的建模与仿真方法[J]. 系统仿真学报，(1): 113-117.
林东清. 2012. 知识管理理论与实践[M]. 北京：电子工业出版社.
林建宗，刘震宇. 2009. 组织间协调机制演化的实证分析[J]. 技术经济，(3): 101-107.
林晓华，冯毅雄，谭建荣，等. 2011. 基于改进 DEMATEL-VIKOR 混合模型的产品概念方案评价[J]. 计算机集成制造系统，17(12): 2552-2561.
刘聪，刘国新. 2017. 分布式创新网络核心企业间知识转移策略的演化博弈研究[J]. 武汉理工大学学报(社会科学版)，30(2): 46-53.
刘国新，等. 2011a. 企业分布式创新的机理及效应[M]. 北京：科学出版社.
刘国新，等. 2014. 分布式创新网络中的知识黏滞研究[M]. 北京：科学出版社: 31-32.
刘国新，高小芹，王圆圆. 2010. 分布式创新：涵义、背景与特征[J]. 管理学家(学术版)，(11): 58-65.
刘国新，罗建原，李霞. 2011b. 企业分布式创新：概念、特征与类型[J]. 郑州航空工业管理学院学报，(1): 52-58.
刘国新，闫俊周. 2009. 国外主要技术创新方法述评[J]. 科学管理研究，(4): 30-34, 38.
刘佳佳，陈涛，朱智洺. 2013. 企业社会资本与知识共享关系研究——以知识获取为中介变量[J]. 科技进步与对策，(4): 86-90.
刘建，汤临佳，池仁勇. 2011. 复杂适应性系统理论研究方法在区域经济研究中的应用[J]. 科技进步与对策，28(14): 44-47.
刘健. 2012. 模块化产业组织的形成机制与发展路径研究[D]. 首都经济贸易大学博士学位论文.
刘文霞，王永贵，赵宏文. 2014. 合作治理机制对服务外包供应商创新能力的影响机理研究——基于在华服务外包企业的实证分析[J]. 北京工商大学学报(社会科学版)，29(3): 65-72, 97.
刘志迎，单洁含. 2013. 技术距离、地理距离与大学-企业协同创新效应——基于联合专利数据的研究[J]. 科学学研究，31(9): 1331-1337.
罗珉. 2005. 大型企业的模块化：内容、意义与方法[J]. 中国工业经济，(3): 68-75.
马建国. 2004. 具有内容标引的信息共享技术[D]. 电子科技大学博士学位论文.
梅姝娥，仲伟俊. 1997. 组织间信息系统刍议[J]. 管理信息系统，(12): 6-9.
穆颖丽. 2013. 图书馆协同知识转移的情境因素分析及优化策略[J]. 图书馆建设，(8): 57-60.
潘旭伟，祝锡永，李娜. 2011. 在情境中实现知识管理[J]. 图书情报工作，55(4): 95-99.
庞俊亭，游达明. 2012. 无标度网络视角的集群创新网络内生风险及其评价[J]. 求索，(10): 11-13.
彭剑锋. 2013. 波音：全球整合，集成飞翔[M]. 北京：机械工业出版社.
钱江. 2010. 组织变革行为策略协同与效能研究——以 IT 行业为例[D]. 浙江大学硕士学位论文.
钱学森，于景元，戴汝为. 1990. 一个科学新领域——开放的复杂巨系统及其方法论[J]. 自然杂志，(1): 3-10, 64.
青木昌彦，安藤晴彦. 2003. 模块时代：新产业结构的本质[M]. 周国荣译. 上海：上海远东出版社.

斯密 A. 2010. 国富论[M]. 文熙，牟善季，谢士新译. 武汉：武汉大学出版社.
宋之杰，高晓红. 2002. 一种多指标综合评价中确定指标权重的方法[J]. 燕山大学学报，(1): 20-22, 26.
唐华平，王萍，茆辰. 2009. 创新资源：企业自主技术创新的关键[J]. 商场现代化，(1): 98.
唐丽艳，陈文博，王国红. 2012. 中小企业协同创新网络的构建[J]. 科技进步与对策，29(20): 89-93.
唐丽艳，王然，王国红. 2015. 基于相继故障的集群协同创新网络风险评价研究[J]. 科技进步与对策，(14): 59-64.
陶春. 2013. 企业协同创新的实现途径[J]. 中国科技论坛，(9): 20-24.
万幼清，邓明然. 2007. 基于知识视角的产业集群协同创新绩效分析[J]. 科学学与科学技术管理，28(4): 88-91.
万幼清，张妮，鲁平俊. 2015. 产业集群协同创新风险及其形成机理研究[J]. 管理世界，(2): 182-183.
汪延明. 2011. 基于市场董事的产业链协作效率研究[J]. 中国流通经济，25(8): 93-97.
王大勇，陈方正. 2007. 论知识资本价值增值性质[J]. 南京理工大学学报(社会科学版)，20(6): 1-7.
王方，党兴华，李玲. 2014. 核心企业领导风格与网络创新氛围的关联性研究——基于技术创新网络的分析[J]. 科学学与科学技术管理，35(2): 96-103.
王凤彬，江鸿，吴隆增. 2008. 社会资本与核心能力关系研究：以知识创造为中介变量[J]. 科学学研究，(3): 612-618.
王进富，张颖颖，苏世彬，等. 2013. 产学研协同创新机制研究——一个理论分析框架[J]. 科技进步与对策，30(16): 1-6.
王韬，沈静珠，王江峰，等. 2004. 信息生态系统的多主体(Agent)交互模型[J]. 计算机与应用化学，(1): 119-122.
王伟光，冯荣凯，尹博. 2015. 产业创新网络中核心企业控制力能够促进知识溢出吗?[J]. 管理世界，(6): 99-109.
王晓静. 2012. 企业集团研发协同与研发绩效的实证研究[D]. 山东大学博士学位论文.
王颖，汪晓岩. 2000. 智能信息处理——面向 Internet 的分布式人工智能技术[J]. 计算机应用研究，(7): 45-46, 80.
王影，梁祺，雷星晖. 2014. 影响知识创新绩效的情境因素研究[J]. 科技管理研究，(14): 17-22, 30.
王宗军. 1998. 综合评价的方法、问题及其研究趋势[J]. 管理科学学报，(1): 75-81.
韦克游，程启原. 2009. 广西北部湾城市群内部协同程度评价及对策——广西北部湾经济区区域治理制度创新问题研究之一[J]. 广西大学学报(哲学社会科学版)，31(1): 13-17.
温兴琦. 2005. 企业战略与环境的适应性：一个复杂适应系统的视角[J]. 武汉理工大学学报(社会科学版)，18(4): 519-522.
沃尔德罗普 M. 1997. 复杂：诞生于秩序与混沌边缘的学科[M]. 陈玲译. 北京：生活·读书·新知三联书店.
吴道友，姚传友，董惠如. 2016. 国际创业企业协同创新能力：维度结构与影响因素[J]. 东北财经大学学报，(6): 52-57.
吴绍波，顾新. 2008. 知识链组织之间合作的知识协同研究[J]. 科学学与科学技术管理，(8):

83-87.
吴绍艳. 2006. 基于复杂系统理论的工程项目管理协同机制与方法研究[D]. 天津大学博士学位论文.
吴松强，孙波，王路. 2017. 集群中核心企业网络权力对配套企业合作行为的影响——关系资本的调节效应[J]. 科技进步与对策，34(13): 81-88.
向刚，汪应洛. 2004. 企业持续创新动力机制研究[J]. 科研管理，25(6): 108-114.
解琨，刘凯，周双贵. 2003. 供应链战略联盟的风险问题研究[J]. 中国安全科学学报，(11): 38-41.
解学梅，刘丝雨. 2015. 协同创新模式对协同效应与创新绩效的影响机理[J]. 管理科学，(2): 27-39.
谢永平，党兴华，张浩淼. 2012. 核心企业与创新网络治理[J]. 经济管理，34(3): 60-67.
谢永平，韦联达，邵理辰. 2014. 核心企业网络权力对创新网络成员行为影响[J]. 工业工程与管理，(3): 72-78.
熊彼特 J. 1999a. 经济发展理论：经济政策和充分就业[M]. 牛张力译. 北京：中国社会出版社.
熊彼特 J. 1999b. 资本主义、社会主义与民主[M]. 吴良健译. 北京：商务印书馆：10-15.
徐锐. 2005. 战略联盟知识共享的关系风险及其控制方式[J]. 情报杂志，(8): 2-4.
许治，黄菊霞. 2016. 协同创新中心合作网络研究——以教育部首批认定协同创新中心为例[J]. 科学学与科学技术管理，(11): 55-67.
闫俊周. 2013. 企业参与分布式创新的影响因素及对策[J]. 科技进步与对策，(6): 65-69.
杨坤. 2013. “S-A-C”视角下分布式创新及其知识共享的理论探析[J]. 科学学研究，31(5): 764-771, 779.
杨坤，胡斌，吴莹. 2016. 分布式创新网络知识协同空间：概念、系统模型及研究展望[J]. 科技进步与对策，(15): 126-132.
杨茜. 2008. 企业知识转移的情境因素研究[D]. 山西大学硕士学位论文: 36-40.
余泽民. 2007. 创新集群模式分类研究[D]. 华中科技大学硕士学位论文.
禹献云，曾德明，陈艳丽，等. 2013. 技术创新网络知识增长过程建模与仿真研究[J]. 科研管理，34(10): 35-41.
岳玮宁，董士海，王悦，等. 2004. 普适计算的人机交互框架研究[J]. 计算机学报，27(12): 1657-1664.
曾德明，王磊，彭盾. 2010. 核心企业知识集成对供应链中知识转移的影响[J]. 情报杂志，29(8): 60-64.
张春勋，刘伟. 2007. 合作技术创新的风险因素识别及模糊评价研究[J]. 科学学与科学技术管理，28(8): 77-83.
张翠华，周红，赵森，等. 2006. 供应链协同绩效评价及其应用[J]. 东北大学学报(自然科学版)，27(6): 706-708.
张帆. 2005. 企业创新网络生成与构建成因及条件分析[J]. 科学管理研究，23(4): 5-8.
张丽娜，谭章禄. 2013. 协同创新与知识产权的冲突分析[J]. 科技管理研究，33(6): 163-166.
张青山，曹智安. 2004. 企业动态联盟风险的防范与预控研究[J]. 管理科学，(3): 8-15.
张伟，张庆普，单伟. 2012. 基于 GABP 的企业内知识共享风险预测研究[J]. 情报杂志，(1): 134-141.
张琰飞. 2014. 新兴技术研发主体间协同创新效应实现机制研究[D]. 中南大学博士学位论文.

张在群. 2013. 政府引导下的产学研协同创新机制研究[D]. 大连理工大学博士学位论文.
赵昌平，葛卫华. 2003. 战略联盟中的机会主义及其防御策略[J]. 科学学与科学技术管理，24(10): 114-117.
赵骅，赵一，钱进. 2008. 基于内生性的企业集群风险研究[J]. 科技进步与对策，(9): 77-80.
郑胜华，池仁勇. 2017. 核心企业合作能力、创新网络与产业协同演化机理研究[J]. 科研管理，38(6): 28-42.
郑晓丹. 2009. 母子公司组织协同、知识协同与创新绩效的关系研究[D]. 浙江工业大学博士学位论文.
周文，陈伟，郎益夫. 2015. 集群创新网络知识动态增长研究：基于过程视角[J]. 系统工程学报，30(4): 431-441.
庄越，潘鹏. 2016. 团队嵌入关系治理的调节效应：合作创新实证[J]. 科研管理，37(4): 27-35.
Adler P, Kwon S W. 2000. Social capital: the good, the bad and the ugly[C]//Lesser E L. Knowledge and Social Capital: Foundations and Applications. Boston: Butterworth-Heinemann: 89-115.
Ahituv N, Carmi N. 2007. Measuring the power of information in organizations[J]. Human Systems Management, (4): 231-246.
Ahmed P K, Shepherd C D. 2010. Innovation Management: Context, Strategies, Systems and Processes[M]. Upper Saddle River: Prentice Hall.
Andrew K R. 1967. The Concept of Corporate Strategy[M]. Homewood: Richard D Irwin.
Ansoff H I. 1965. Corporate Strategy[M]. New York: McGraw Hill.
Arrow K J, Chenery H B, Minhas B S, et al. 1961. Capital-labor substitution and economic efficiency[J]. The Review of Economics and Statistics, 43: 225.
Ayuso S, Rodríguez M A, Ricart J E. 2006. Using stakeholder dialogue as a source for new ideas: a dynamic capability underlying sustainable innovation[J]. Corporate Governance International Journal of Business in Society, 6(4): 475-490.
Balassa B. 1967. Trade Liberalization Among Industrial Countries[M]. New York: MacGraw Hill: 1-11.
Baldwin C Y, Clark K B. 1997. Managing in an age of modularity[J]. Harvard Business Review, 75(5): 84-93.
Baldwin C Y, Clark K B. 2000. Design Rules: The Power of Modularity Volume 1[M]. Cambridge: MIT Press.
Barrett S. 1985. An IS*case: the closed loop scenario[J]. Information and Management, 8(5): 263-269.
Barrett S, Konsynski B R. 1982. Inter-organization information sharing systems[J]. Management Information Systems Quarterly, 6(4): 93-105.
Bartol K M, Srivastava A. 2002. Encouraging knowledge sharing: the role of organizational reward systems[J]. Journal of Leadership and Organizational Studies, 9(1): 64-76.
Bauer R A. 1967. Consumer behavior as risk taking[C]//Cox D F. Risk Taking & Information Handling in Consumer Behavior, Graduate School of Business Administration. Boston:Harvard University: 23-33.
Bechky B A. 2003. Sharing meaning across occupational communities: the transformation of understanding on a production floor[J]. Organization Science,14(3):312-330.

Beckmann T. 1999. The current state of knowledge management[C]//Liebowitz J. Knowledge Management Handbook. Boca Raton: CRC Press: 1-22.

Belk R W. 1975. Situational variables and consumer behavior[J]. Journal of Consumer Research, 2: 157-164.

Bercovitz J, Feldman M. 2006. Entreprenerial universities and technology transfer: a conceptual framework for understanding knowledge-based economic development[J]. The Journal of Technology Transfer, 31(1): 175-188.

Bianconi G, Barabasi A L. 2001. Competition and multiscaling in evolving networks[J]. Europhysics Letters, 54(4): 439-442.

Bogers M, West J. 2012. Managing distributed innovation: strategic utilization of open and user innovation[J]. Creativity & Innovation Management , 21(1): 61-75.

Borgatti S P. 2005. Centrality and network flow[J]. Social Networks, 27(1): 55-71.

Bruderl J, Preisendörfer P. 1998. Network support and the success of newly founded businesses[J]. Small Business Economics, 10(3): 213-225.

Buerkler E. 2013. Critical success factors for joint innovation: experiences from a New Zealand innovation platform[J]. The Innovation Journal, 18(2): 1-23.

Burt R S. 1992. Structural Holes: The Social Structure of Competition[M]. Cambridge: Harvard University Press.

Capaldo A. 2014. Network governance: a cross-level study of social mechanisms, knowledge benefits, and strategic outcomes in joint-design alliances[J]. Industrial Marketing Management, 43: 685-703.

Cappelli P, Scherer P D. 1991. The missing role of context in OB: the need for a meso-level approach[J]. Research in Organizational Behavior, 13: 55-110.

Cauthorn, K. 2004. Managing intellectual property risk: because knowledge is a company's greatest asset[J]. Intellectual Asset Management Practice, (1): 1-20.

Chang B, Chang C W, Wu C H. 2011. Fuzzy DEMATEL method for developing supplier selection criteria[J]. Expert Systems with Applications, 38: 1850-1858.

Cheng L C V. 2011. Assessing performance of utilizing organizational modularity to manage supply chains: evidence in the US manufacturing sector[J]. International Journal of Production Economics, 131(2): 736-746.

Hus C, Chen K, Tzeng G. 2007. FMCDM with fuzzy DEMATEL approach for customers' choice behavior model[J]. International Journal of Fuzzy Systems, 9 (4): 236-246.

Child J. 1972. Organizational structure, environment and performance: the role of strategic choice[J]. Sociology, 6(1): 1-22.

Cohen W M, Levinthal D A. 1990. Absorptive capacity: a new perspective on learning and innovation[J]. Administrative Science Quarterly, 35(1): 128-152.

Coleman J S. 1990. Foundations of Social Theory[M]. Cambridge: Harvard University Press.

Metcalfe J S, Coombs R. 2002. Organizing for Innovation: Coordinating Distributed Innovation Capabilities[M]. New York: Oxford University Press: 209-231.

Corning P A. 1998. The synergism hypothesis: on the concept of synergy and its role in the evolution of complex systems[J]. Journal of Social and Evolutionary Systems, 21(2): 133-172.

Covin J G. Slevin D P. 1991. A conceptual model of entrepreneurship as firm behavior[J]. Entrepreneurship Theory and Practice, 16(1): 7-25.

Cowan R, Jonard N. 2004. Network structure and the diffusion of knowledge[J]. Journal of Economic Dynamics & Control, 28: 1557-1575.

Cowan R, Jonard N. 2009. Knowledge portfolios and the organization of innovation networks[J]. Academy of Management Review, 34(2): 320-342.

Dahlander L, Gann D M. 2010. How open is innovation?[J]. Research Policy, 39: 699-709.

Das T K, Teng B S. 2001. Trust, control, and risk in strategic alliances: an integrated framework[J]. Organization Studies, 22(2): 251-283.

Davenport T H, Prusak L. 1998. Working Knowledge: How Organizations Manage What They Know[M]. Cambridge: Harvard Business School Press.

Delia E. 2011. Complexity leadership in industrial innovation teams: a field study of leading and innovating in heterogeneous team[D]. New Jersey: The State University of New Jersey.

Denison H J, Yong J. 2000. Diagnosing organizational culture: validating a model and method[R]. Lausanne: Working Paper, International Institute for Management Development.

Dhanaraj C, Parkhe A. 2006. Orchestrating innovation networks[J]. Academy of Management Review, 31(3): 659-669.

Dooley L, O'Sullivan D. 2007. Managing within distributed innovation networks[J]. International Journal of Innovation Management, 11(3): 397-416.

Dougherty D. 1992. Interpretive barriers to successful product innovation in large firms[J]. Organization Science, (2): 179-202.

Dyer J, Singh H. 1998. The relational view: cooperative strategy and sources of interorganizational competitive advantage[J]. The Academy of Management Review, 23(4): 660-679.

Dyer J H, Nobeoka K. 2000. Creating and managing a high performance knowledge sharing network: the Toyota case[J]. Strategic Management Journal, 21(3): 345-367.

Eesley C, Hsu D H, Roberts E B. 2014. The contingent effects of top management teams on venture performance: aligning founding team composition with innovation strategy and commercialization environment[J]. Strategic Management Journal, 35(12): 1798-1817.

Ehrlich P R, Raven P H. 1964. Butterflies and plants: a study in coevolution[J]. Evolution, 18(4): 586-608.

Elahi E, Sheikhzadeh M, Lamba N. 2014. An integrated outsourcing framework: analyzing Boeing's outsourcing program for Dreamliner(B787)[J]. Knowledge and Process Management, 21(1): 13-28.

Ellram L M, Billington C. 2001. Purchasing leverage considerations in the outsourcing decision[J]. European Journal of Purchasing and Supply Management, 7(1): 15-27.

Escribano A, Fosfuri A, Tribó J A. 2009. Managing external knowledge flows: the moderating role of absorptive capacity[J]. Research Policy, 38: 96-105.

Facchinetti G, Ricci R G, Muzzioli S. 1998. Note on ranking fuzzy triangular numbers[J]. International Journal of Intelligent Systems, 13(7): 613-622.

Fiore A D, Vetter J, Capur D R. 2016. Collaborative innovation: how to avoid the four traps[J]. Rotman Management Fall, (12): 41-45.

Fontela E, Gabus A. 1974. Events and economic forecasting models[J]. Futures, 6(4): 329-333.
Freeman C. 1991. Networks of innovators: a synthesis of research issues[J]. Research Policy, 20(5): 499-514.
Fusfeld H I, Haklisch C S. 1985. Cooperative R&D for competitors[J]. Harvard Business Review, 63(6): 60-76.
Garcia R. 2005. Uses of agent-based modeling in innovation/new product development research[J]. Journal of Product Innovation Management, 22(5): 380-398.
Gay B, Dousset B. 2005. Innovation and network structural dynamics: study of the alliance network of a major sector of the biotechnology industry[J]. Research Policy, 34(10): 1457-1475.
Gibson J. 1979. The Ecological Approach to Visual Perception[M]. Boston: Houghton Mfflin.
Gilley J W, Maycunich A. 2000. Beyond the Learning Organization[M]. Cambridge: Perseus Books.
Gloor P A. 2005. Swarm Creativity: Competitive Advantage Through Collaborative Innovation Networks[M]. New York: Oxford University Press.
Granovetter M. 1973. The strength of weak ties[J]. American Journal of Sociology, 78: 1360-1380.
Grant R M. 1996. Toward a knowledge-based theory of the firm[J]. Strategic Management Journal, 17: 109-122.
Greenstein S, Khanna T. 1997. What does industry convergence mean[C]//Yoffie D B. Competing in the Age of Digital Convergence. Boston: Harvard Business Review Press: 201-226.
Grewal D S. 2008. Network Power: The Social Dynamics of Globalization[M]. New Haven: Yale University Press.
Griffin A, Page L. 1993. An interim report on measuring product development success and failure[J]. Journal of Product Innovation Management, 10:291-308.
Gulati R, Gargiulo M. 1999. Where do interorganizational networks come from?[J]. American Journal of Sociology, 104(5): 1439-1493.
Gulati R, Nohria N, Zaheer A. 2000. Strategic networks[J]. Strategic Management Journal, (3): 203-215.
Gwizdka J. 2000. What's in the Context?[C]. Workshop on the what, who, where, and how of context-awareness-ACMSIGCHI Conference on Human Factors in Computing System: 1-4.
Hacklin F. 2007. Management of Convergence in Innovation[M]. Heidelberg: Physica-Verlag.
Hahn A, Eschenbaecher J. 2004 Approach for implementing non-linear distributed innovation management methodologies in collaborative industrial networks[R]. Working Conference on Virtual Enterprises.
Haken H. 1978. Synergetics[M]. Berlin: Springer.
Hansen M T. 1999. The search-transfer problem: the role of weak ties in sharing knowledge across organization subunits[J]. Administrative Science Quarterly, 44(1): 82-111.
Hansen M T. 2002. Knowledge networks: explaining effective knowledge sharing in multiunit companies[J].Organization Science, 13(3): 232-248.
Hasgall A, Shoham S. 2007. Digital social network technology and the complex organizational systems[J]. Vine, 37(2): 180-191.
Hätönen J, Eriksson T. 2009. 30+ years of research and practice of outsourcing-exploring the past and

anticipating the future[J]. Journal of International Management, 15: 142-155.

Hitt M A, Bierman L, Shimizu K, et al. 2001. Direct and moderating effects of human capital on strategy and performance in professional service firms: a resource-based perspective[J]. Academy of Management Journal, 44: 13-28.

Holland J H. 2000. Emergence: From Chaos to Order[M]. Oxford: Oxford University Press.

Horton F W. 1979. Information Resources Management: Concept and Case[M]. Cleveland: Association for Systems Management Press.

Howells J, James A, Malik K. 2003. The sourcing of technological knowledge: distributed innovation processes and dynamic change[J]. R&D Management, 33(4): 395-409.

Hu M L M, Horng J S, Sun C Y H. 2009. Hospitality teams: knowledge sharing and service innovation performance[J]. Tourism Management, 30(1): 41-50.

Huang C C, Kusiak A. 1999. Synthesis of modular mechatronic products: a testability perspective[J]. IEEE/ASME Transactions on Mechatronics, 4: 119-132.

Ignatiadis I, Nandhakumar J. 2007. The impact of enterprise systems on organizational resilience[J]. Journal of Information Technology, 22(1): 36-43.

Imai K, Baba Y. 1991. Systemic innovation and cross-border networks: transcending markets and hierarchies to create a new techno-economic system[R]. Paris: OECD.

Inkpen A C. 2000. Learning through joint ventures: a framework of knowledge acquisition[J]. Journal of Management Studies, 37(7): 1019-1044.

Inkpen A C, Tsang E W K. 2005. Social capital, network and knowledge transfer[J]. Academy of Management Review, 30(1): 146-165.

Johansson U, Elg U. 2002. Relationships as entry barriers: a network perspective[J]. Scandinavian Journal of Management, 18: 393-419.

Johns G. 2001. In praise of context[J]. Journal of Organizational Behavior, 22(1): 31-42.

Kaufman F. 1966. Data systems that cross company boundaries[J]. Harvard Business Review, 44(1): 141-155.

Ketchen Jr D J, Ireland R D, Snow C C. 2007. Strategic entrepreneurship, collaborative innovation, and wealth creation[J]. Strategic Entrepreneurship Journal, 1: 371-385.

Klenk N L, Wyatt S. 2015. The design and management of multi-stakeholder research networks to maximize knowledge mobilization and innovation opportunities in the forest sector[J]. Forest Policy and Economics, (61): 77-86.

Knight L. 2002. Network learning: exploring learning by interorganizational networks[J]. Human Relations, 55(4): 427-454.

Koen C I. 2012. Collaborative innovation in high-technology industries[R]. SPain: The Proceedings of The XXIII ISPIM Conference 2012 Barcelona: 1-12.

Kogut B, Metiu A. 2001. Open-source software development and distributed innovation[J]. Oxford Review of Economic Policy, 17: 248-264.

Krcmar E, Stennes B, Cornelis van Kooten G, et al. 2001. Carbon sequestration and land management under uncertainty[J]. European Journal of Operational Research, 135(3): 616-629.

Krishnan R, Martin X, Noorderhaven N. 2006. When does trust matter to alliance performance?[J]. Academy of Management Journal, 49(5): 894-917.

Lakhani K R, Panetta J A. 2007. The principles of distributed innovation[J]. Innovations Technology Governance Globalization, 2(3): 97-112.

Lane P J, Salk J E, Lyles M A. 2001. Absorptive capacity, learning, and performance in international joint ventures[J]. Strategic Management Journal, 22: 1139-1161.

Lave J, Wenger E. 1991. Situated Learning: Legitimate Peripheral Participation[M]. Cambridge: Cambridge University Press.

Leenders R T A J, Gabbay S M. 1999. Corporate Social Capital and Liability[M]. Boston: Kluwer Academic Publisher.

Lei D T. 2000. Industry evolution and competence development: the imperatives of technological convergence[J]. International Journal of Technology Management, 19(7/8): 699-738.

Lin R J. 2013. Using fuzzy DEMATEL to evaluate the green supply chain management practices[J]. Journal of Cleaner Production, 40: 32-39.

Lin Z A, Yang H B, Arya B. 2009. Alliance partners and firm performance: resource complementarity and status association[J]. Strategic Management Journal, 30(9): 921-940.

Lorenzoni G, Baden-Fuller C. 1995. Creating a strategic center to manage a web of partners[J]. California Management Review, 37(3): 146-163.

Love J H, Roper S, Vahter P. 2014. Learning from openness: the dynamics of breadth in external innovation linkages[J]. Strategic Management Journal, 35(11): 1703-1716.

Luo Y D. 2007. An integrated anti-opportunism system in international exchange[J]. Journal of International Business Studies, 38(6): 855-877.

Madhok A, Tallman S B. 1998. Resources, transactions and rents: managing value through interfirm collaborative relationships[J]. Organization Science, 9(3): 326-339.

Mahnke V. 1998. The economies of knowledge sharing: production and organization cost considerations[D]. Copenhagen Business School Working Paper.

Malipiero A, Munari F, Sobrero M. 2005. Focal firms as technological gatekeepers within industrial districts: knowledge creation and dissemination in the Italian packaging machinery industry[R]. DRUID Winter Conference.

Malone T W, Yates J, Benjamin R I. 1987. Electronic markets and electronic hierarchies[J]. Communications of the ACM, 30(6): 484-497.

Marsden P V. 1990. Network data and measurement[J]. Annual Review of Sociology, 16: 435-463.

Martin R, Sunley P. 2003. Deconstructing clusters: chaotic concept or policy panacea?[J]. Journal of Economic Geography, 3: 5-35.

McCauley-Bell P, Badiru A B. 1996. Fuzzy modeling and analytic hierarchy processing-means to quantify risk levels associated with occupational injuries-part Ⅱ: the development of a fuzzy rule-based model for the prediction of injury[J]. IEEEE Transactions on Fuzzy Systems, 4(2): 132-138.

McGuinness K A. 1994. The climbing behaviour of Cerithidea anticipate (mollusca: gastropoda): the roles of physical and biological factors[J]. Australian Journal of Ecology, 19: 283-289.

Meagher K, Rogers M. 2004. Network density and R&D spillover[J]. Journal of Economic Behavior & Organization, 53(2): 237-260.

Michelfelder I, Kratzer J. 2013. Why and how combining strong and weak ties within a single inter-organizational R&D collaboration outperforms other collaboration structures[J]. Journal of Product Innovation Management, 30(6): 1159-1177.

Milanov H, Shepherd D A. 2013. The importance of the first relationship: the ongoing influence of initial network on future status[J]. Strategic Management Journal, 34(6): 727-750.

Mowday R T, Sutton R I. 1993. Organizational behavior: linking individuals and groups to organizational contexts[J]. Annual Review of Psychology, 44: 195-229.

Murray J Y, Kotabe M. 2005. Performance implications of strategic fit between alliance attributes and alliance forms[J]. Journal of Business Research, 58(11): 1525-1533.

Nahapiet J, Ghoshal S. 1998. Social capital, intellectual capital, and the organizational advantage[J]. The Academy of Management Review, 23(2): 242-266.

Narver J C, Slater F S. 1990. The effect of a market orientation on business profitability[J]. Journal of Marketing, 54: 20-35.

Ng K Y, van Dyne L. 2005. Antecedents and performance consequences of helping behavior in work groups: a multi-level analysis[J]. Group and Organization Management, 30(5): 514-540.

Nieto M J, Santamaria L. 2007. The importance of diverse collaborative networks for the novelty of product innovation[J]. Technovation, 27(6/7): 367-377.

Nonaka I, Takeuchi H. 1995. The Knowledge-Creation Company: How Japanese Companies Create the Dynamics of Innovation[M]. Oxford: Oxford University Press.

Nooteboom B, van Haverbeke W, Duysters G, et al. 2007. Optimal cognitive distance and absorptive capacity[J]. Research Policy, 36(7): 1016-1034.

North D C. 1990. Institutions, Institutional Change and Economic Performance[M]. Cambridge: Cambridge University Press.

Osborne D, Gaebler T. 1992. Reinventing Government: How the Entrepreneurial Spirit is Transforming the Public Sector[M]. New York: Addison Wesley.

Owen-Smith J, Powell W W. 2004. Knowledge networks as channels and conduits: the effects of spillovers in the Boston biotechnology community[J]. Organization Science, 15: 5-21.

Parkhe A. 1993. Strategic alliance structuring: a game theoretic and transaction cost examination of interfirm cooperation[J]. Academy of Management Journal, 36(4): 794-829.

Peng M W. 2002. Towards an institution-based view of business strategy[J]. Asia Pacific Journal of Management, 19(2/3): 251-267.

Persaud A. 2005. Enhancing synergistic innovative capability in multinational corporations: an empirical investigation[J]. Journal of Product Innovation Management, 22(5): 412-429.

Pettigrew A M. 1972. Information control as a power resource[J]. Sociology, 6(2): 187-204.

Pietrobelli C, Rabellotti R. 2004. Upgrading in clusters and value chains in Latin America: the role of policies[R]. Washington DC: Inter-American Development Bank.

Pittaway L A, Robertson M, Munir K, et al. 2004. Networking and innovation: a systematic review of the evidence[J]. International Journal of Management Reviews, 5(3/4): 137-168.

Polanyi, M. 1966. The Tacit Dimension[M]. Chicago:University of Chicago Press.
Portes A. 1998. Social capital: its origins and applications in modern sociology[J]. Annual Review of Sociology, 24(1): 1-24.
Powell W, Grodal S. 2005. Networks of Innovation[M]. Oxford: Oxford University Press.
Powell W W, Koput K W, Smith-Doerr L. 1996. Interorganizational collaboration and the locus of innovation: networks learning in biotechnology[J]. Administrative Science Quarterly, 41: 116-145.
Pulkkinen M, Naumenko A, Luostarinen K. 2007. Managing information security in a business network of machinery maintenance services business-enterprise architecture as a coordination tool[J]. The Journal of Systems and Software, (80): 1607-1620.
Pyka A. 2002. Innovation networks in economics: from the incentive-based to the knowledge-based approaches[J]. European Journal of Innovation Management, 5(3): 152-163.
Ramlogan R, Mina A, Tampubolon G, et al. 2007. Networks of knowledge: the distributed nature of medical innovation[J]. Scientometrics, 70(2): 459-489.
Rich K. 2004. Life 2.0[M]. New York: Crown Business.
Roberts E B. 1988. Managing invention and innovation[J]. Research Technology Management, 31: 11-29.
Rogers E M. 2003. Diffusion of Innovation[M]. New York: Free Press.
Rothwell R. 1992. Successful industrial innovation: critical factors for the 1990s[J]. R&D Management, 22 (3): 221-239.
Rousseau D M, Sitkin S B, Burt R S, et al. 1998. Not so different after all: a cross-discipline view of trust[J]. Academy of Management Review, 3: 393-404.
Ryan P, Giblin M, Walshe E. 2004. From subcontracted R&D to joint collaboration: the role of trust in facilitating this process[J]. International Journal of Innovation and Technology Management, 1(2): 205-231.
Rycroft R W, Kash D E. 2000. Steering complex innovation[J]. Research Technology Management, 43(3): 18-23.
Sanchez R, Mahoney J T. 1996. Modularity, flexibility, and knowledge management in product and organization design[J]. Strategic Management Journal, 17: 63-76.
Sanchez R, Mahoney J T. 2013. Modularity and economic organization: concepts, theory, observations, and predictions[C]//Grandori A. Handbook of Economic Organization: Integrating Economic and Organization Theory. Cheltenham: Edward Elgar Publishing: 383-397.
Sawhney M, Prandelli E. 2000. Communities of creation: managing distributed innovation in turbulent markets[J]. California Management Review, 42(4): 24-54.
Schilling M A. 2008. The global technology collaboration network structure, trends, and implications[D]. New York University Dissertation Paper.
Schilling M A, Phelps C C. 2007. Interfirm collaboration networks: the impact of large-scale network structure on firm innovation[J]. Management Science, 53(7): 1113-1126.
Schilling M A, Steensma H K. 2001. The use of modular organizational forms: an industry-level analysis[J]. Academy of Management Journal, (6): 1149-1168.
Schmidt A, Beigl M, Gellersen H. 1999. There is more to context than location[J]. Computers &

Graphics, 23(6): 893-901.

Schreiner M, Kale P, Corsten D. 2009. What really is alliance management capability and how does it impact alliance outcomes and success?[J]. Strategic Management Journal, 30: 1395-1419.

Schulze A, Brojerdi G J C. 2012. The effect of the distance between partners' knowledge components on collaborative innovation[J]. European Management Review, 9: 85-98.

Scott W R. 1995. Institutions and Organizations[M]. Thousand Oaks: SAGE Publishing.

Serrano V, Fischer T. 2007. Collaborative innovation in ubiquitous systems[J]. Journal of Intelligent Manufacturing, 18(5): 599-615.

Shannon C E. 1948. A mathematical theory of communication[J]. The Bell System Technical Journal, 27: 623-656.

Shuman J, Twombly J. 2010. Collaborative networks are the organization: an innovation in organization design and management[J]. Vikalpa, 35(1): 1-14.

Simmel G. 1978. The Philosophy of Money[M]. London: Routledge:178-179

Simon H A. 1962. The architecture of complexity[J]. Proceedings of the American Philosophical Society, 106: 467-482.

Soeparman S, van Duivenboden H, Oosterbaan T. 2009. Infomediaries and collaborative innovation: a case study on information and technology centered intermediation in the Dutch employment and social security sector[J]. Information Polity: The International Journal of Government & Democracy in the Information Age, 14(4): 245-262.

Stacey R D. 1995. The science of complexity: an alternative perspective for strategic change processes[J]. Strategic Management Journal, 16: 477-495.

Steinicke S, Wallenburg C M, Schmoltzi C. 2012. Governing for innovation in horizontal service cooperation[J]. Journal of Service Management, 23(2): 279-302.

Stuart T E. 2000. Interorganizational alliances and the performance of firms: a study of growth and innovation rates in a high-technology industry[J]. Strategic Management Journal, 21: 791-811.

Suchman L A. 1987. Plans and Situated Actions[M]. New York: Cambridge University Press.

Takeishi A. 2001. Bridging inter-and intra-firm boundaries: management of supplier involvement in automobile product development[J]. Strategic Management Journal, 22: 403-433.

Teece D J. 1986. Profiting from technological innovation: implications for integration, collaboration, licensing and public policy[J]. Research Policy, 15(6): 285-305.

Thompson J D. 1967. Organizations in Action: Social Science Bases of Administration[M]. New York: Mcgraw-Hill Book Company.

Tseng M L, Divinagracia L, Divinagracia R. 2009. Evaluating firm's sustainable production indicators in uncertainty[J]. Computer and Industrial Engineering, 57: 1393-1403.

Tzeng G H, Chiang C H, Li C W. 2007. Evaluating intertwined effects in E-learning programs: a novel hybrid MCDM model based on factor analysis and DEMATEL[J]. Expert Systems with Applications, 32: 1028-1044.

Ulrich K T, Ellison D J. 2009. Beyond make-buy: internalization and integration of design and production[J]. Production and Operations Management, 14(3): 315-330.

Uzzi B. 1997. Social structure and competition in interfirm networks: the paradox of embeddedness[J].

Administrative Science Quarterly, 42: 35-67.

Vanhaverbeke W, Gilsing V, Beerkens B. 2009. The role of alliance network redundancy in the creation of core and non-core technologies[J]. Journal of Management Studies, 46(2): 215- 244.

Venkatraman N, Ramanujam V. 1986. Measurement of business performance in strategy research: a comparison of approaches[J]. Academy of Management Review, 11: 801-814.

von Delft S, Leker J. 2011. Collaborative innovation in converging industries: the case of electromobility[J]. Proceedings of the 4th ISPIM Innovation Symposium, 22: 1-16.

Watts D J, Strogatz S H. 1998. Collective dynamics of "small-world" networks[J]. Nature, 39(3): 440-442.

Weigelt C, Miller D J. 2013. Implications of internal organization structure for firm boundaries[J]. Strategic Management Journal, 34(12): 1411-1434.

Williamson O E. 1985. The Economic Institutions of Capitalism[M]. New York: Free Press.

Wu W W. 2008. Choosing knowledge management strategies by using a combined ANP and DEMATEL approach[J]. Expert Systems with Applications, 35(3): 828-835.

Wynstra F, van Weele A J, Axelsson B. 1999. Purchasing involvement in product development: a framework[J]. European Journal of Purchasing & Supply Management, 5(3/4): 129-141.

Yoo Y, Lyytinen K, Boland R J. 2008. Distributed innovation in classes of networks[R]. Proceedings of the 41st Hawaii International Conference on System Science.

Zadeh L A. 1965. Fuzzy sets[J]. Information and Control, 8(3): 338-353.

附录一　协同情境与协同行为仿真分析程序

```
extensions[csv]

globals[
  max-fit
  knowledge-growing
  info-growing
  asset-growing
  tech-growing
  total-tech-growing
]

links-own[ KNOWLEDGE? INFO? ASSET? ]

turtles-own[
        c?                          ；是否为核心企业
  KNOWLEDGE INFO ASSET  ；知识、信息、专用资产，都是 0～100 整数
tech                               ；整体技术水平，技术发展速度由自然增长
速度和组织、人力、信息、利益四种资源经七种合作决定
  memory                          ；合作记录
  willing                          ；合作意愿，取 0～100 随机数
  partner-threshold          ；合作阈值，取 0～1 随机数
  max-partners
]
……
end
```

附录二　核心汽车企业研发协同调查问卷

一、企业间协同情境的现状

本部分是合作企业间协同情境的测量指标，请对各指标的有效性进行评分，用1～5表示，5表示“非常同意”，1表示“非常不同意”，请在附表1相应的数字上画“√”。

附表1　企业间协同情境调查问卷

序号	题项	非常不同意	不同意	比较同意	同意	非常同意
1	合作企业间具有清晰明确的研发战略共识	1	2	3	4	5
2	合作企业共同参与整体的研发战略决策	1	2	3	4	5
3	合作企业间研发战略的匹配度高	1	2	3	4	5
4	以合作企业整体的研发战略规划为基础，各合作公司愿意根据自身状况进行研发战略的调整	1	2	3	4	5
5	合作企业愿意根据整体的研发目标去挖掘各自的协同愿景	1	2	3	4	5
6	合作企业间统一制订协同规划和协同标准	1	2	3	4	5
7	各合作公司积极创造知识共享的氛围	1	2	3	4	5
8	合作企业间文化匹配程度较高	1	2	3	4	5
9	参与合作的企业重视员工协同行为和创新理念的培养	1	2	3	4	5
10	合作企业间注重彼此的研发合作和共同成长	1	2	3	4	5
11	合作企业共同制定明确的利益分配机制促进知识共享	1	2	3	4	5
12	研发人员绩效奖励标准由合作企业共同制定	1	2	3	4	5
13	合作企业共同设置专门的研发创新奖项奖励各合作公司在研发协同方面取得的成绩	1	2	3	4	5
14	合作企业共同制定核心技术和信息严格的保密制度	1	2	3	4	5
15	合作企业搭建研发平台整合研发资源	1	2	3	4	5
16	合作企业间建立并共享统一的研发人员人才库	1	2	3	4	5
17	合作企业间通过搭建的研发平台实现技术互补	1	2	3	4	5
18	合作企业通过搭建研发平台实现研发成果的利用	1	2	3	4	5
19	合作企业间搭建研发平台就不同产品开发过程中存在的共性问题进行集中开发与测试	1	2	3	4	5
20	合作企业搭建研发平台攻克技术难题	1	2	3	4	5
21	合作企业通过搭建研发平台从事集中质量管理控制	1	2	3	4	5

二、企业间协同行为的影响因素

本部分是合作企业间对协同行为的影响因素测量指标，请对各指标的有效性进行评分，请在附表 2 相应的数字上画“√”。

附表 2 企业间协同行为影响因素调查问卷

序号	题项	非常不同意	不同意	比较同意	同意	非常同意
1	合作企业间愿意分享自己的知识和经验	1	2	3	4	5
2	合作企业间愿意将专业性很强的知识与合作企业分享	1	2	3	4	5
3	合作企业的各研发部门主管领导介入程度较高	1	2	3	4	5
4	合作企业都能积极推进知识共享	1	2	3	4	5
5	合作企业产品研发的相关数据在合作网内共同管理	1	2	3	4	5
6	合作企业间经常组建跨部门、跨组织合作的横向研究课题	1	2	3	4	5
7	合作企业间经常进行联合技术开发	1	2	3	4	5
8	合作企业间的研发设备和研发技术共享程度高	1	2	3	4	5
9	合作企业间经常进行技术和经验的交流沟通(正式或非正式)	1	2	3	4	5
10	合作企业间就研发项目、研发技术等定期举行正式的技术研讨会	1	2	3	4	5
11	研发人员经常就研发问题进行正式或非正式的沟通交流	1	2	3	4	5
12	研发过程中，有效信息能够在合作企业各研发部门间沟通顺畅	1	2	3	4	5
13	合作企业间使用统一的研发语言	1	2	3	4	5
14	合作企业间共享与研发有关的市场调研报告等消息	1	2	3	4	5
15	合作企业间能够共享与研发有关的外部关系资源	1	2	3	4	5
16	提供专门的研发场所	1	2	3	4	5
17	提供专门的研发设备和器材	1	2	3	4	5
18	投入专业的技术人员	1	2	3	4	5
19	投入专门的技术管理人员	1	2	3	4	5
20	提供专利技术	1	2	3	4	5
21	提供自身先进的生产流程和工艺技术	1	2	3	4	5

三、企业间协同对知识增长水平的影响

本部分是核心企业间协同对知识增长水平的测量指标，请对各指标的有效性

进行评分，用 1～5 表示，5 表示“非常同意”，1 表示“非常不同意”，请在附表 3 相应的数字上画“√”。

附表 3　企业间协同对知识增长水平影响的调查问卷

序号	请您根据公司研发的实际情况，为以下研发绩效指标打分	非常不同意	不同意	比较同意	同意	非常同意
1	合作企业间研发协同有助于增加年均专利申请数目	1	2	3	4	5
2	合作企业间研发协同提高了企业的知识存量	1	2	3	4	5
3	合作企业间研发协同缩小了企业间的知识势差	1	2	3	4	5
4	合作企业间研发协同提高了企业间的知识吸收比率	1	2	3	4	5
5	合作企业间研发协同提高了企业间的知识匹配度	1	2	3	4	5
6	合作企业间研发协同提高了企业间科技人员专业化知识水平的提升	1	2	3	4	5
7	合作企业间研发协同有利于企业间知识扩散速度的提高	1	2	3	4	5
8	合作企业间研发协同有利于企业间网络密度的提升	1	2	3	4	5

四、企业间知识增长水平对网络绩效水平影响

本部分是核心企业间知识增长水平对网络绩效水平影响的测量指标，请对各指标的有效性进行评分，用 1～5 表示，5 表示“非常同意”，1 表示“非常不同意”，请在附表 4 相应的数字上画“√”。

附表 4　企业间知识增长水平对网络绩效水平影响的调查问卷

序号	请您根据公司研发的实际情况，为以下研发绩效指标打分	非常不同意	不同意	比较同意	同意	非常同意
1	合作企业间协同愿景的挖掘有助于提高合作企业整体研发效率	1	2	3	4	5
2	合作企业间知识共享有助于提高研发项目的成功率	1	2	3	4	5
3	合作企业间信息共享提高了合作企业整体的技术创新能力	1	2	3	4	5
4	合作企业间协同标准的制定提升了研发团队的专业化水平	1	2	3	4	5
5	合作企业间知识共享缩短了产品的研发周期	1	2	3	4	5
6	合作企业间协同规划、制度的制定促进了研发绩效的提升	1	2	3	4	5
7	合作企业间研发协同有助于促进研发成果与预期研发目标的一致	1	2	3	4	5
8	合作企业间研发协同有助于降低新产品的单位研发成本	1	2	3	4	5

附录三　知识协同效应评价指标调查问卷

尊敬的女士/先生：

您好！本课题组目前正在研究知识协同效应评价指标体系，为保证该指标体系的严谨性，现通过此问卷向各位征求意见。本调查问卷旨在测评知识协同效应评价的初选评价指标对协同效应的重要程度。问卷采用五级Likert量表，数字1～5分别表示非常不重要、较不重要、一般、比较重要、非常重要，具体见附表5。请您结合自身专业知识及工作实践经验判断各题项对知识协同效应评价的重要程度(附表6)。

我们承诺调查仅用于学术研究，会对您的回答严格保密，期望您的回复。衷心感谢您的合作与支持！祝工作顺利、万事如意！

附表5　分值含义

评分值	1	2	3	4	5
重要等级	非常不重要	较不重要	一般	比较重要	非常重要

附表6　指标重要程度打分表

指标	指标解释	该项指标对知识协同效应评价是否重要				
		1	2	3	4	5
积累的管理经验	管理方法、管理技能有所改善					
与外部咨询专家交流情况	协同过程中与外部专家交流的次数					
任务完成高效	团队完成任务的效率是否提升					
市场响应速度	新产品投入市场后的反应					
知识协同成果领先水平	根据行业领先标准判别					
总投资利润率实现率	知识协同网络总利润与成果投产前所有的投资之比					
企业间知识交流的频度和效果	企业间以会议等形式进行的研发环节的交流					
合作稳定性	企业间能否长期稳定维持网络状态					
知识协同后产品销售收入增长率	(评价期销售收入–上期销售收入)/上期销售收入					

续表

指标	指标解释	该项指标对知识协同效应评价是否重要				
		1	2	3	4	5
人均研究开发经费费用	研发总费用/研发总人数					
研究成果投产率	已应用并取得效果的成果数/成果总数					
项目合作延续性	当前项目结束后能否继续其他项目的合作，可以节省隐性成本					
主体之间相互信任程度	守信的协同主体数量					
知识协同网络总利润实现率	当期实现的总利润/预期总利润					
产品研发成本降低率	(当期研发成本–上期研发成本)/上期研发成本					
人均非专利性科技成果	非专利性科技成果总数/研发人员数					
核心知识协同资源共享程度	实际提供的核心知识资源与预期提供的核心知识资源进行对比					
客户满意度	市场客户对研发产品是否满意					
信息传递及时率	网络中企业间信息传递是否有障碍					
项目开发成功率提升	相比协同前，项目成功率有何变化					
成员业务技能的提高程度	团队成员研发能力是否提升					
资源获取效率	获取新资源的便捷程度较前期相比					
产品研发周期缩短程度	新产品研发周期较前期缩短情况					
解决问题所需协作的次数	解决问题所需要交流的频率					
合作默契	隐形知识的流通是否顺利					
团队能力的提升	团队整体协作水平如何变化					
信息准确率	信息能否完整无误的在企业间传递					
信息自由分享	信息能否无障碍的流通					
增加了新成员	团队是否引进了新人才					
专利、案例等知识的增加	专利、文档、案例等显性知识是否有所增加					
组织文化和惯例的改善	文化氛围是否变得融洽					
知识搜寻时间的变化	取得所需知识的时间是否缩短					
与其他团队建立合作	能否更快的与新的企业建立合作关系					
知识交换途径便捷	协同过程中知识间的交换是否通畅					
知识转移时间的变化	技术等知识在企业间转移的时间变化					

请您填写以下几项基本信息:

1. 您的年龄: □25 岁以下　□25～30 周岁　□31～40 周岁　□40 周岁以上

2. 您所在企业是否参与过分布式创新网络: □是　□否　□不确定

3. 您的职位是: □基层管理人员　□中层管理人员　□高层管理人员

4. 您在单位工作年限为: □2 年以下　□2～5 年　□6～10 年　□10 年以上

5. 您是否了解所在企业参与分布式创新网络情况: □了解　□不了解

感谢您对本研究的支持!

附录四　非核心企业参与分布式创新风险调查问卷

尊敬的受访者：

您好！本问卷根据专家意见拟定了分布式创新网络存在的风险因素，请您据此判断哪些风险因素对于非核心企业来说影响更为显著。

本问卷调查出于学术研究目的，为无记名调查。您的回答对我们的研究结论非常重要，烦请您抽空填写问卷，非常感谢您的参与和支持！

填写说明：

请您填写基本信息和调查表。调查表涉及的风险因素均为感知风险，请您根据个人经验判断是否同意这些因素对于分布式创新网络中的非核心企业具有显著性影响。其中[5]表示非常同意、[4]表示同意、[3]表示不一定、[2]表示不同意、[1]表示非常不同意。请您在附表 7 相应区域画“√”。

一、基本信息

1. 您的年龄：□25 岁以下　□25～30 周岁　□31～40 周岁　□40 周岁以上
2. 您所在企业是否参与过分布式创新网络：□是　□否　□不确定
3. 您的职位是：□基层管理人员　□中层管理人员　□高层管理人员
4. 您在单位工作年限为：□2 年以下　□2～5 年　□6～10 年　□10 年以上
5. 您是否了解所在企业参与分布式创新网络情况：□了解　□不了解

二、调查表

附表 7　非核心企业参与分布式创新风险调查问卷

编号	风险因素	是否同意其对非核心企业具有显著性影响				
		[5]	[4]	[3]	[2]	[1]
X_1	合作企业信用缺失					
X_2	交换的知识不完整、不真实					
X_3	合作伙伴能力水平参差不齐					
X_4	投入水平不对等					
X_5	知识被网络内部或外部侵占					

续表

编号	风险因素	是否同意其对非核心企业具有显著性影响				
		[5]	[4]	[3]	[2]	[1]
X_6	知识产权流失					
X_7	合作伙伴搭便车					
X_8	被创新网络淘汰出局					
X_9	因信心缺失而主观上不合作					
X_{10}	因偷懒而不合作					
X_{11}	网络内部恶性竞争					
X_{12}	应得收益被占有					
X_{13}	网络解体					
X_{14}	网络在合作完成后即解体					
X_{15}	成本超出预算					
X_{16}	资产专用性增加					
X_{17}	网络内技术封闭，不再创新					
X_{18}	网络内主体固定					
X_{19}	政策出现不利变化					
X_{20}	经济下行					
X_{21}	技术出现变革，现有技术落后					
X_{22}	供应不足					
X_{23}	需求不足					
X_{24}	竞争加剧					

最后，再一次感谢您参与本次调查，祝您身体健康，万事如意！